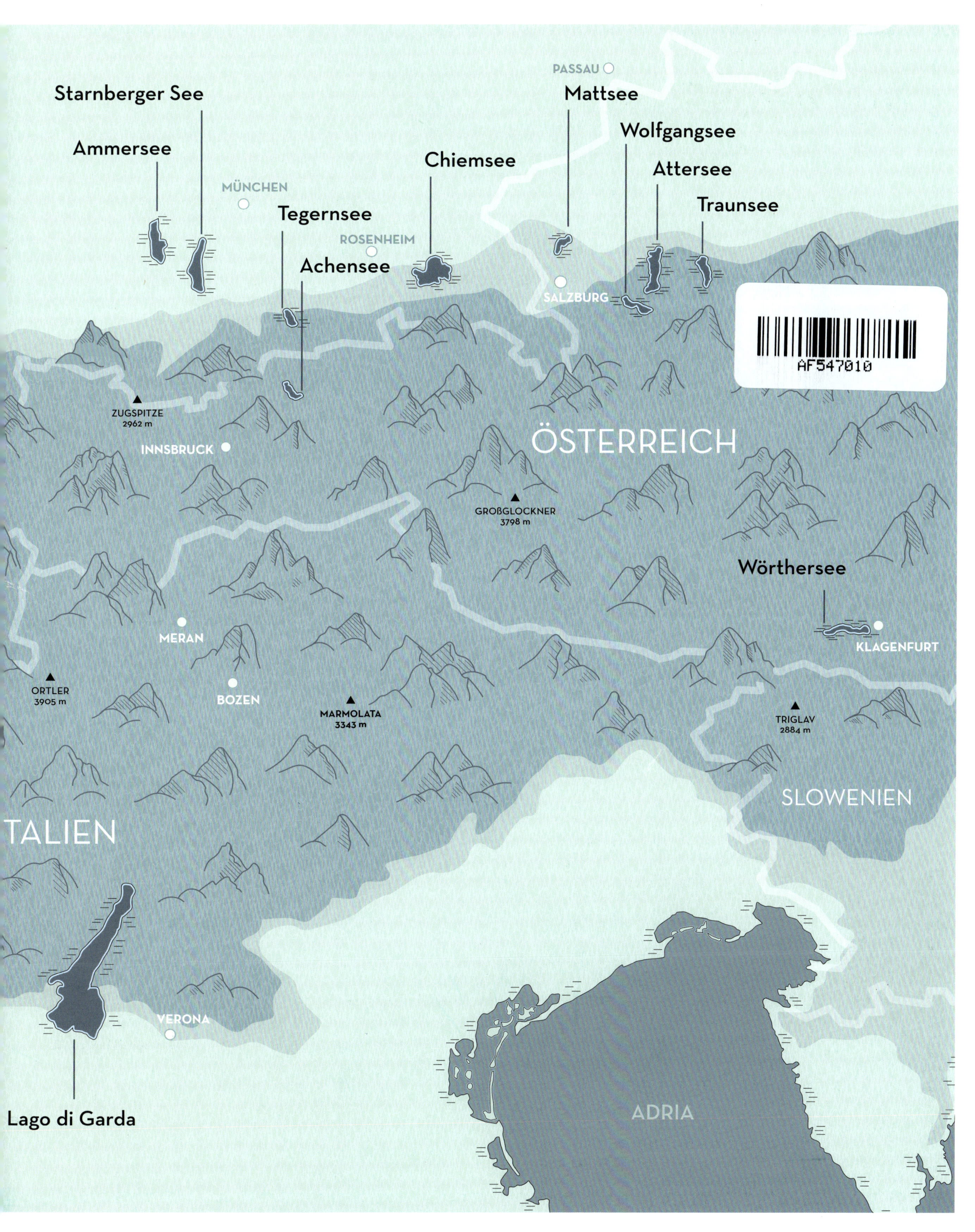
PASSAU
Starnberger See
Mattsee
Wolfgangsee
Ammersee
Chiemsee
Attersee
MÜNCHEN
Traunsee
Tegernsee
ROSENHEIM
Achensee
SALZBURG
AF547010
ZUGSPITZE
2962 m
INNSBRUCK
ÖSTERREICH
GROẞGLOCKNER
3798 m
Wörthersee
MERAN
KLAGENFURT
ORTLER
3905 m
BOZEN
MARMOLATA
3343 m
TRIGLAV
2884 m
SLOWENIEN
TALIEN
VERONA
Lago di Garda
ADRIA

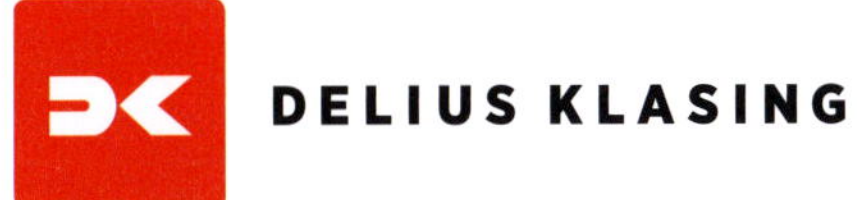
DELIUS KLASING

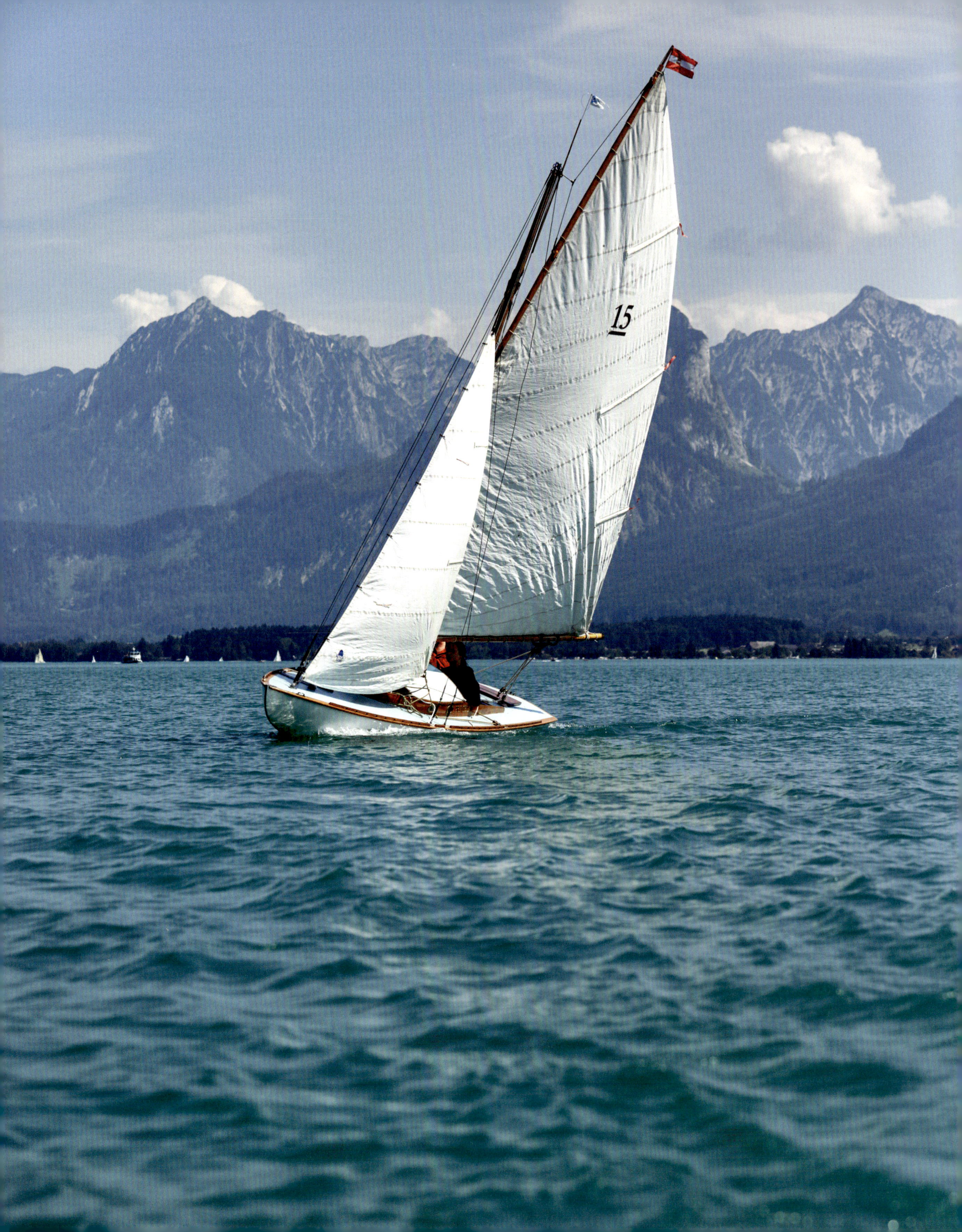
15

NICO KRAUSS
JUDITH DULLER-MAYRHOFER

ALPEN SEEN

TRAUMREVIERE
FÜR WASSERSPORTLER

DELIUS KLASING VERLAG

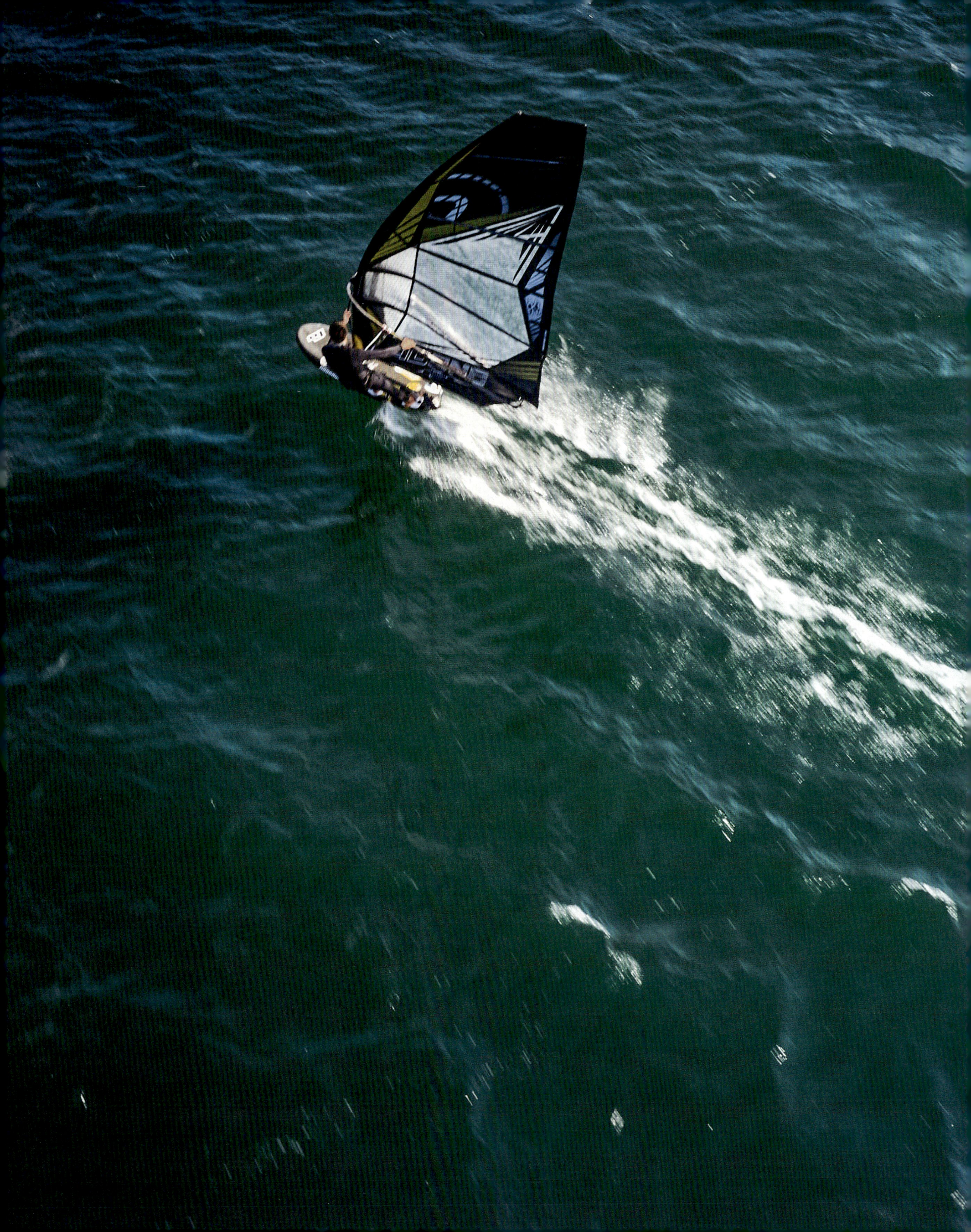

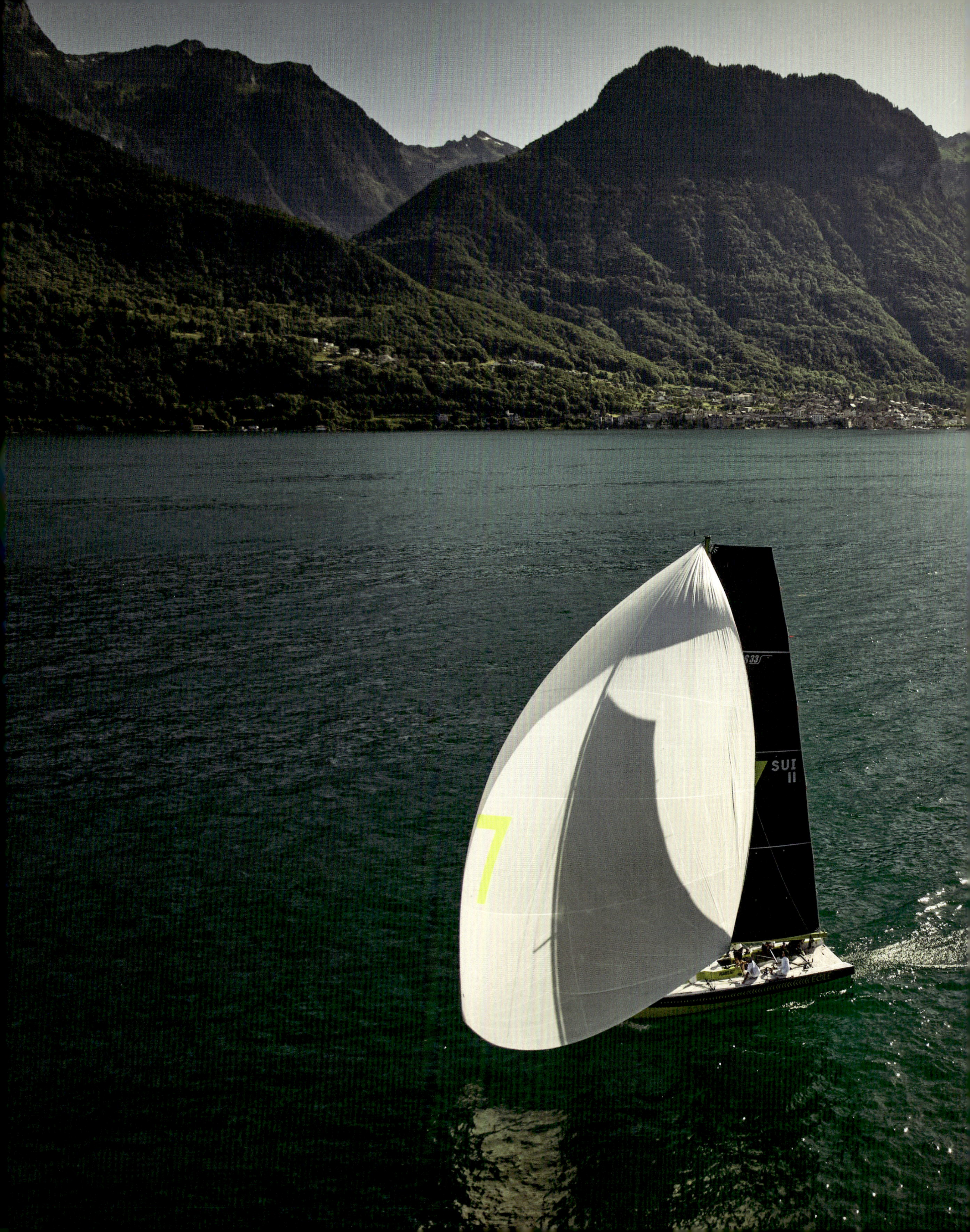
SUI
11

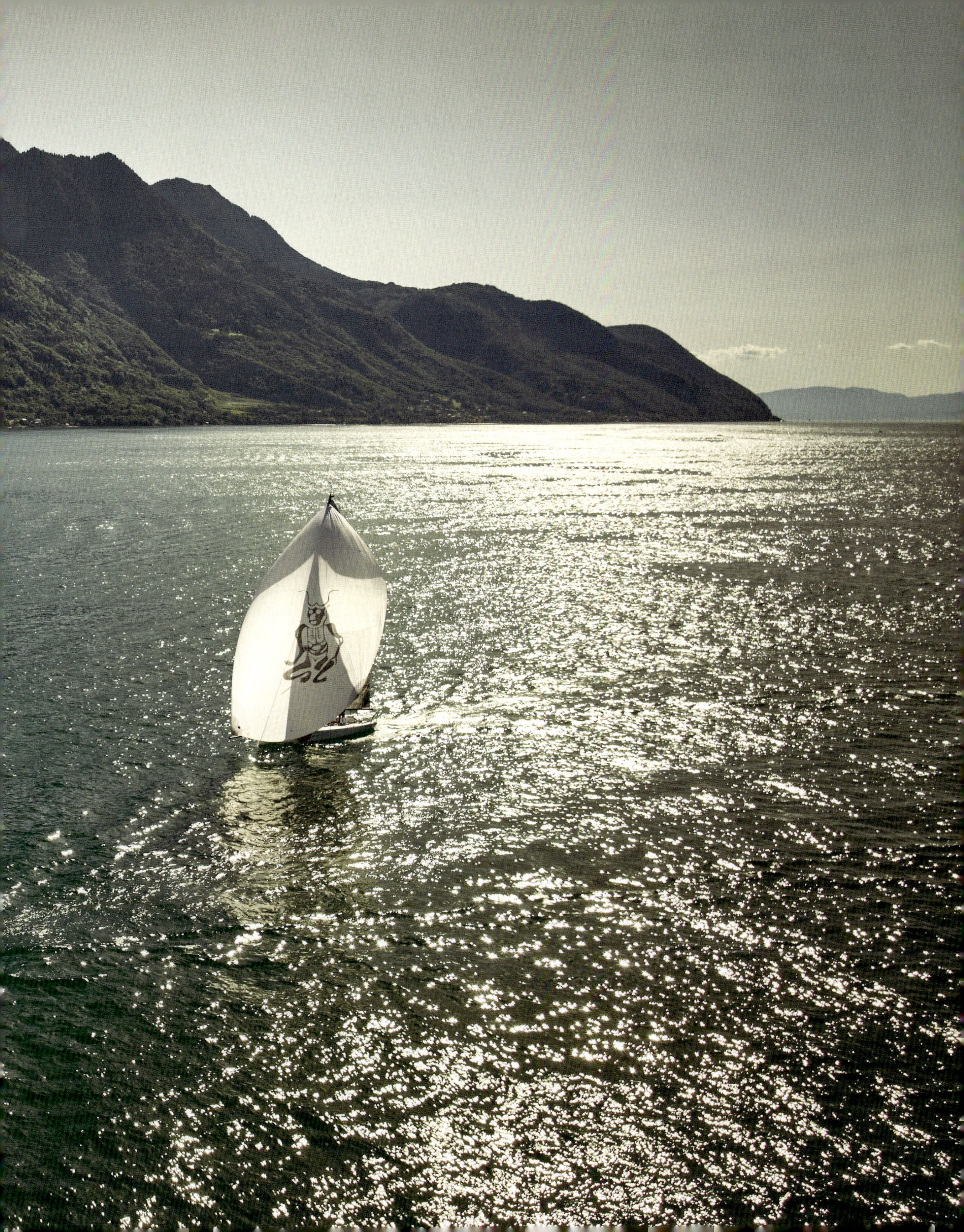

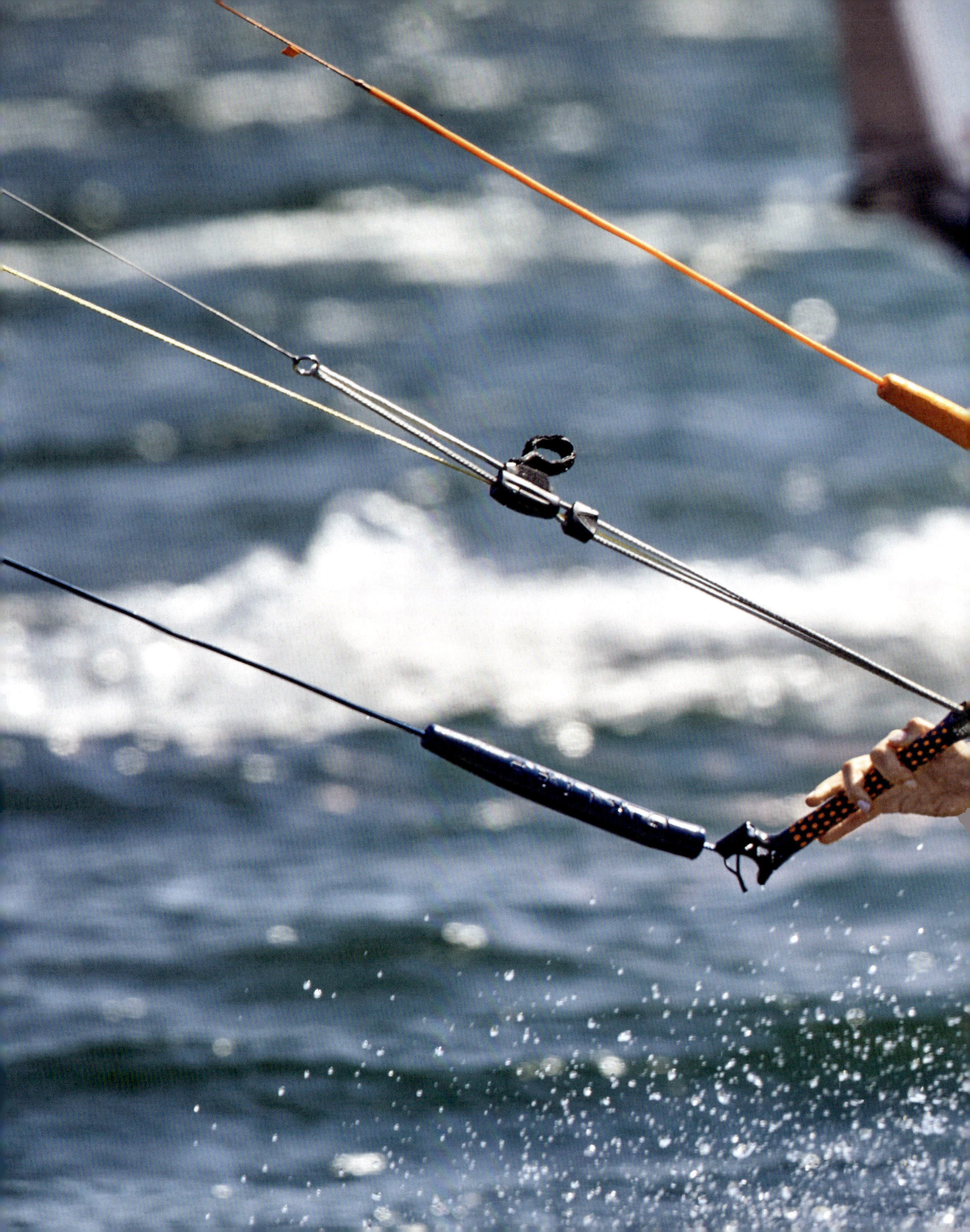

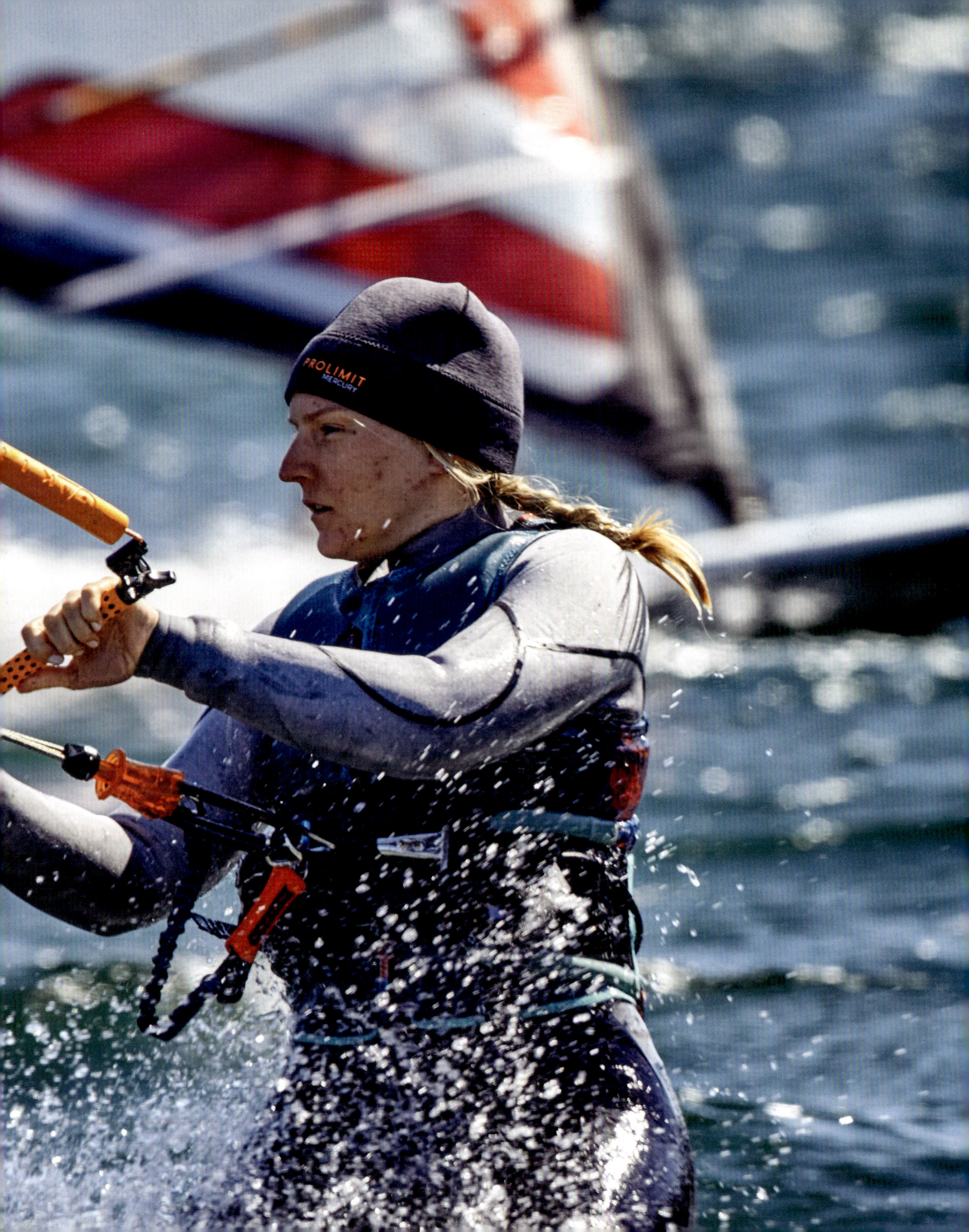
PROLIMIT
MERCURY

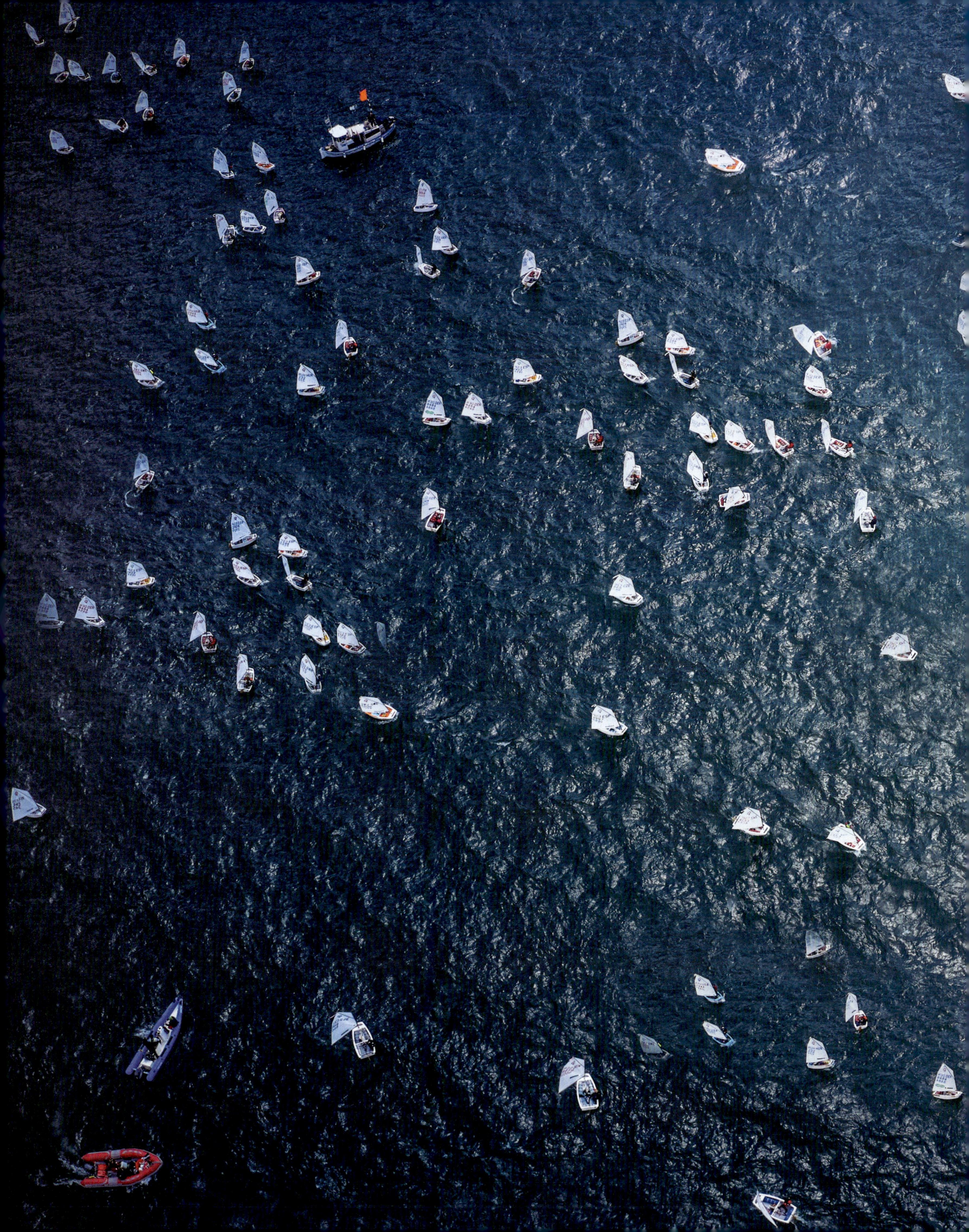

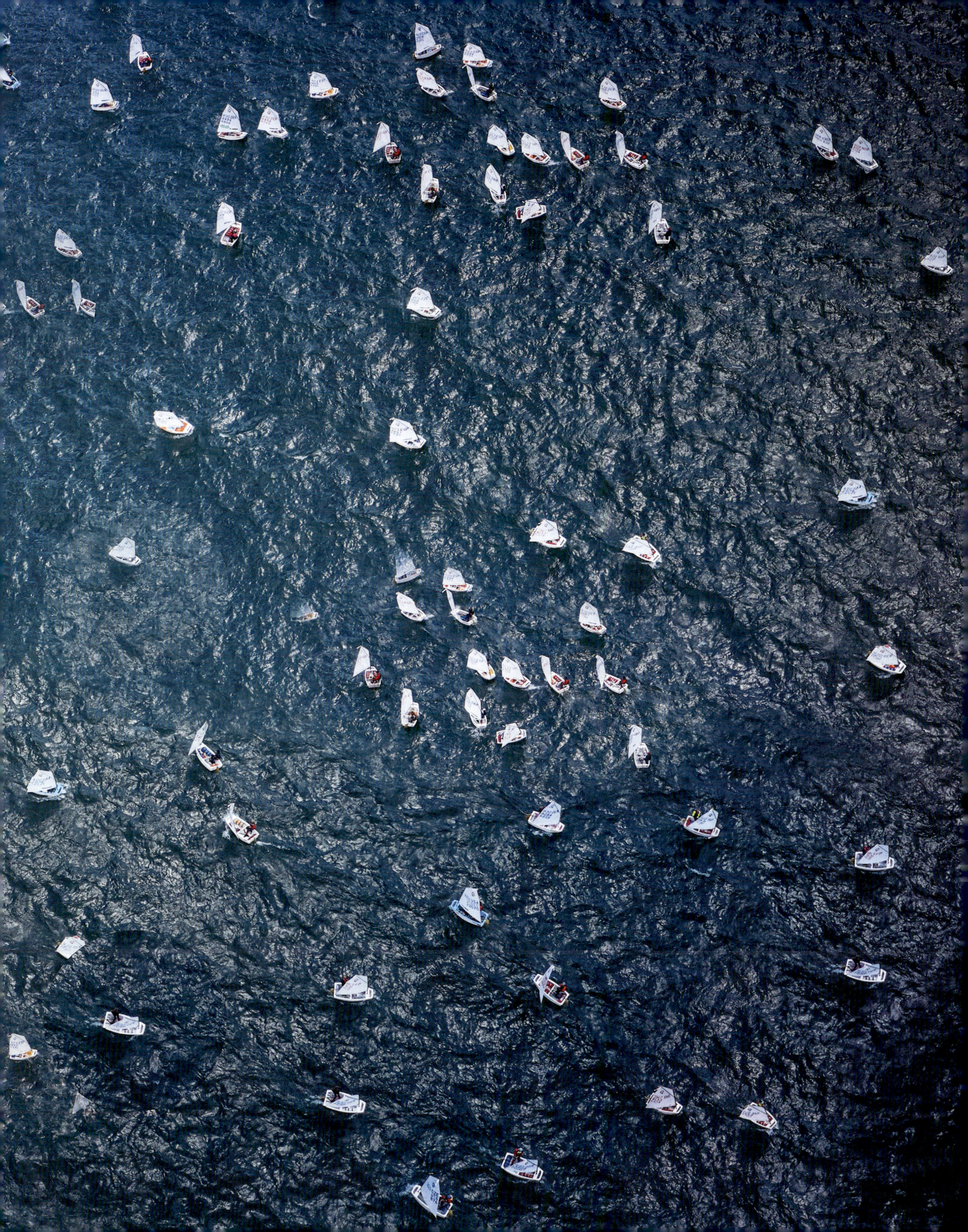

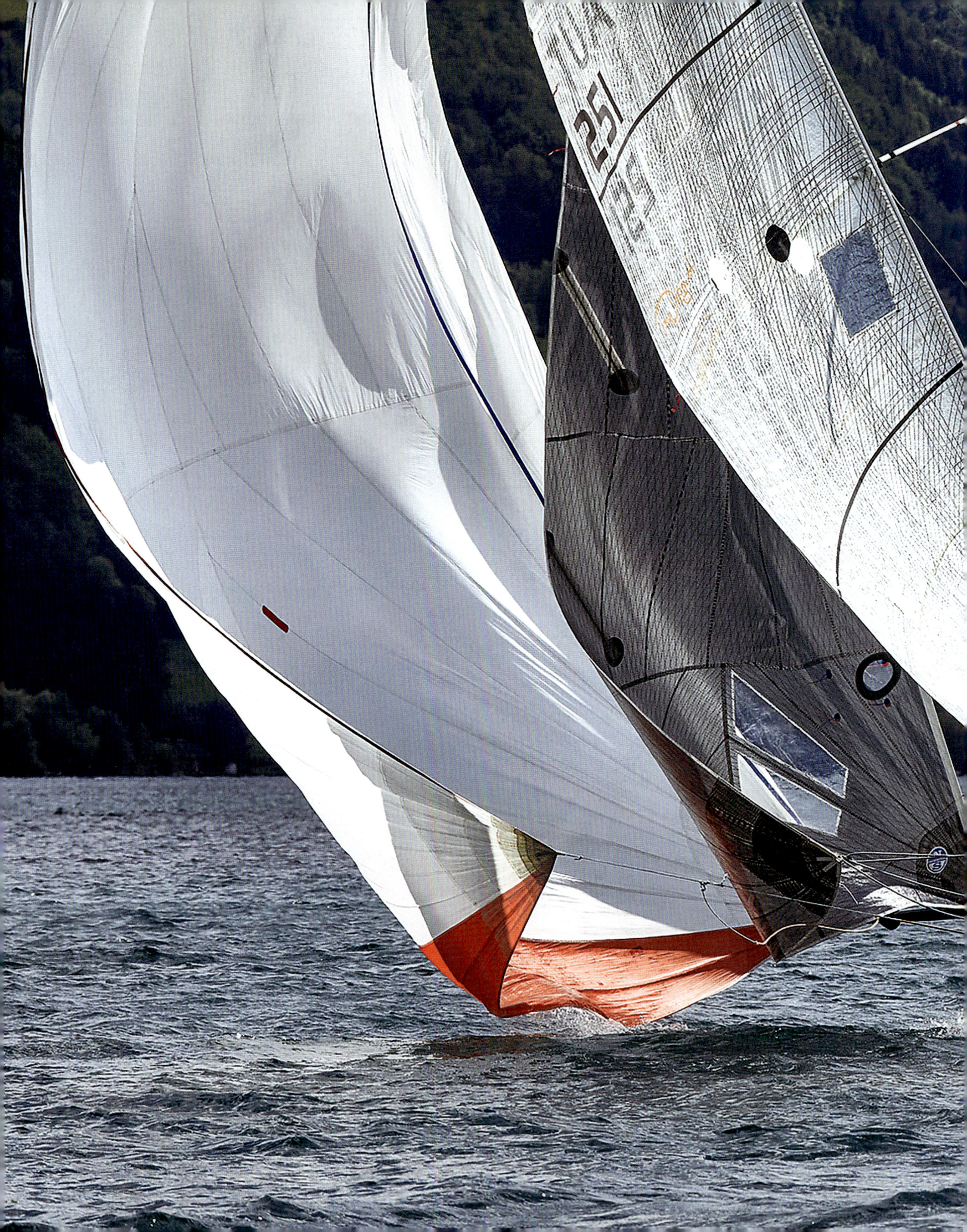
251

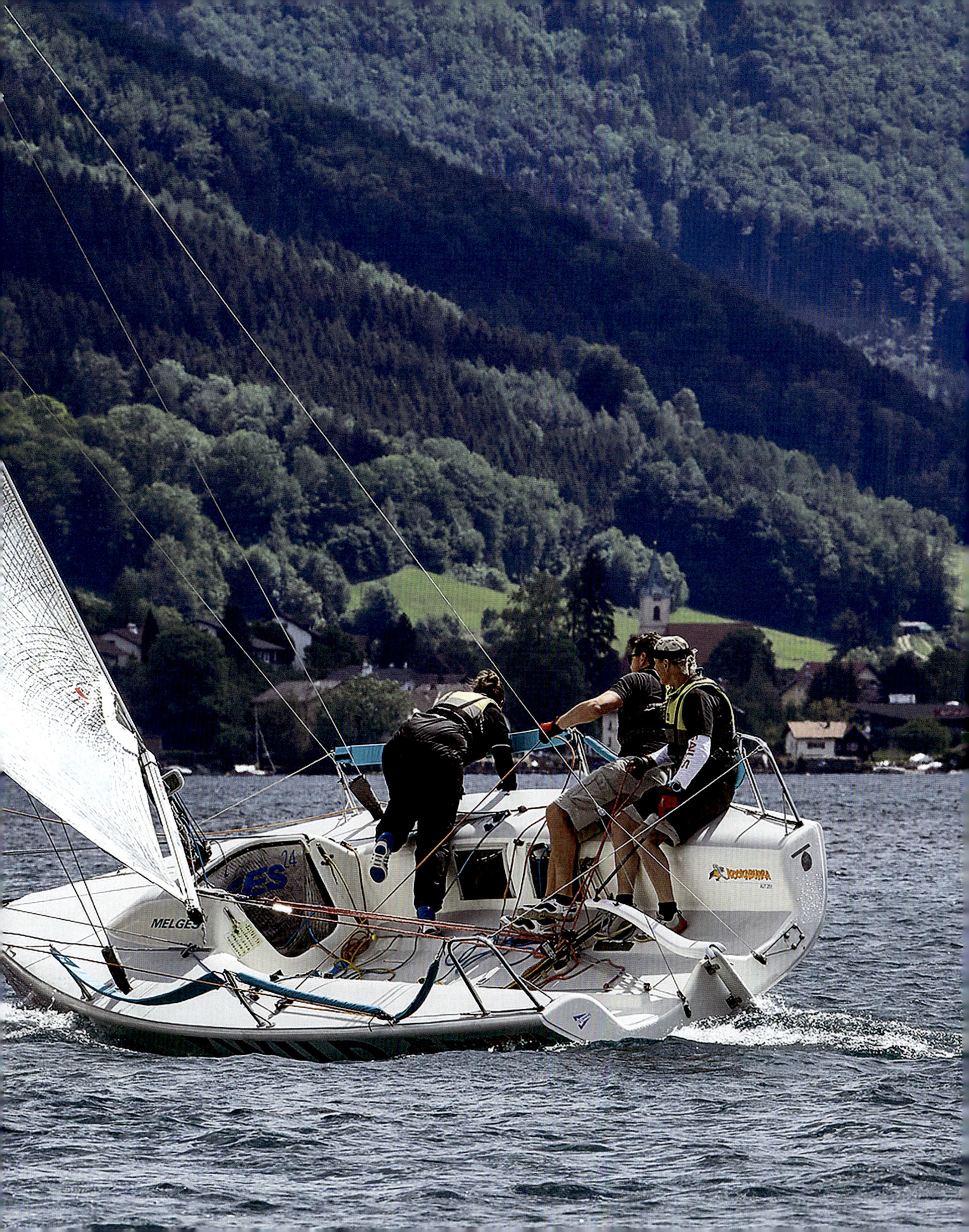
MELGES

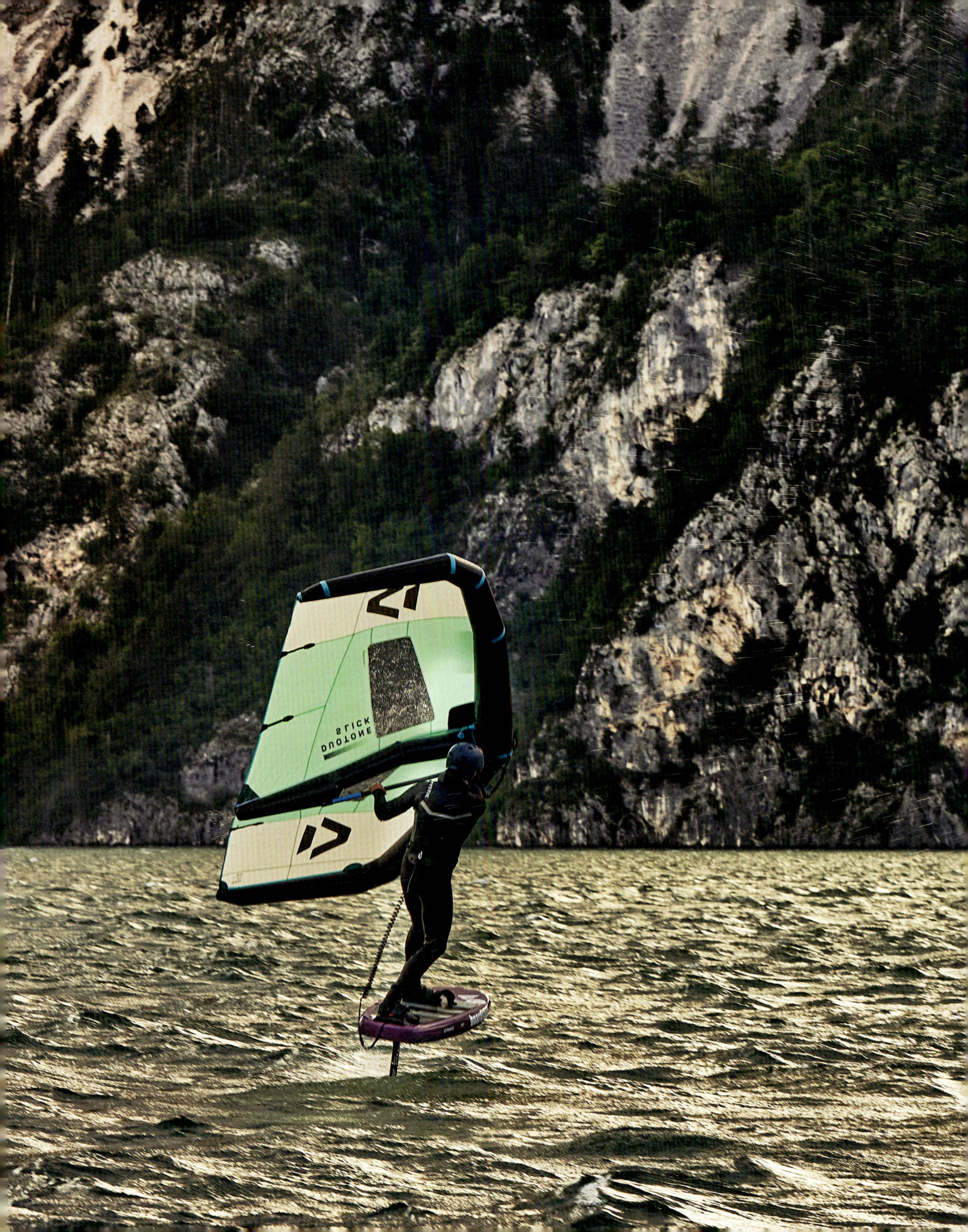

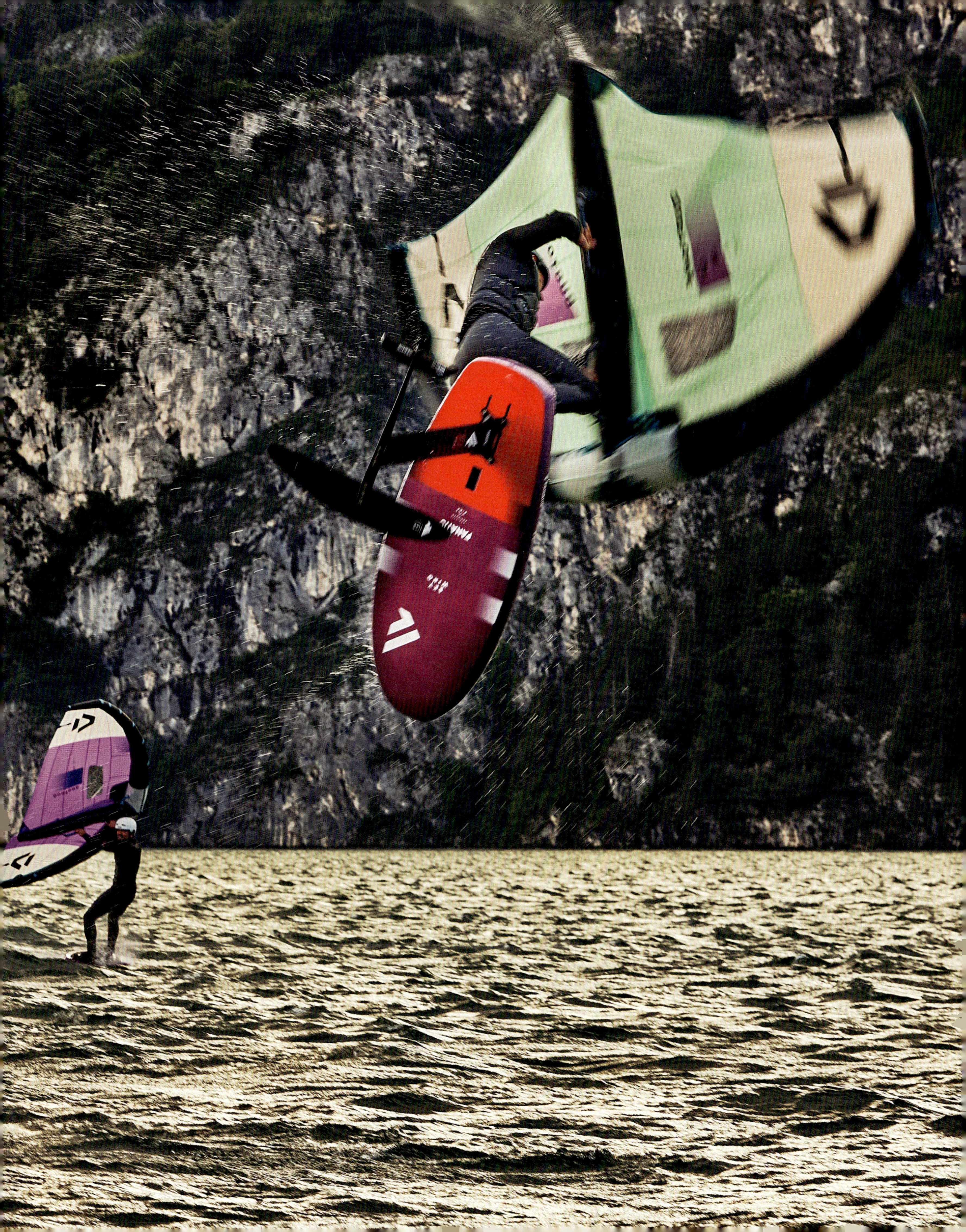

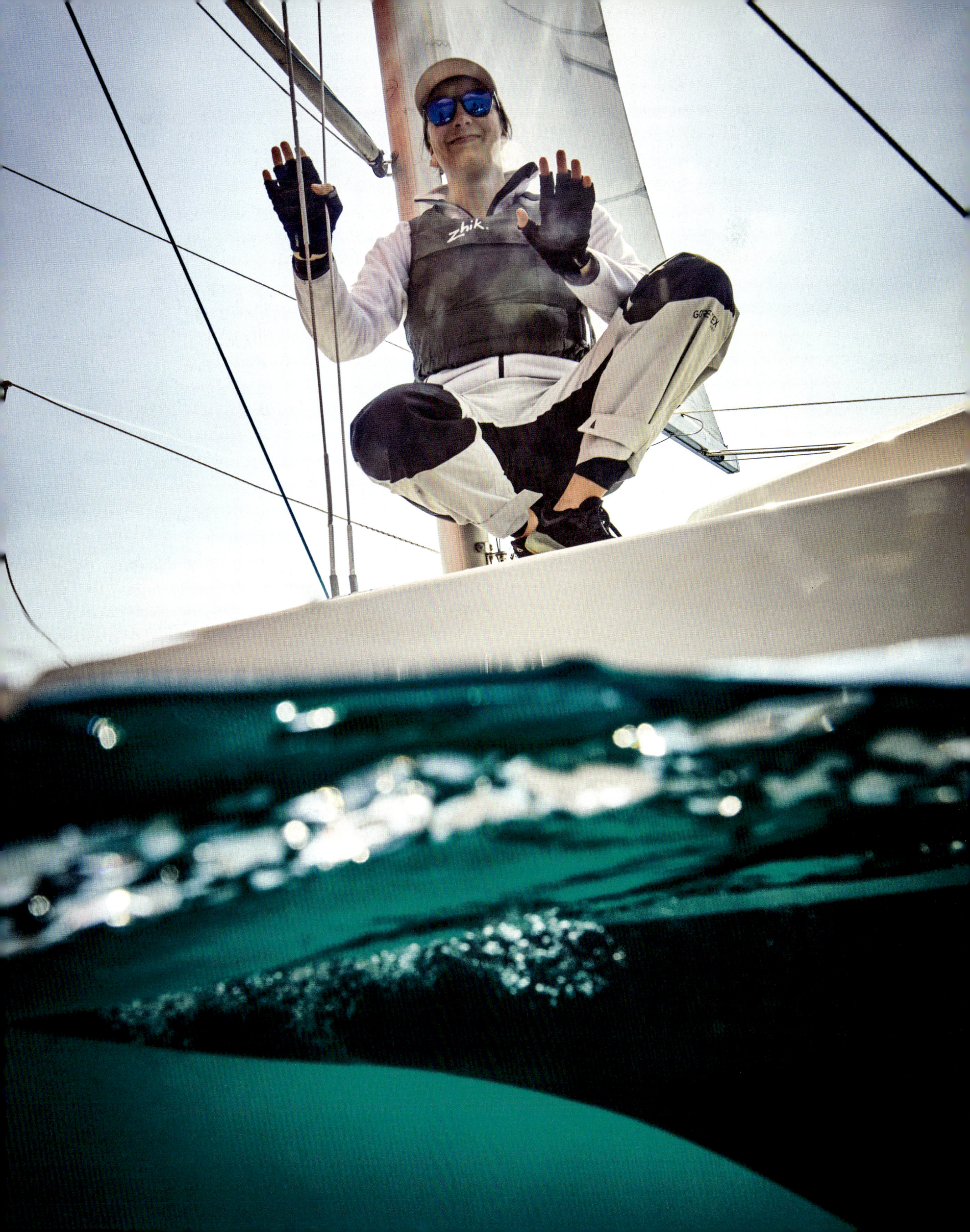
zhik.

1 IDYLLE PUR

WIE DIE WINDE WEH'N – VOM CHIEMSEE BIS ZUM SCHWÄBISCHEN MEER

2 FELIX AUSTRIA

TIEFE SEEN UND HOHE BERGE – DIE REVIERE ZWISCHEN SALZBURGER LAND UND KÄRNTEN

3 BERG SE(H)EN

WEIT ÜBER NORMALNULL – DIE SCHWEIZER SEEN ZWISCHEN GENF UND BODENSEE

4 LAGHI ITALIANI

SONNIGES GEMÜT – DIE ITALIENISCHEN ALPENSEEN ZWISCHEN LAGO MAGGIORE UND GARDASEE

1

IDYLLE PUR

WIE DIE WINDE WEH'N – VOM CHIEMSEE BIS ZUM SCHWÄBISCHEN MEER

18

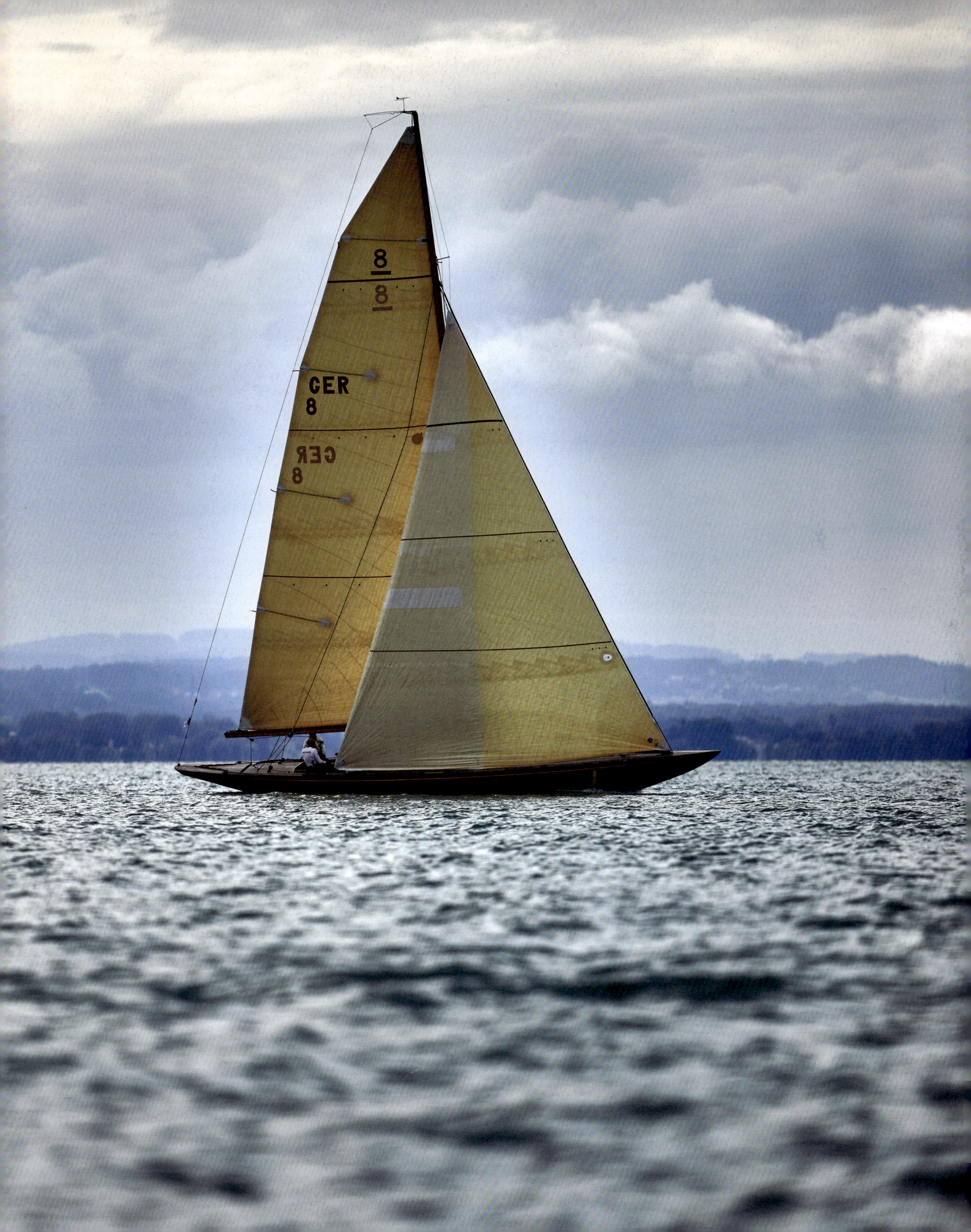
8
GER
8

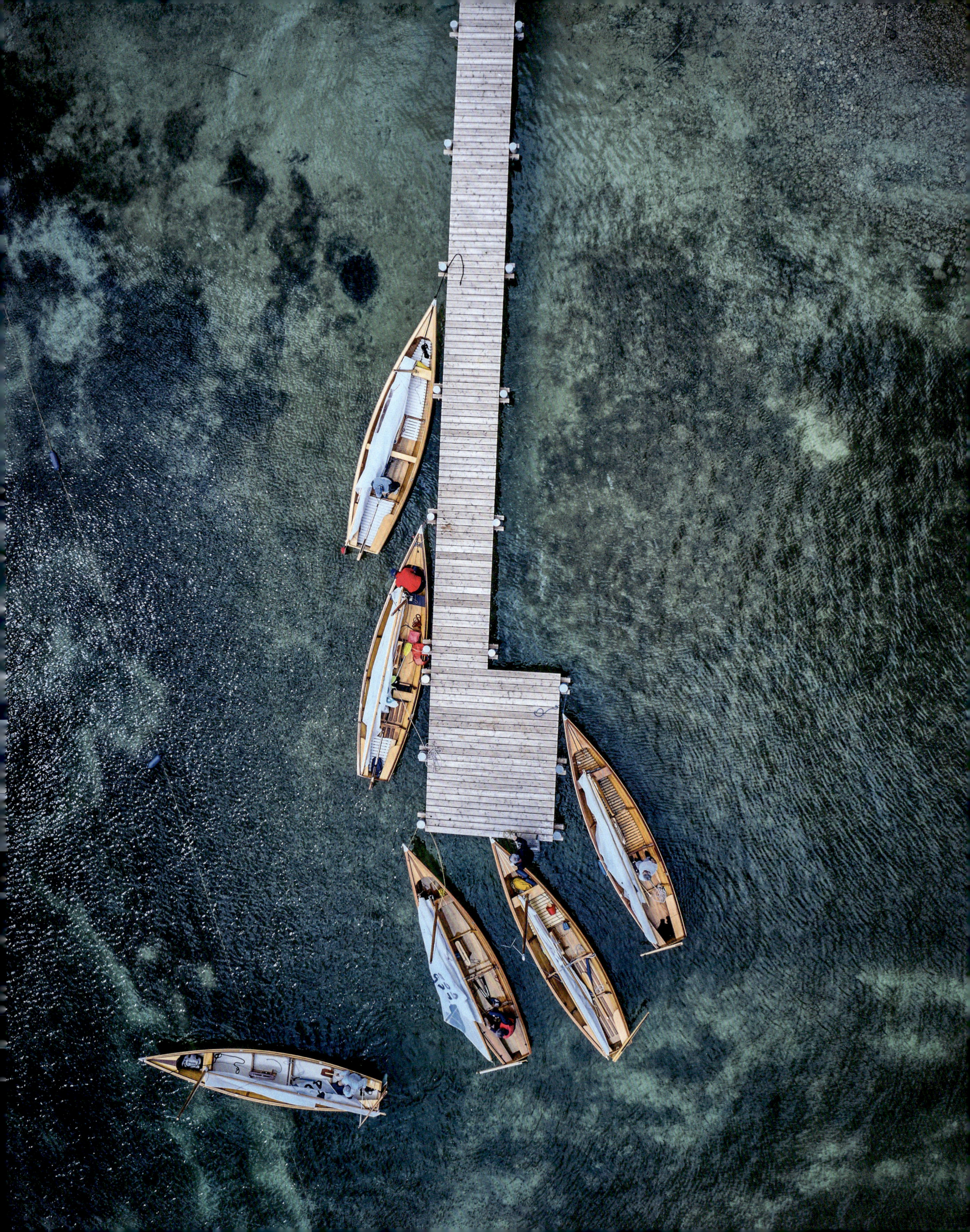

FÖHNLAGE
DIE DEUTSCHEN ALPENSEEN

Wunderschöne Thermik, verlässliche Thermik, typische Thermik – eine dieser Zuschreibungen passt auf beinahe jeden Alpensee. Der von Seglern, Surfern, Kitern & Co. so geschätzte thermische Wind wird vielerorts mit einem Namen versehen. Dieser kann buchstäblich blumig sein (wie der Rosenwind am Attersee), auf den Entstehungsort hinweisen (wie die Maloja am Silvaplanersee) oder die Pünktlichkeit des Auftretens betonen (wie die Ora am Gardasee).

In Deutschland ist man nüchtern und belässt die Thermik namenlos, sie folgt aber demselben Prinzip wie überall sonst auf der Welt. Im Laufe des Tages erwärmt die Sonne die Erdoberfläche. Aufgrund der unterschiedlichen Wärmespeicherkapazität heizen sich die Landflächen stärker auf als die Wasserflächen. Die Luft über dem Land wird wärmer und wärmer, dehnt sich aus, steigt auf und erzeugt in Bodennähe ein lokales Tiefdruckgebiet. Die vergleichsweise kühlere Luft über dem Wasser bleibt hingegen liegen, dort ist der Luftdruck hoch. Zwischen den unterschiedlich hohen Luftdruckzonen beginnt eine Ausgleichsströmung zu fließen – der thermische Wind ist geboren. Abends funktioniert die Angelegenheit in der anderen Richtung: Das Land kühlt rascher aus als das Wasser, daher ist der Luftdruck dort höher als über dem Wasser, und der Wind weht vom Land zum See. Beide Varianten werden durch das sogenannte alpine Pumpen noch verstärkt. Dieser Effekt beruht darauf, dass im Alpenraum der Luftdruck im Tageslauf stärker steigt bzw. fällt als im Alpenvorland und die Ausgleichswinde daher besonders kräftig und regelmäßig wehen. Unterstützend wirkt auch das Berg-Tal-System: Morgens scheint die aufgehende Sonne zunächst auf die Berghänge und erwärmt diese, im noch schattigen Tal bleibt es hingegen lange kalt. Abends kühlen die Hänge hingegen rasch aus, während sich im Tal die Warmluft halten kann. Die Thermik ist also ein komplexes Geschehen, und die Frage, ob, wann und wie stark sie sich einstellt, für den Laien nicht so einfach zu beantworten. Fest steht: Sie braucht Sonne, und daher ist Schönwetter eine unbedingte Voraussetzung.

Und wenn der Himmel grau bleibt? Kann die Wassersportlerin, der Wassersportler in diesem Fall dennoch zwischen Ammer- und Chiemsee auf ordentlich Wind hoffen? Durchaus! Grauer Himmel bedeutet häufig, dass über Europa eine West-Wetterlage herrscht. Typischerweise damit verbunden ist eine von West nach Ost gerichtete Strömung, die in flachem Winkel auf den Alpenkörper trifft, ins Alpenvorland umgelenkt und verstärkt wird. Alpiner Leitplankeneffekt nennen das die Meteorologen, davon betroffen sind sämtliche Gewässer im südbayerischen Raum. Meist macht der Leitplankeneffekt aus einem müden Lüftchen guten Segelwind, löst zudem einen Großteil der Wolken auf und sorgt daher für Zufriedenheit in der Region. Von Zeit zu Zeit beschleunigt er aber auch einen Sturm zu Orkanböen, die jegliche Aktivitäten auf dem Wasser unmöglich machen. Jede Medaille hat eben zwei Seiten …

Wenn die Windverhältnisse an den deutschen Alpenseen hier Thema sind, darf neben Thermik und West-Wetterlage ein Phänomen nicht fehlen: der Föhn. Grundsätzlich wird damit ein warmer, trockener Wind bezeichnet, der nach dem Überströmen eines Gebirges mit großer Geschwindigkeit ins Tal fällt und dort für ungewöhnlich hohe

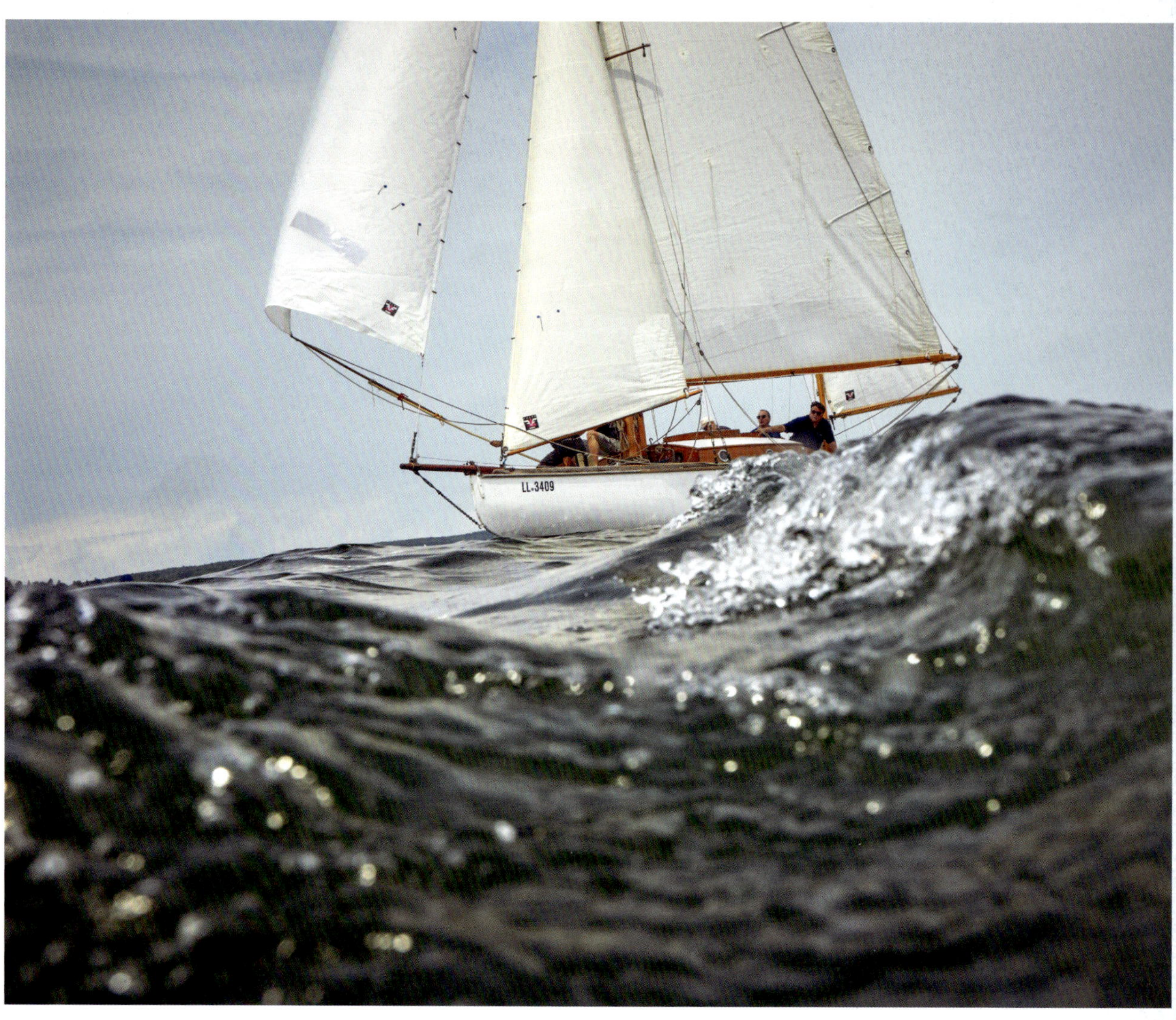

Temperaturen sorgt. Hier konkret gemeint ist der Alpen-Südföhn, der entsteht, wenn über Westeuropa ein Tiefdruckgebiet liegt und sich die Luftmassen auf der Südseite der Alpen stauen. Er generiert ganz typische Phänomene: Die Föhnmauer zum Beispiel, eine markante Wolkenwand über dem Bergkamm vor blitzblauem Himmel, die Föhnlinsen bzw. Föhnfische, eine Formation aus lang gestreckten, scharf abgegrenzten Wolken, die auf der Leeseite des Bergkamms zu beobachten sind, oder die als Föhnfenster bezeichnete Lücke in der Wolkendecke, die sich bei Südföhn an der Alpennordseite bildet. Je näher der See an den Alpen liegt, desto größer ist die Gefahr, dass die Geschehnisse rund um den Föhn den Wassersportler in Gefahr bringen – entweder durch heftige Böen, die ohne Vorwarnzeichen aus dem Nichts zu kommen scheinen und eine Stärke bis zu 9 Beaufort erreichen können, oder durch eine Kaltfront, die dem Föhn nachfolgt und einen Temperatursturz plus Gewittersturm mit sich bringt. Und damit soll jetzt Schluss mit Schwarzmalen sein, denn in aller Regel sind Sturmtage an den bayerischen Alpenseen selten und die Bedingungen zum entspannten Segelgenuss bestens geeignet.

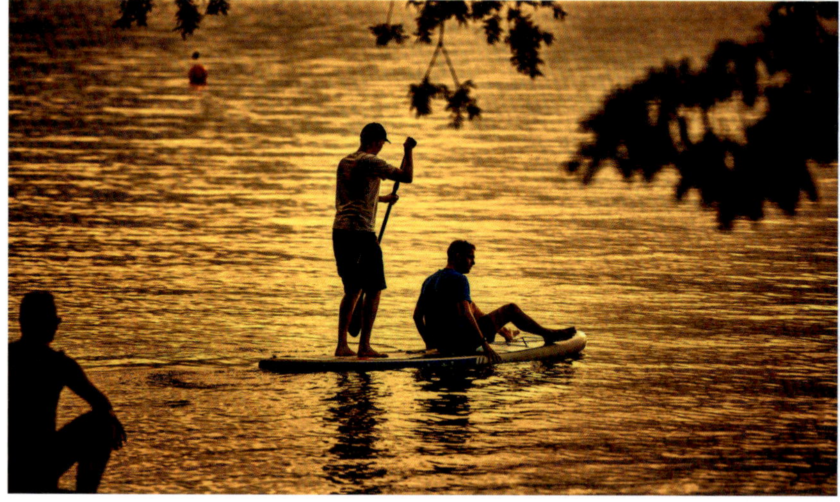

RAUS AUF DEN SEE

In den Sommermonaten wird es heiß und schwül am Alpenrand. Alles, was schwimmt, kommt dann ins Wasser – sportliche Surf-Action auf dem Walchensee, klassische Planken auf dem Ammersee oder gemütliches SUP auf dem Chiemsee.

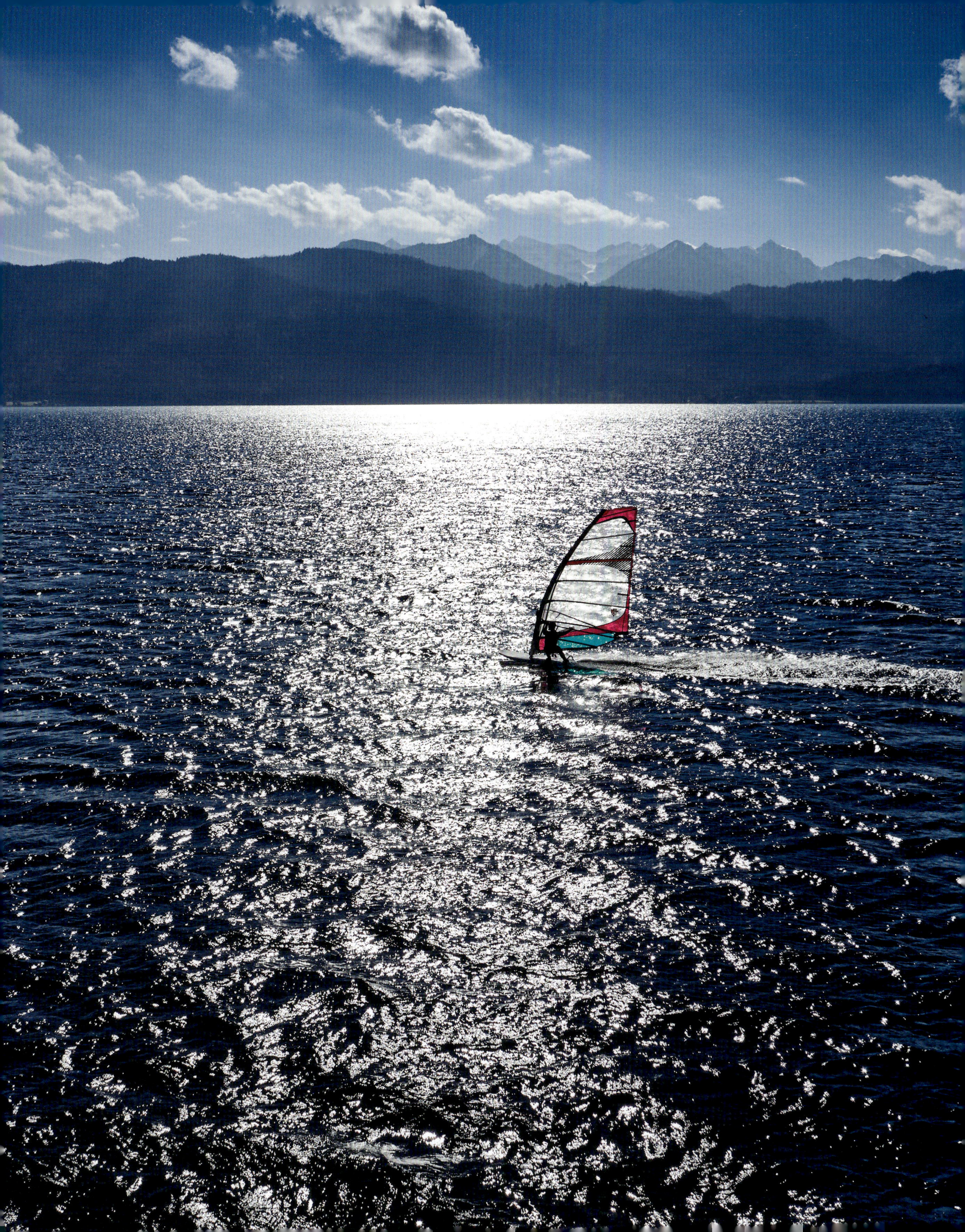

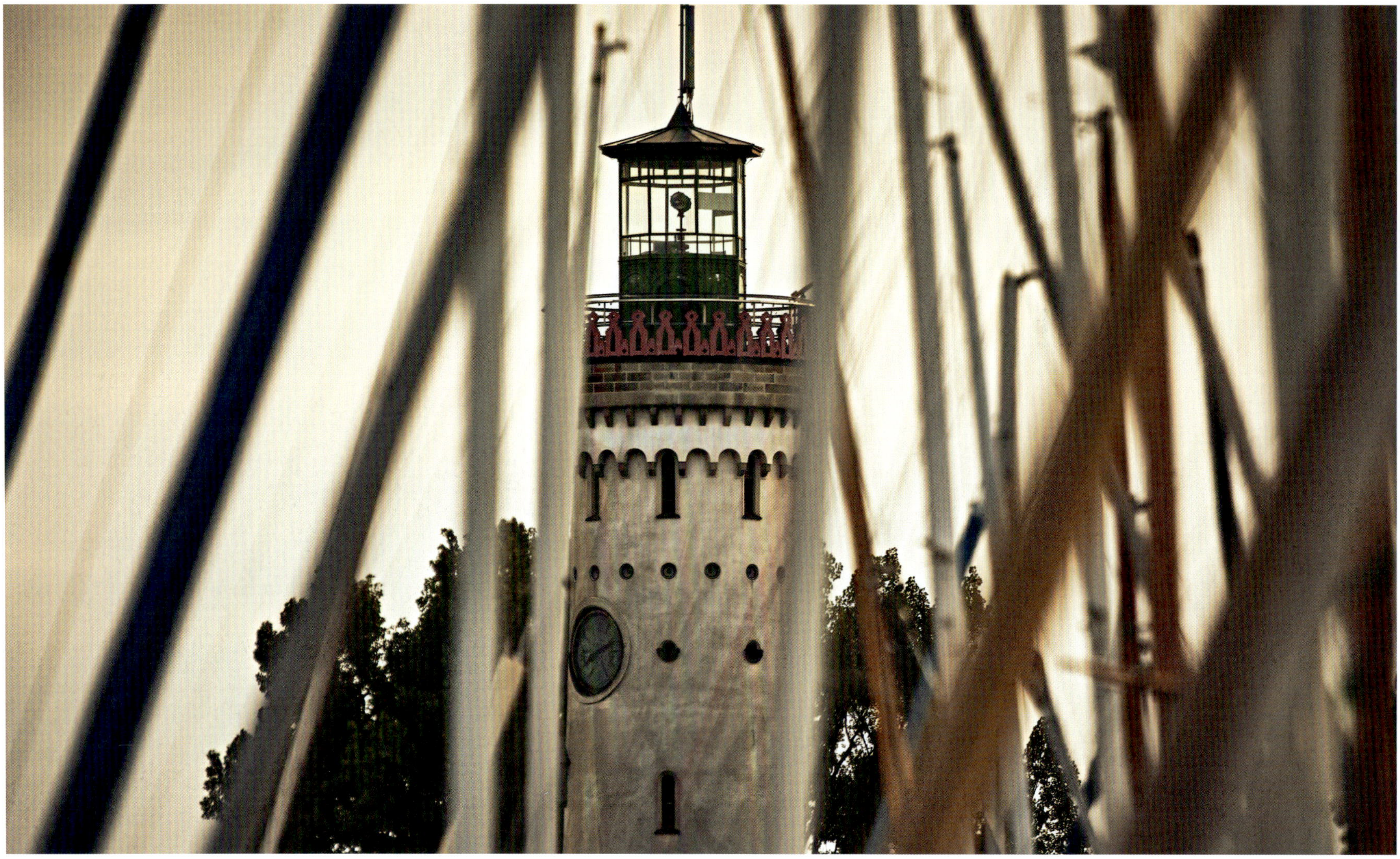

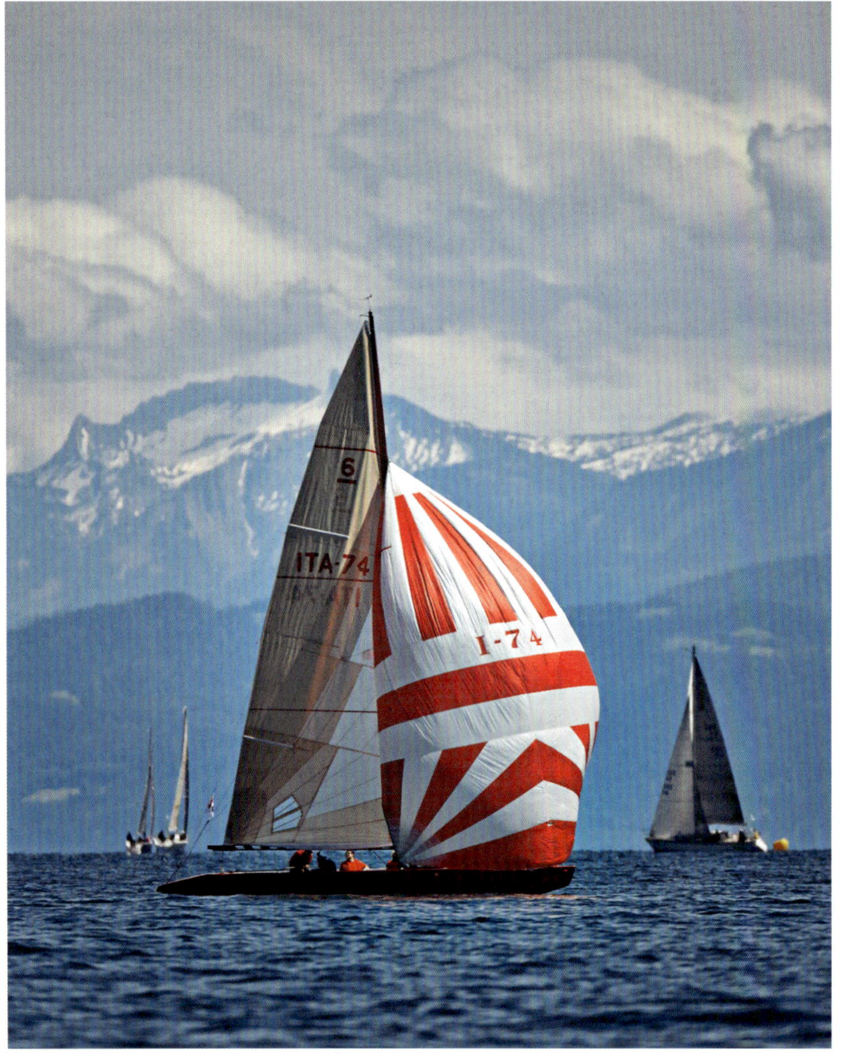

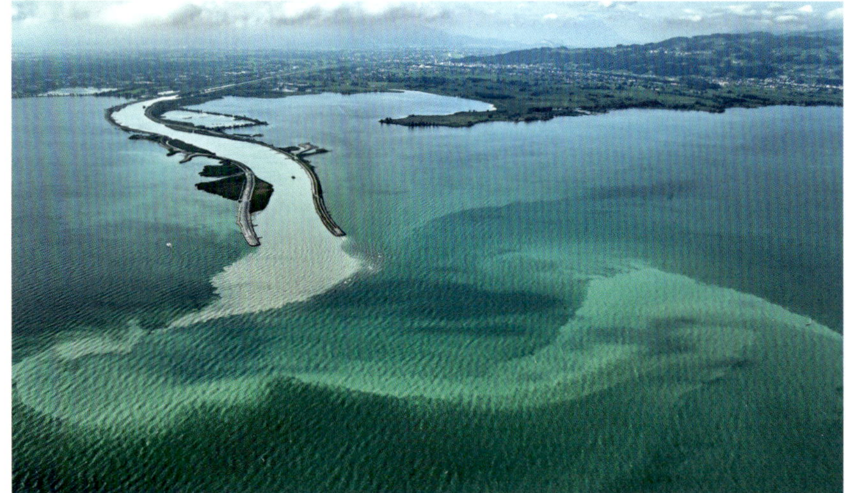

**VIELFALT MIT SÜSSWASSER –
GRÖSSTER BINNENSEE IN DEUTSCHLAND**

Das Mündungsgebiet des Rheins in Österreich (oben) liegt genau gegenüber der historischen Hafeninsel Lindau (ganz oben). Links: Sobald der Wind weht, sind die Segler auf dem See. Rechts: Der klassische 8er BAYERN II des Lindauer Segelclubs.

BODENSEE
AM BAYERISCHEN UND SCHWÄBISCHEN UFER

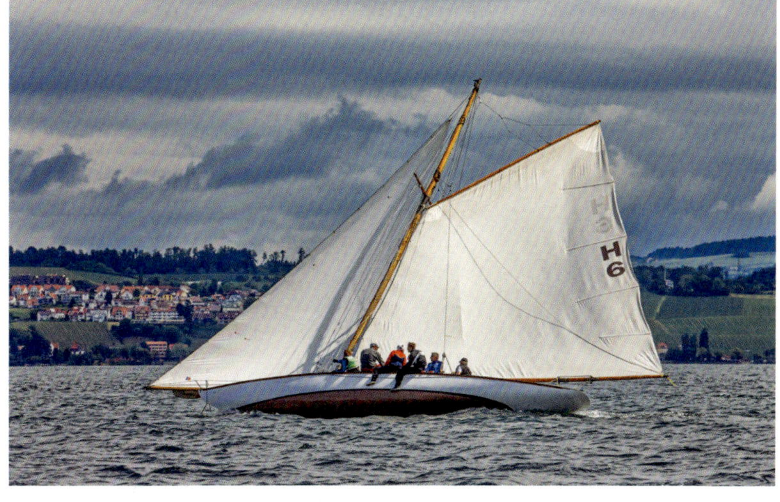

Drei Staaten teilen sich seine Ufer, zwei Namen sind für ihn geläufig. Auf Deutsch, Russisch oder Mandarin(!) nennt man ihn »Bodensee«, nach dem Ort Bodman, einer ehemaligen Münzstätte, die den Frankenkönigen als vorübergehender und den Alemannenherzogen als dauerhafter Stützpunkt diente. In anderen, vorwiegend romanischen Sprachen hält man sich stattdessen an das lateinische *Lacus Constantinus,* zurückzuführen auf das Konzil von Konstanz im 15. Jahrhundert. Aber wie auch immer dieses Juwel im Herzen des Kontinents bezeichnet wird, mit einer Fläche von 536 Quadratkilometern ist der Bodensee nach Platten- und Genfersee der drittgrößte See Mitteleuropas und das größte, tiefste und wasserreichste Binnengewässer Deutschlands. 173 seiner insgesamt 273 Kilometer Uferlänge gehören zu dieser Nation, geliebt wird er von allen Anrainerinnen und Anrainern gleichermaßen. Und von Gästen aus ganz Europa als Regattarevier hoch geschätzt: Rund 150 Sport-Events finden hier alljährlich statt, vom Ansegeln lokaler Clubs bis zu hochrangigen Weltmeisterschaften. Die mit rund 400 Teilnehmern größte Veranstaltung am Bodensee ist die seit 1951 jährlich vom Lindauer Segel-Club veranstaltete Rund Um. Seit 1953 wird diese Langstreckenregatta in der Nacht gesegelt. Start ist um 19.30 Uhr vor Lindau, anschließend geht es, wie der Name schon sagt, um den ganzen Bodensee. Bis 2011 wurde die Flotte in ungeraden Jahren rechts herum, in geraden Jahren links herum um den See geschickt, seit 2012 legt man den Kurs immer gegen den Uhrzeigersinn aus. Der Grund: Können die Segler auf dem Weg von Lindau über Romanshorn und Konstanz nach Überlingen am deutschen Ufer zurücksegeln, haben sie deutlich bessere Chancen auf gute Thermik und bleiben nicht vor Romanshorn hängen.

Zugelassen sind alle Klassen, alle Größen und alle Crew-Kombinationen, und so drängen sich Jahr für Jahr Hunderte Teilnehmer an der rund 2.700 Meter langen Startlinie vor Lindau, die durch ein Schiff in zwei Sektionen geteilt wird. Auf der kürzeren Seite bleiben die High-Performance-Racer unter sich, gegenüber kämpft der Rest der Flotte um den besten Platz. Der 100 Kilometer lange »Große Kurs« führt über Bahnmarken vor Romanshorn, Eichhorn/Konstanz, Überlingen und Meersburg zurück nach Lindau, dem schnellsten Schiff steht das Blaue Band vom Bodensee zu. Auf dem »Kleinen Kurs« wird die Marke in Überlingen ausgelassen. Aber auf welcher Route man auch unterwegs ist, die Rund Um ist in jedem Fall ein Erlebnis der besonderen Art. Es gilt, zähe Flauten zu überwinden oder nächtliche Gewitterböen abzuwettern, man kann ehemalige America's Cupper oder foilende Kats bewun-

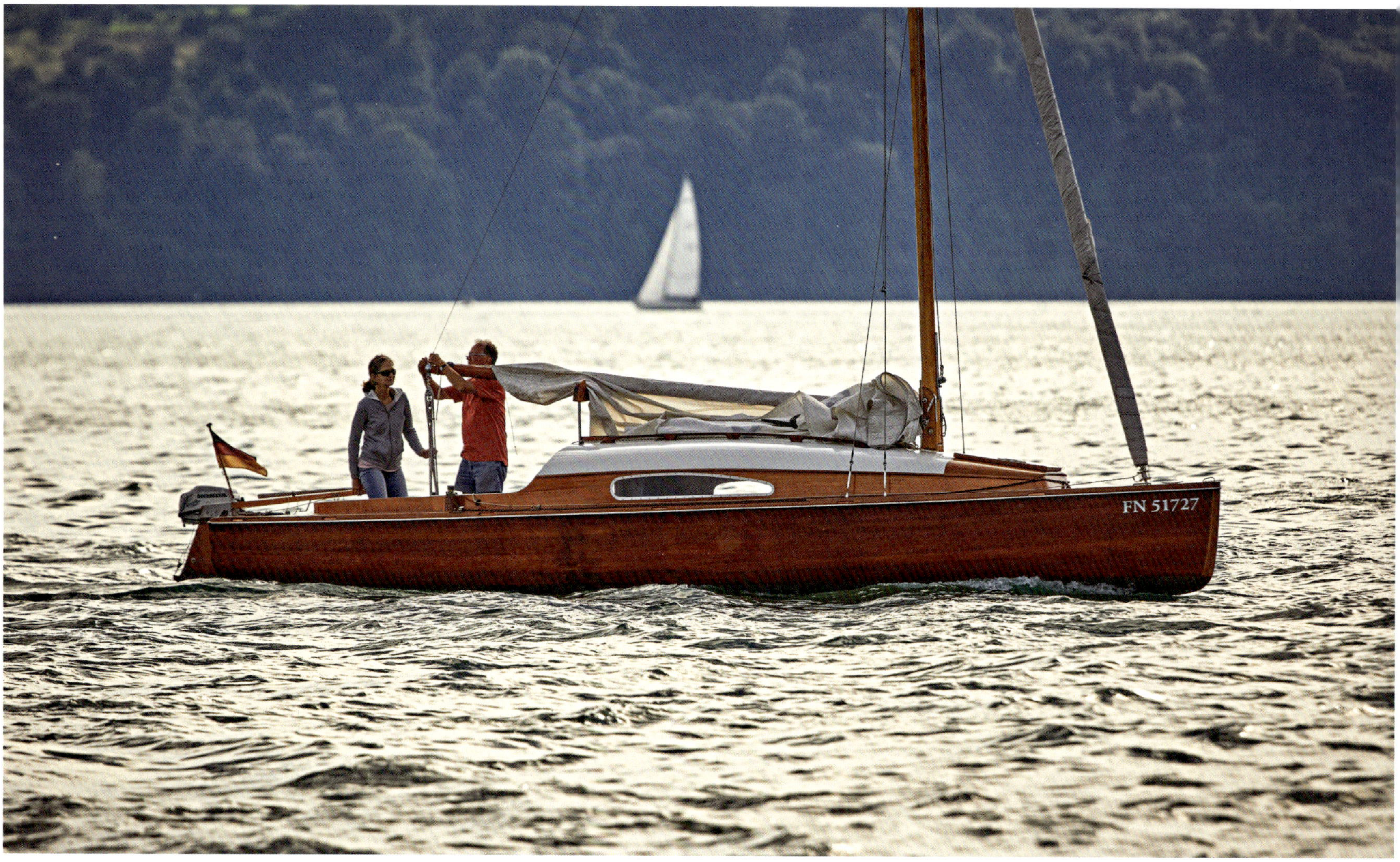

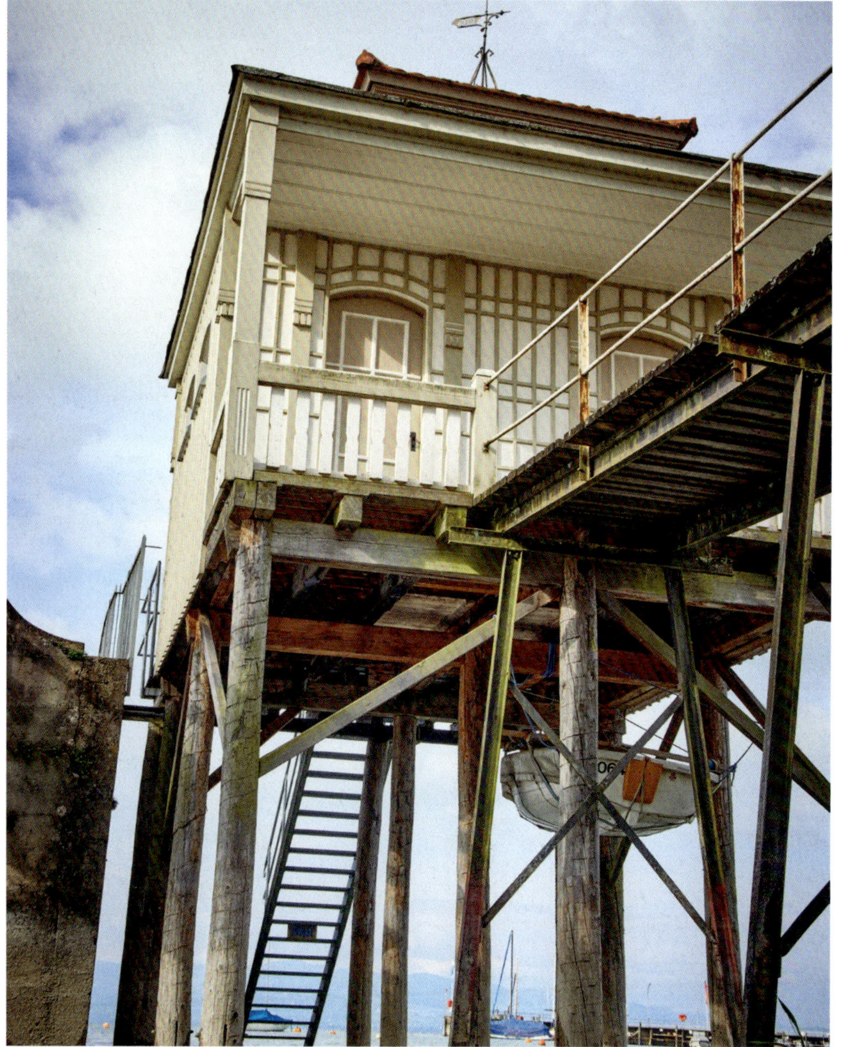

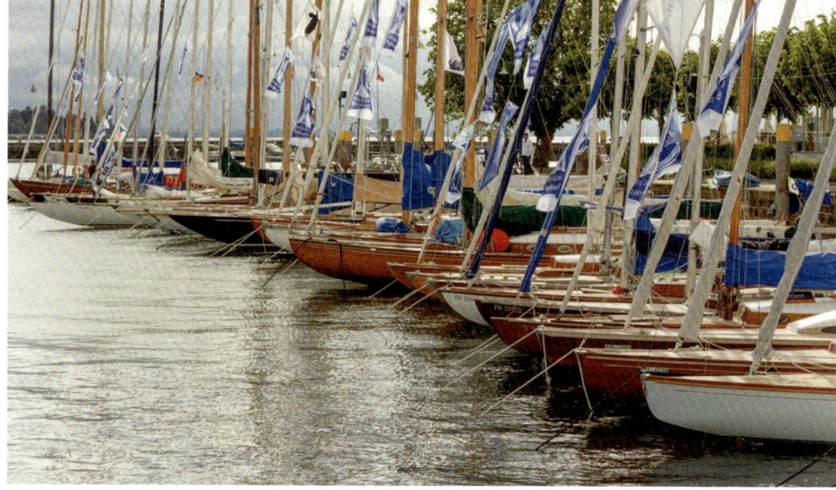

REGATTASPASS UND ERHOLUNGSWERT

In Konstanz lockt die Internationale Bodenseewoche jährlich Hunderte Crews (oben). Beschaulich geht's im Jollenkreuzer in den Feierabend (ganz oben). Vom Badehaus in Wasserburg ist der Weg zum See nur ein paar Stufen entfernt (links). Rechte Seite: Eine 8mR-Yacht fährt aus Langenargen zur Regattabahn (links), in Wasserburg sieht es fast noch so aus wie vor 100 Jahren (oben rechts).

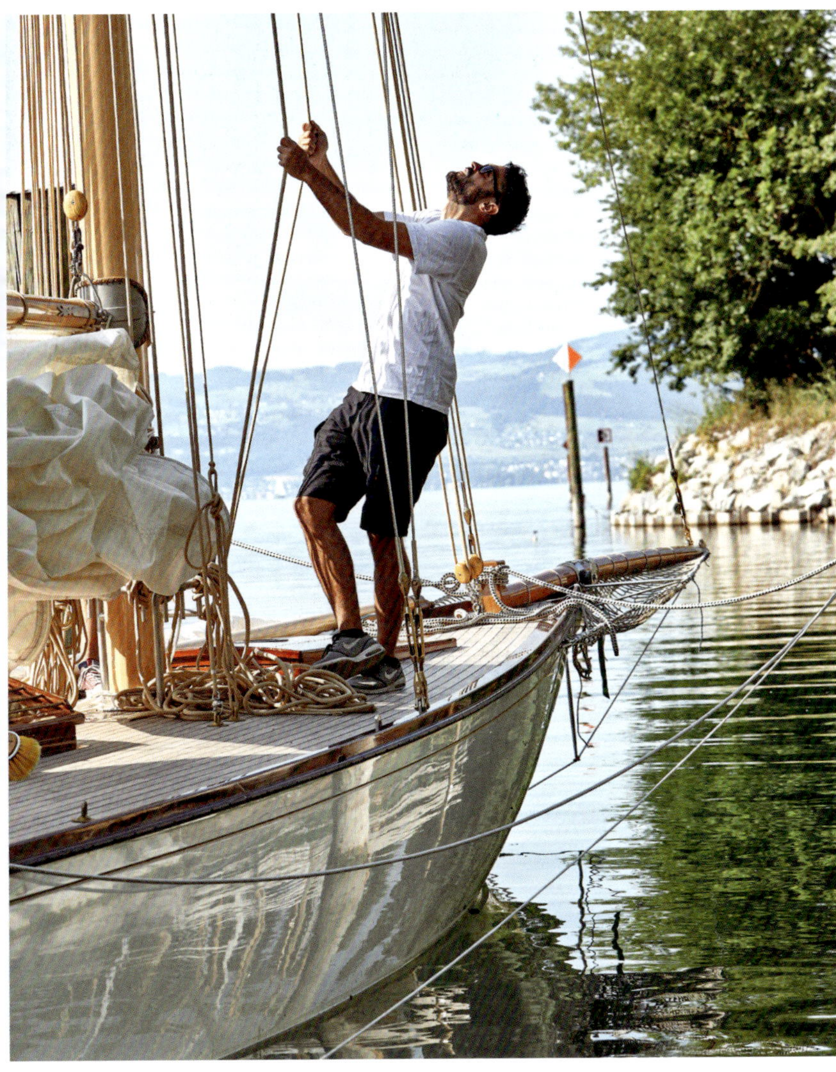

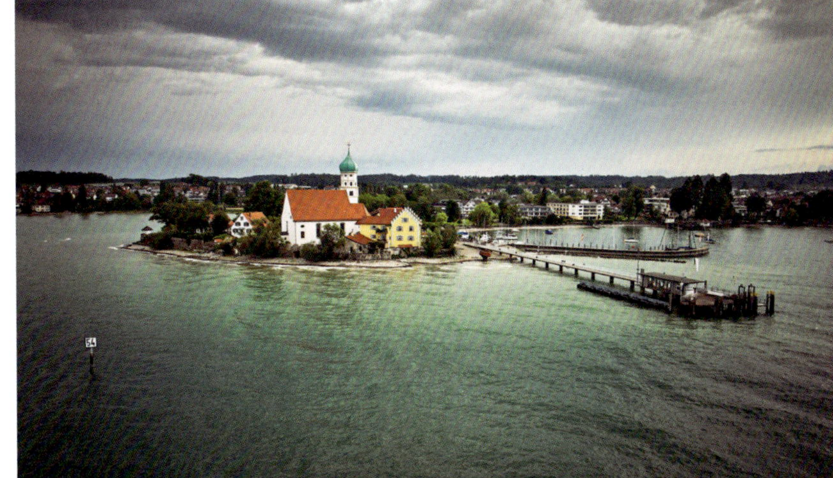

dern, mit Havarierten oder Gekenterten mitleiden und die Grenzen der eigenen Komfortzone überschreiten. Die Rekordzeit hält übrigens seit 2008 ein Niederländer: Johnny Hutchcroft segelte damals den Kurs auf dem als »Formel-1-Katamaran« bekannten Extreme 40 HOLMATRO in 4 Stunden und 41 Minuten ab.

Deutlich gemütlicher läuft ein weiteres Highlight auf diesem Gewässer ab – die Bodenseewoche. Bei ihrer Premiere, die 1909 als gemeinsame Veranstaltung von Seglern und Motorbootfahrern über die Bühne ging, stand zwar der Wettkampf auf dem Wasser im Vordergrund, doch bald ging es nicht mehr nur um Punkte und Plätze, sondern der gesellschaftliche Aspekt wurde mindestens ebenso wichtig wie der sportliche. Vertreter von Großbürgertum, Industrie und Adel trafen einander rund um den See, man bahnte Beziehungen und Geschäfte an, bestaunte die hier präsentierten technischen Neuerungen, genoss in stilvollem Rahmen abgehaltene Festivitäten. Anfang der 1950er-Jahre galt die Bodenseewoche als das wichtigste Wassersport-Event Europas und wurde nicht nur von Kennern noch vor die Kieler Woche gereiht. 1972 kam es aufgrund diverser organisatorischer Probleme dennoch zum Aus für die Veranstaltung. Sie war zu groß geworden, es fehlte an

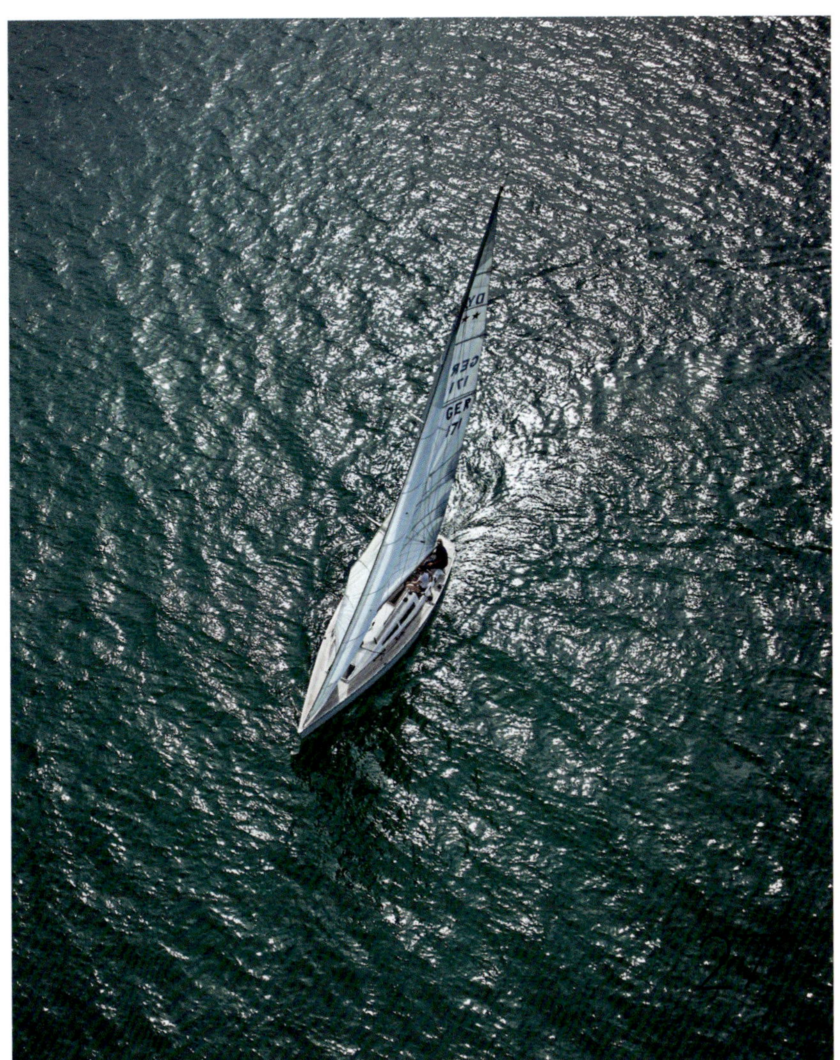

entsprechender Infrastruktur, Logistik und finanziellen Mitteln. Nach einer mehr als drei Jahrzehnte dauernden Pause folgte 2009 im Hafen von Konstanz eine viel beachtete Wiedergeburt. Seither ist die Bodenseewoche ein fixer Höhepunkt für die gesamte Region. Über mehrere Tage wird im historischen Altstadthafen von Konstanz ein bunter Bogen gespannt – so sorgen Ruderwettkämpfe, Wasserskirennen, Konzerte und Shows, Oldtimer-Autos oder historische Dampfschiffe für jede Menge Abwechslung –, im Mittelpunkt steht aber der Segelsport in seinen schönsten Facetten.

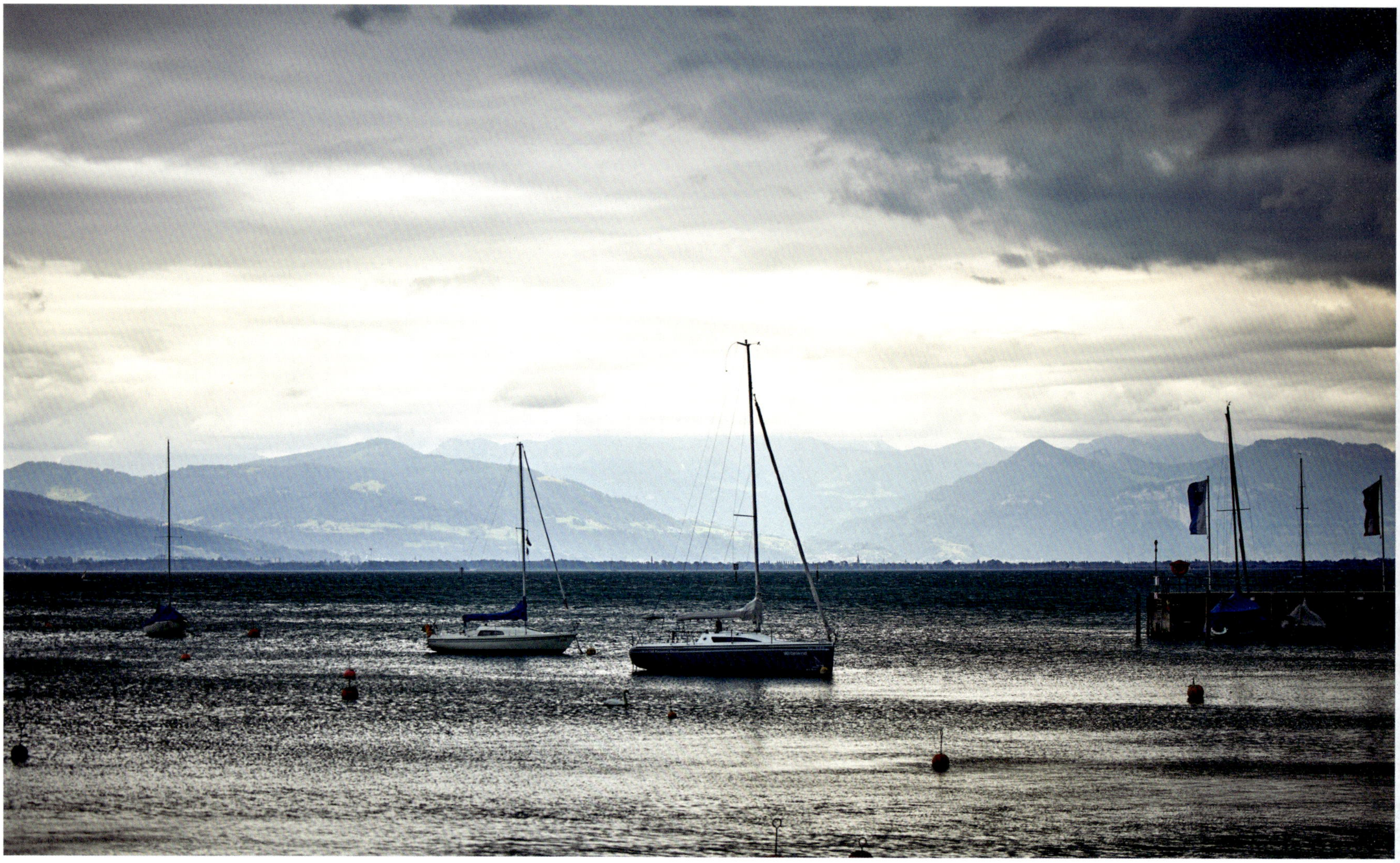

Wie Perlen an einer Kette reihen sich klassische und moderne Yachten an der Mittelmole des Hafens. Wenn sie im beziehungsweise vor dem Konstanzer Trichter auf mehreren Regattabahnen um Pokale und Trophäen kämpfen, repräsentieren sie auf unnachahmliche Weise unterschiedliche Epochen und zeugen von beeindruckender Historie ebenso wie vom technologischen Fortschritt, der diesem Sport die Zukunft sichert.

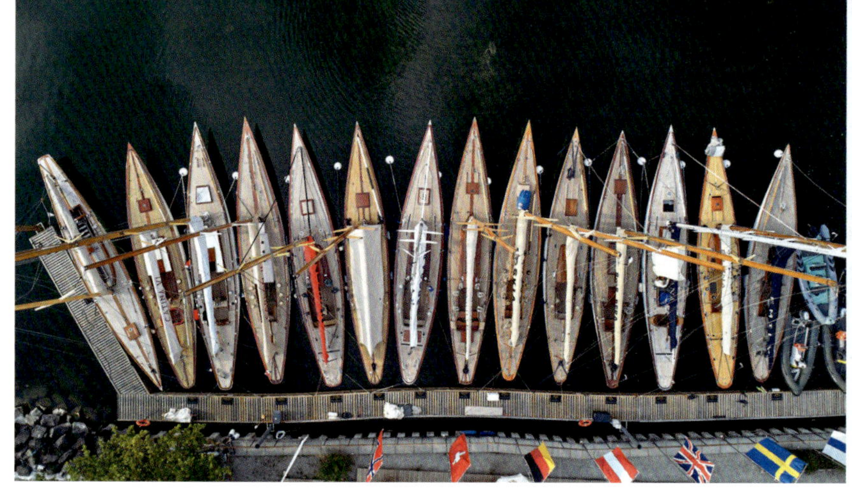

LAUNIGE LAGE AM ALPENRAND

Plötzliche Wetterveränderungen sind hier keine Seltenheit, innerhalb weniger Minuten kann ein Sturm über den See fegen. Geschützt und sicher liegen die Meterklassen im Hafen von Langenargen (oben). Der Bodensee ist ein Hotspot für die schnellen 8mR-Klasse-Yachten, viele Boote werden restauriert. Neubauten aus modernen Materialien erweitern die Flotte (rechts).

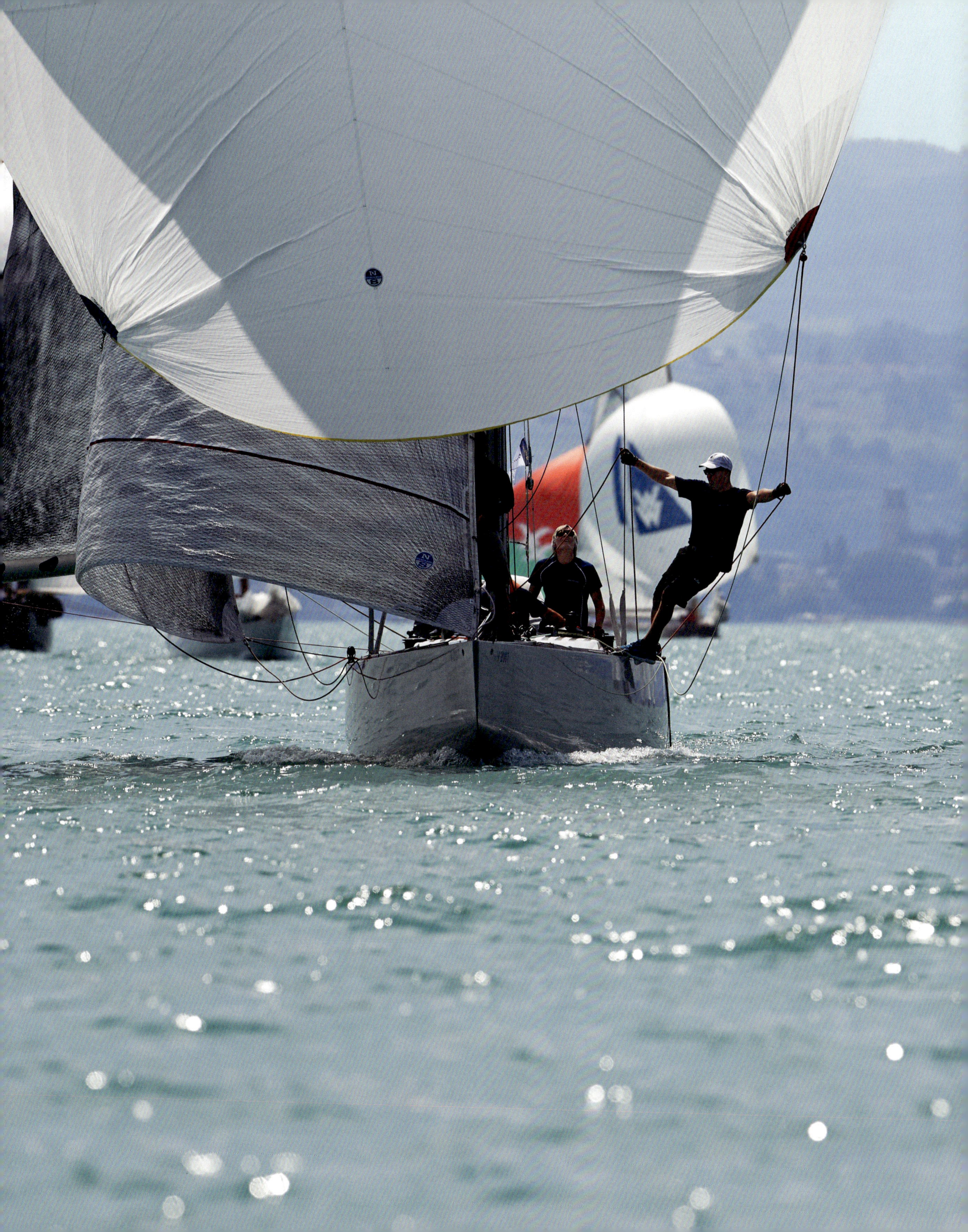

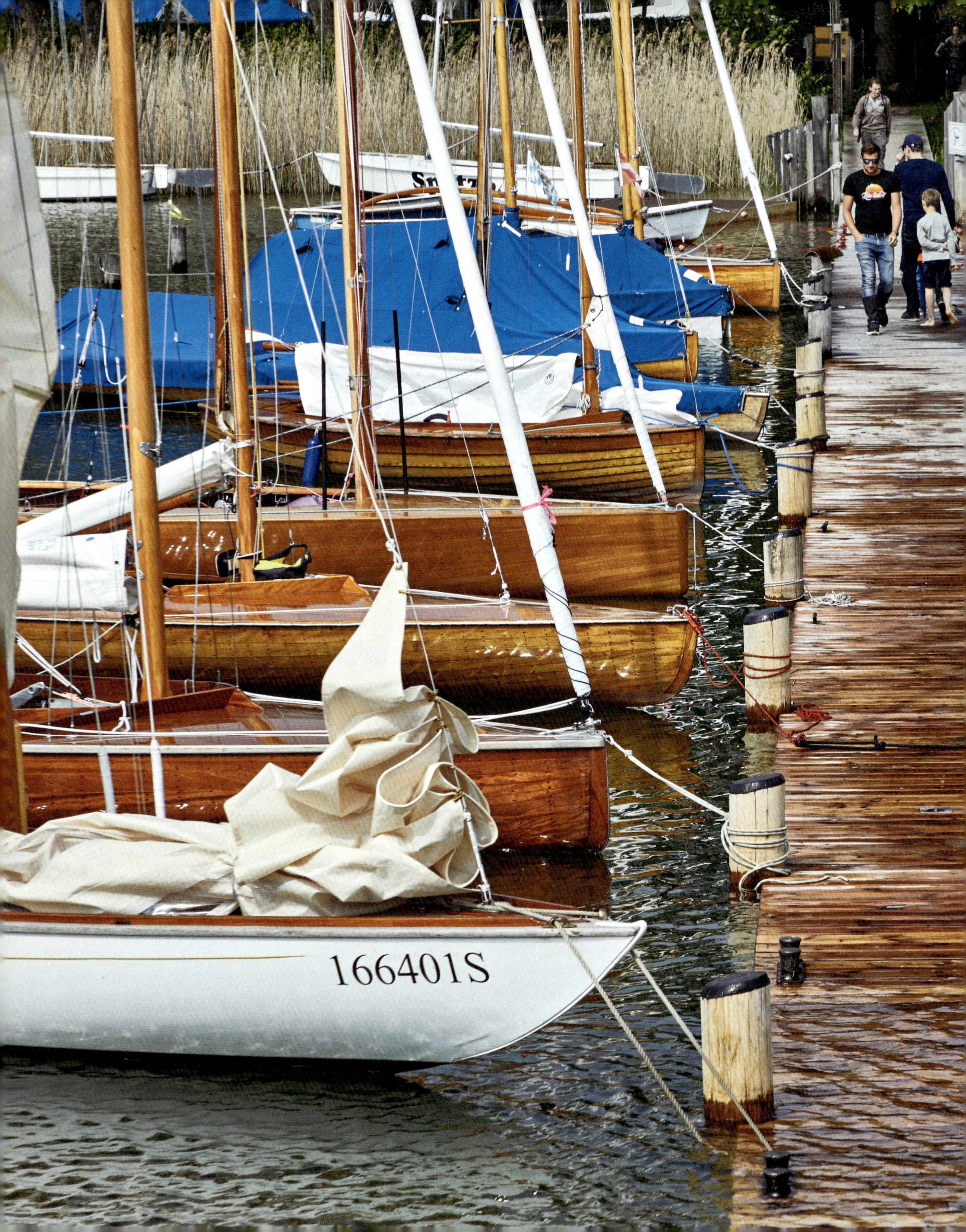
166401S

AMMERSEE
DER SEE DES ERFINDERS

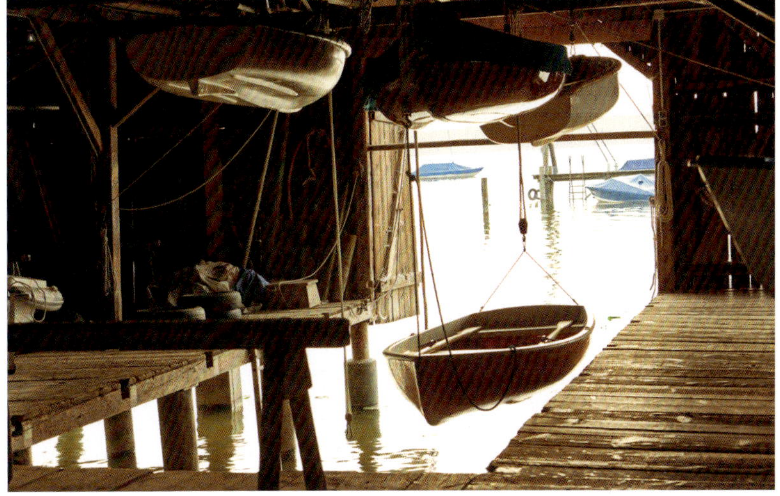

Er zählt zu den drei großen bayerischen Seen, ist zwar mit 47 Quadratkilometern der kleinste des Trios (bestehend noch aus Chiemsee und Starnberger See), hat aber durchaus seinen ganz eigenen Charakter und spezielle Vorzüge. Harmonisch ist er in die Landschaft integriert, die natürlichen Gegebenheiten wurden über weite Strecken ebenso bewahrt wie kulturelle Zeugnisse der Vergangenheit. Die Seglerin, der Segler findet am Ammersee alles, was das Herz begehrt: konstanter Wind, der im Sommer häufig aus Nordost weht, zahlreiche engagierte Vereine, die regelmäßig zu Regatten laden, und nette Lokale, in denen sich Hunger und Durst stillen lassen; wer es authentisch mag, tut Letzteres mit einer Maß Bier. Dass sich gerade hier eine überaus liebenswerte Holzboot-Community entwickelt hat, empfindet auch der Außenstehende als wunderbar passend.

Rund 5.500 Boote und Yachten sind fix am Ammersee stationiert – und viele davon mit einem Accessoire ausgestattet, das auf das Engste mit diesem Gewässer verbunden ist. Es heißt Curry-Klemme, dient dazu, eine Schot schnell und sicher zu belegen, lässt sich aber auch – und das ist mindestens ebenso wichtig, wenn nicht sogar noch wichtiger – einfach und verlässlich lösen. Die Erfindung dieser genialen Konstruktion aus zwei gezackt profilierten, asymmetrischen Backen, die über eine Feder aneinandergepresst werden, wird Manfred Curry zugeschrieben. Der war nicht nur eine in vieler Hinsicht außergewöhnliche Persönlichkeit, sondern auch ein überzeugter Wahl-Ammerseer, der den Großteil seines Lebens an dessen Westufer auf dem Anwesen seiner Großmutter verbrachte. Geboren 1899 in München als Sohn US-amerikanischer Eltern, die den Ammersee Yacht Club mitgegründet hatten, folgte Manfred Curry mehreren Ambitionen gleichzeitig. Eine davon war der Segelsport, den er mit großem Erfolg und auf höchstem Niveau ausübte. Er nahm 1928 für die USA an den Olympischen Spielen teil und gewann so viele Regatten, dass sich deren genaue Zahl nur schätzen lässt. Fuhr er 1.000, 1.500 oder gar 2.000 Siege ein, wie manche behaupten? Egal, unumstritten ist seine (am Ammersee entwickelte und verfeinerte) Gabe, auch den leisesten Windhauch zu erkennen und für sich zu nutzen, sowie der Beitrag, den er zur Theorie des Segelns geleistet hat. Sein Buch *Die Aerodynamik des Segels und die Kunst des Regatta-Segelns*, das er 1925 veröffentlichte, war über viele Jahrzehnte die Bibel der Regattasegler in aller Welt. Zahlreiche Innovationen im Segelsport gehen auf sein Konto oder wurden zumindest von ihm vorbereitet; vom durchgelatteten Großsegel bis zum Rigg mit

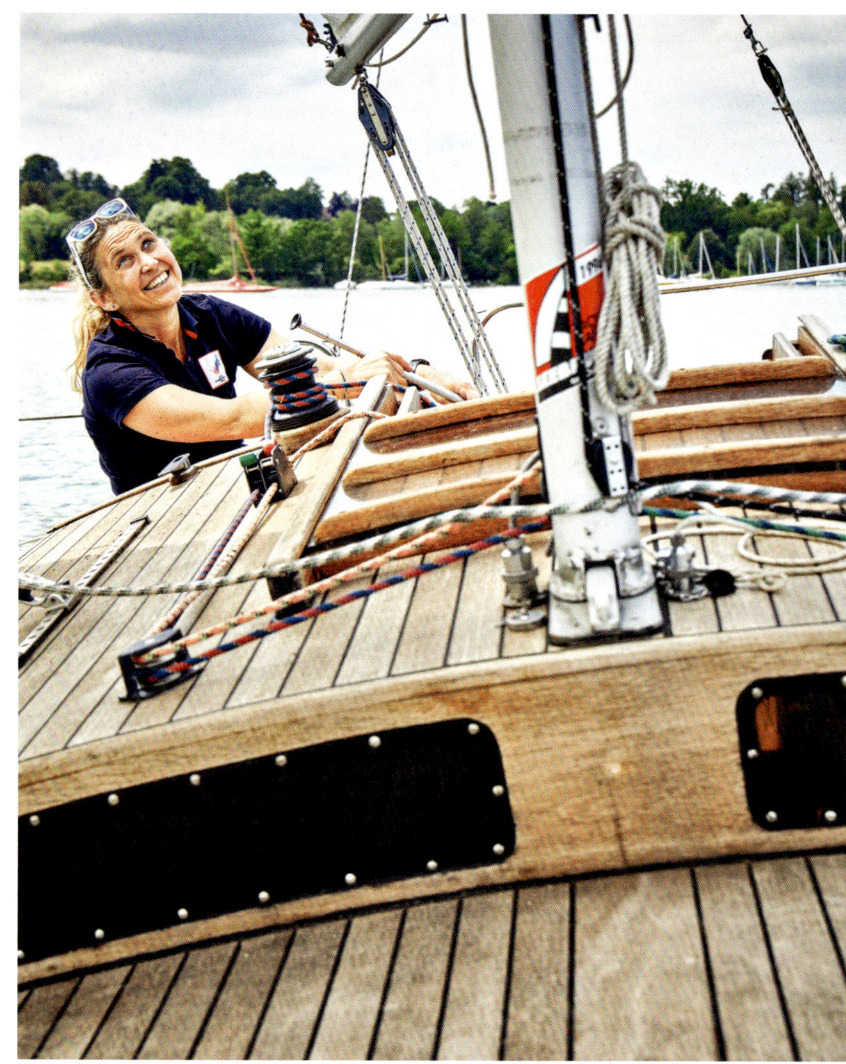

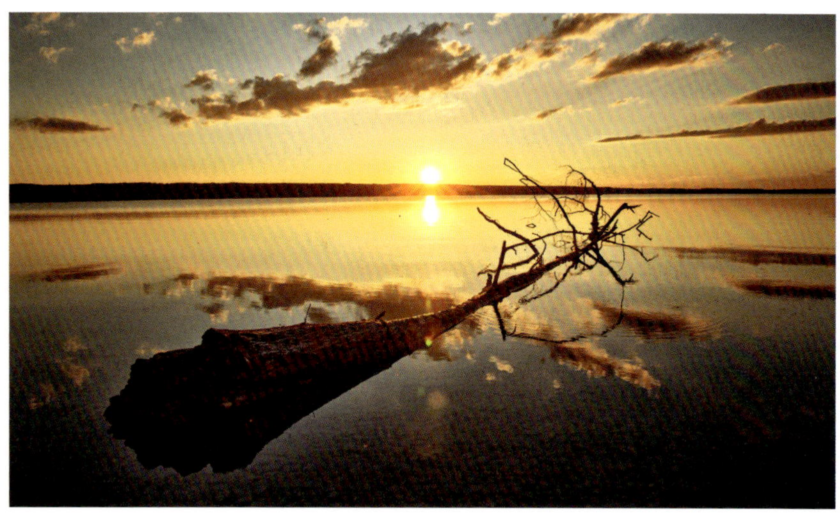

innen verlaufenden Fallen. Parallel zu seinen sportlichen Aktivitäten schloss er ein Medizinstudium ab, forschte über den Zusammenhang zwischen Wettereinfluss, Erdstrahlung und Gesundheit, führte Experimente durch, um seine Segel in Schnitt und Profil zu verbessern, tat sich als Fotograf hervor und schrieb Drehbücher für den Film – ein echter Universalgelehrter. Als Arbeitsplatz diente ihm unter anderem ein umgebauter Ammersee-Dampfer, in dem angeblich auch ordentlich gefeiert wurde. In seiner privaten Villa in Riederau eröffnete er ein medizinisches Forschungsinstitut, das nach seinem frühen Tod – Curry starb im Alter von nur 53 Jahren an den Folgen einer Herzerkrankung – zu einer Klinik umgebaut wurde; heute ist das Haus Teil eines Seminarzentrums. Wer am Westufer entlangsegelt, kann einen Blick darauf erhaschen – und seine Schot in Gedenken an einen ganz Großen des Segelsports in der bewussten Klemme belegen.

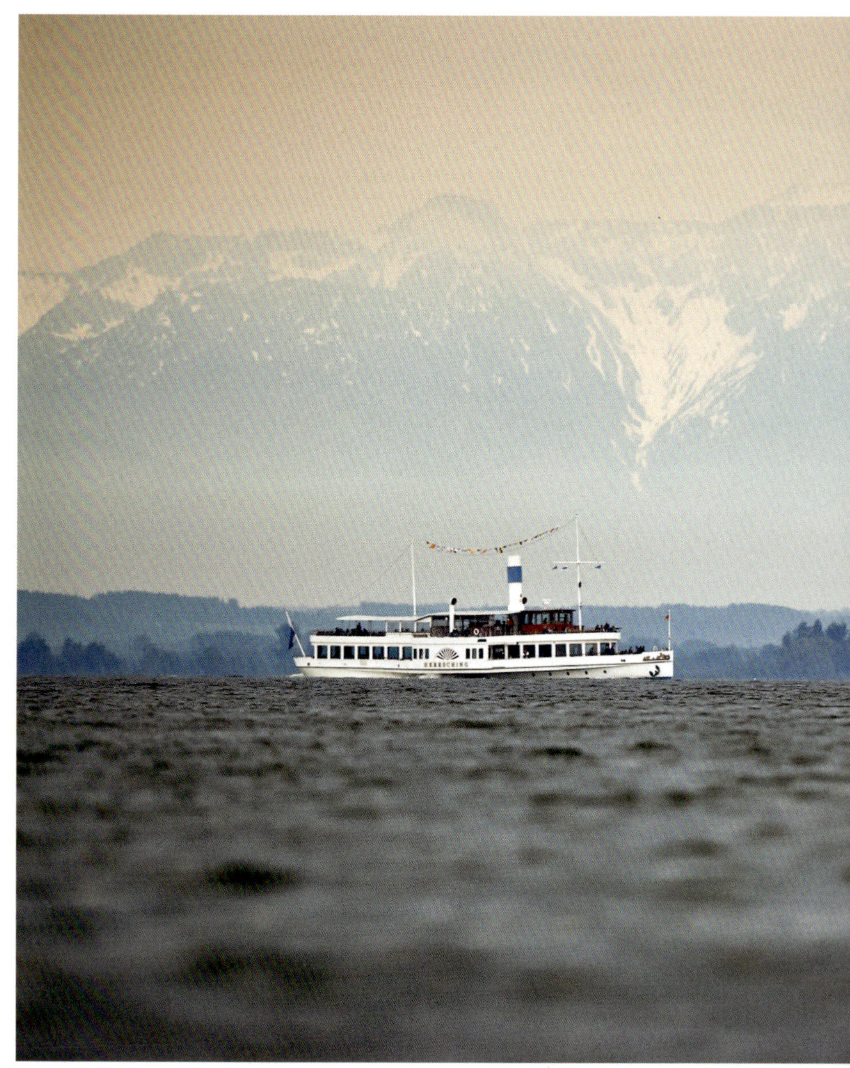

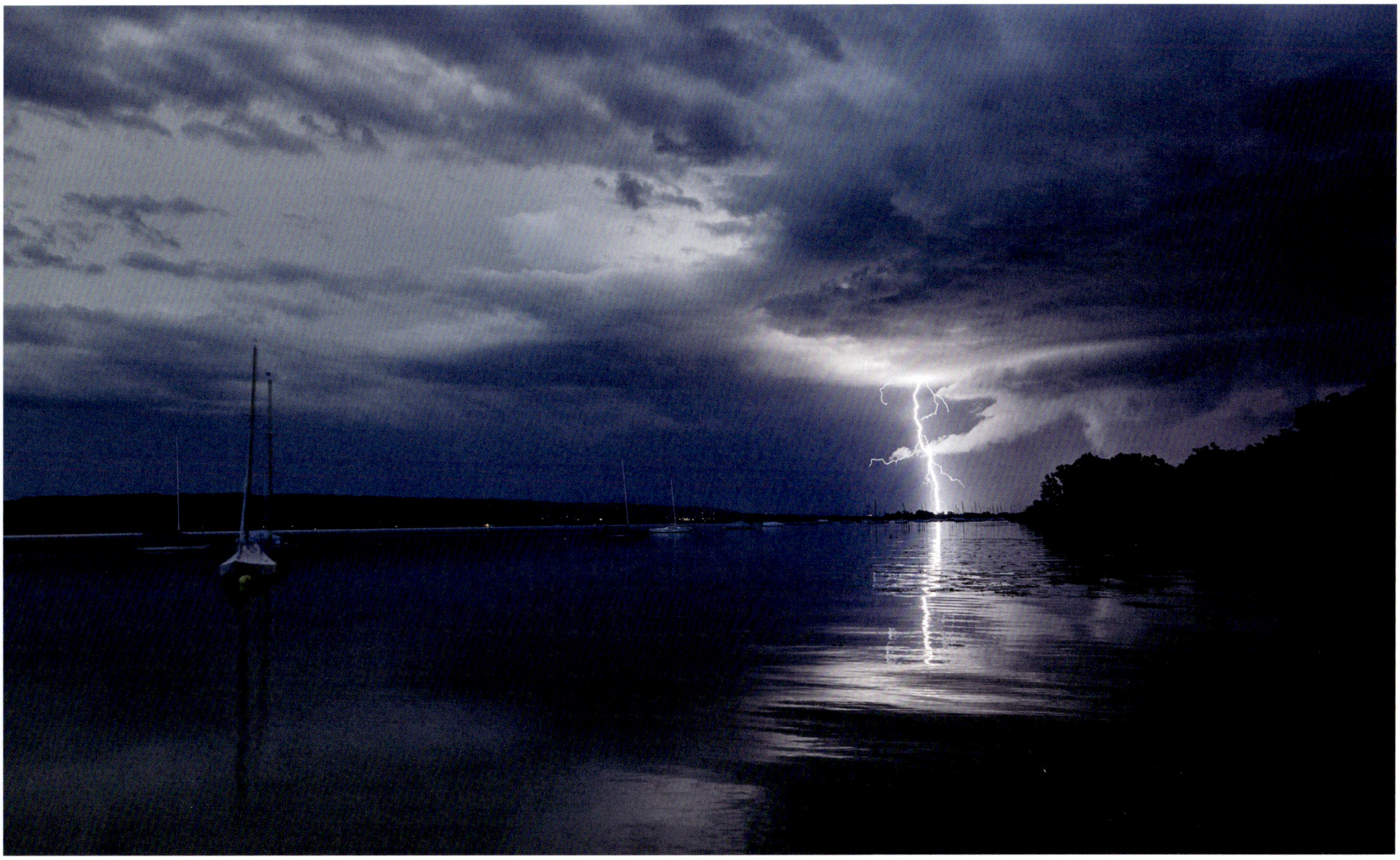

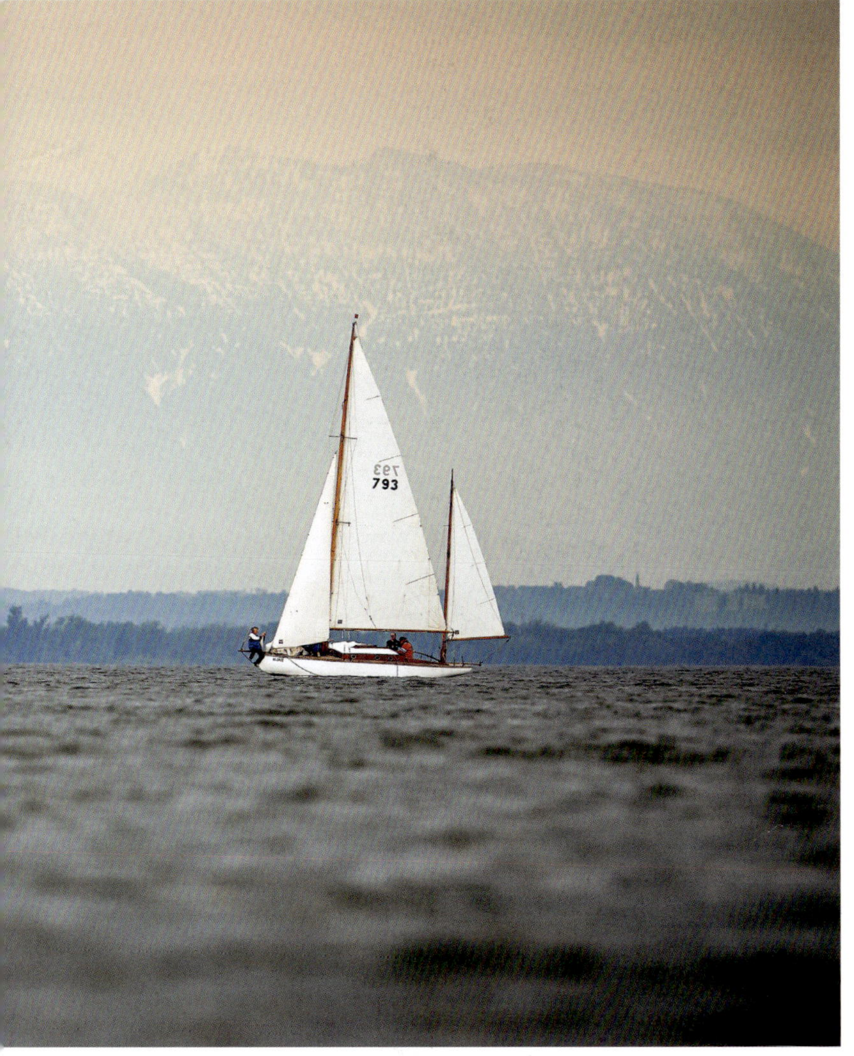

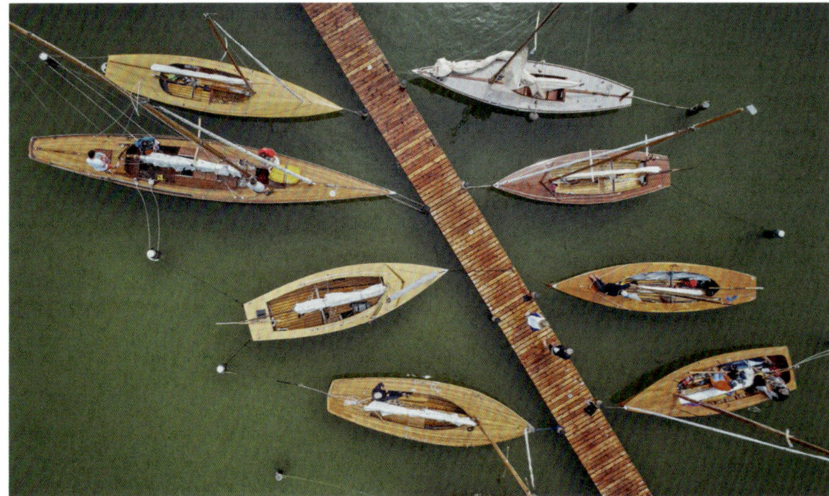

ALPEN, BLITZ UND DONNER

Wenn ein Unwetter über den See zieht, sollten Segler schnell in den Hafen. In Utting haben klassische Jollen festgemacht (oben). Links: Fahrgastschiffe verbinden die Seeufer, und das Clubschiff STURMVOGEL der Bayerischen Seglervereinigung segelt vor steingewordenem Panorama.

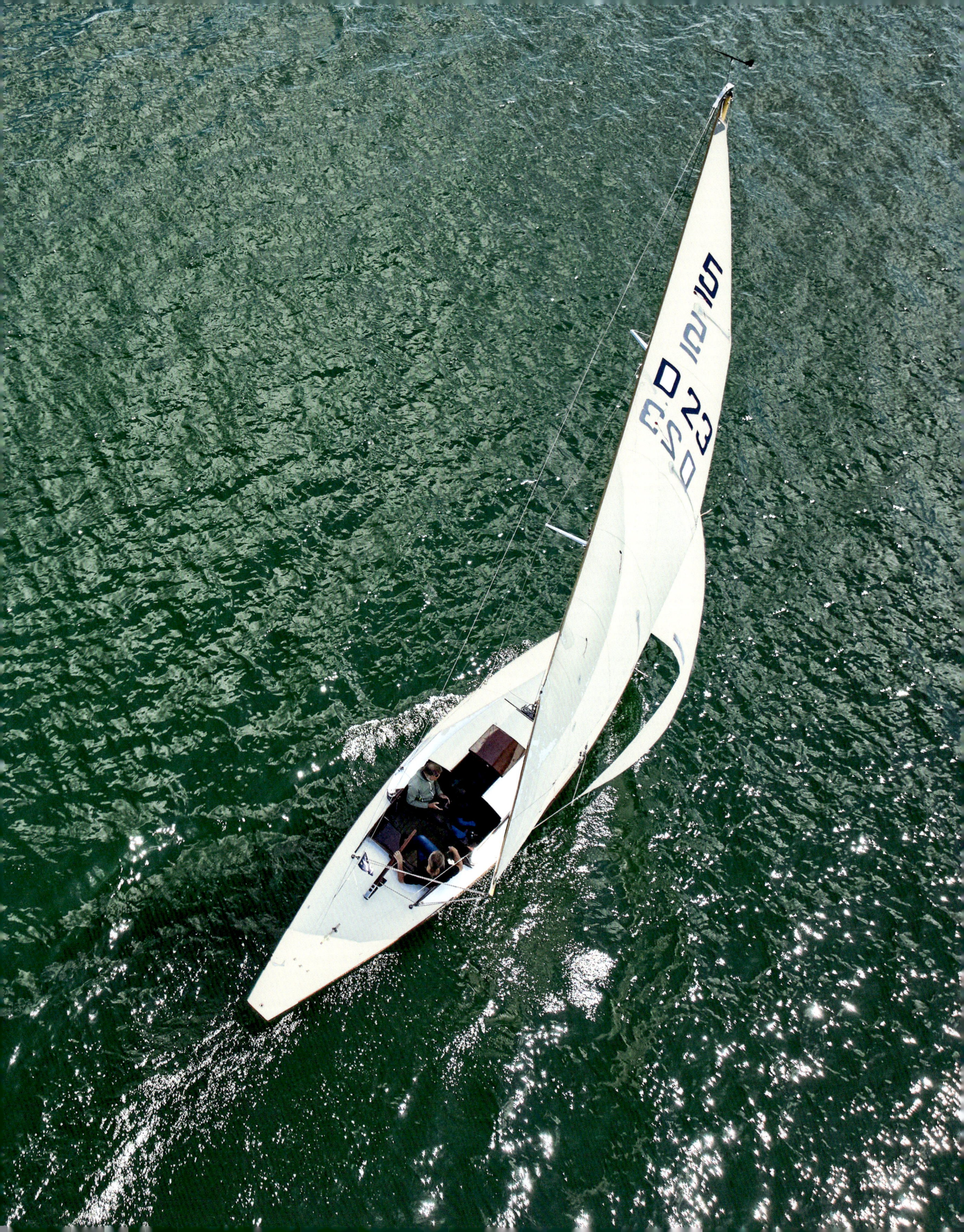
D 23

STARNBERGER SEE
VIEL HOLZ UND EINE GROSSE HISTORIE

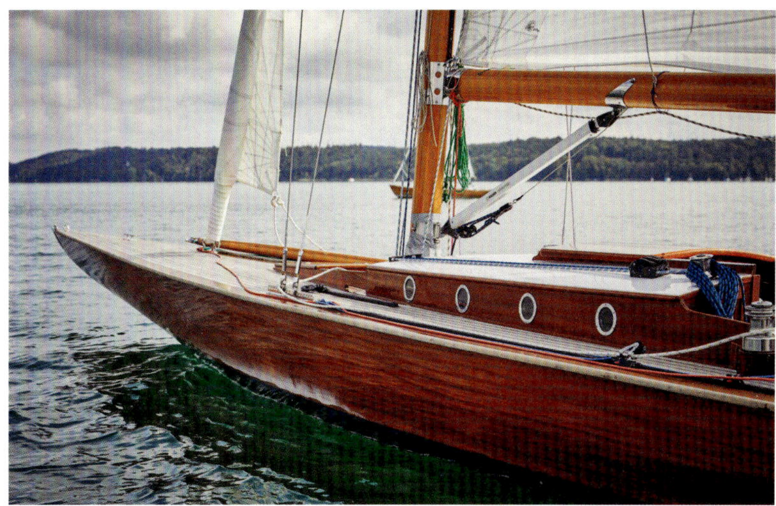

Was wirklich geschah, wird für immer im Dunkeln bleiben – und das verleiht diesem Gewässer eine ganz spezielle Aura. Die Rede ist natürlich vom Tod des bayerischen »Märchenkönigs« Ludwig II., der am Abend des 13. Juni 1886, ebenso wie sein Psychiater Bernhard von Gudden, leblos im Starnberger See aufgefunden wurde. Hat sich der Unglückliche, der wenige Tage davor entmündigt worden war, in selbstmörderischer Absicht ertränkt? Fiel er einem Verbrechen zum Opfer? War er tatsächlich geisteskrank oder »nur« psychisch angeschlagen? Darüber wird nach wie vor diskutiert und spekuliert, sei es am Stammtisch oder im Rahmen einer wissenschaftlichen Arbeit. Fest steht, dass der See, in dem Ludwig II. im Alter von 40 Jahren sein Leben ließ, damals noch Würmsee hieß, nach jenem Fluss, der im Norden abfließt. Erst 1962 wurde er offiziell in Starnberger See umbenannt. Unter Seglern gilt er als Schwachwindrevier, das Feingefühl und Aufmerksamkeit schult – wer hier gelernt hat, eine Böe ausfindig zu machen, ist auch für andere trickreiche Reviere gut gerüstet.

Bekannt ist der Starnberger See, der sich über eine Länge von fast 20 Kilometern erstreckt und sich von der nahen Metropole München aus per Bahn oder Autobahn bestens erreichen lässt, für seine vielfältige Klassiker-Szene, wobei der 40er-Schärenkreuzer eine besondere Stellung einnimmt. Nirgendwo sonst außerhalb von Schweden segeln mehr Exemplare dieses eleganten Oldtimers, der seit 1997 in einer Klassenvereinigung organisiert ist. Zwei Vereine führen sogar eigene Regattaserien für den 40er durch, darüber hinaus dürfen sich die Schärenkreuzer-Eigner, wie alle anderen Holzboot-Besitzer auch, auf mehrere Saisonhöhepunkte am Starnberger See freuen. Zum Beispiel die Münchner Woche, die seit über 100 Jahren für klassischen Yachtsport steht und auch als gesellschaftliches Event inszeniert wird, oder das Tutzinger Triangel, das vom Deutschen Touring Yacht-Club veranstaltet wird.

Noch älter und ganz besonders vornehm ist der Bayerische Yacht-Club, der tatsächlich am 18.8.1888 aus der Taufe gehoben wurde. Der größte Segelverein in Süddeutschland zählt mehr als 1.000 Mitglieder, die ein ausladendes Areal am Nordufer des Sees nutzen können. Darauf befinden sich mehrere Gebäude, die jedes für sich eine Geschichte erzählen könnten. Etwa das 1724 errichtete Bach-Häusl, in dem bis heute die Bootsleute des BYC wohnen, oder der riesige, nach einem höfischen Prunkschiff benannte »Bucentaur-Stadl«, der als Bootshalle dient und

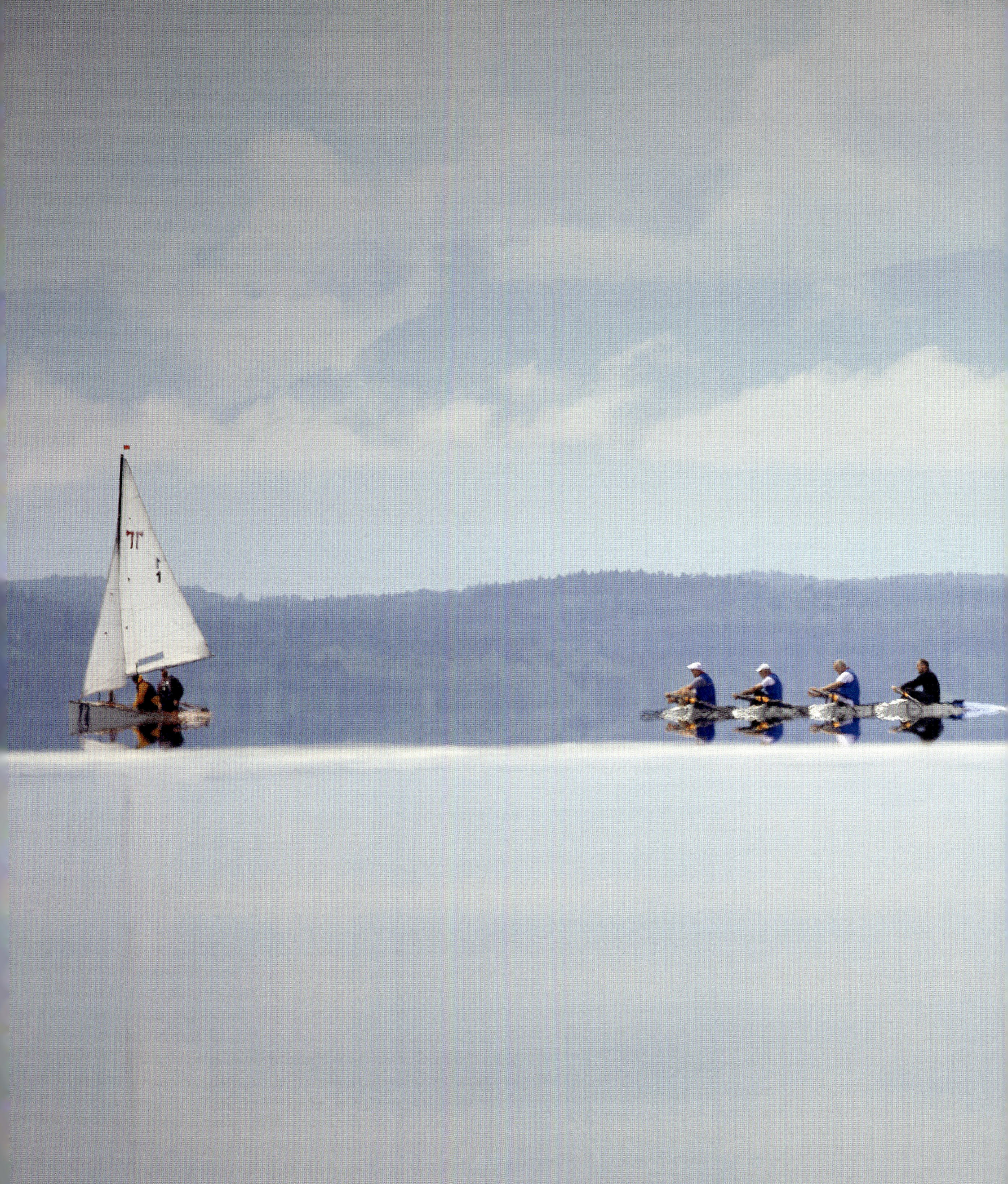

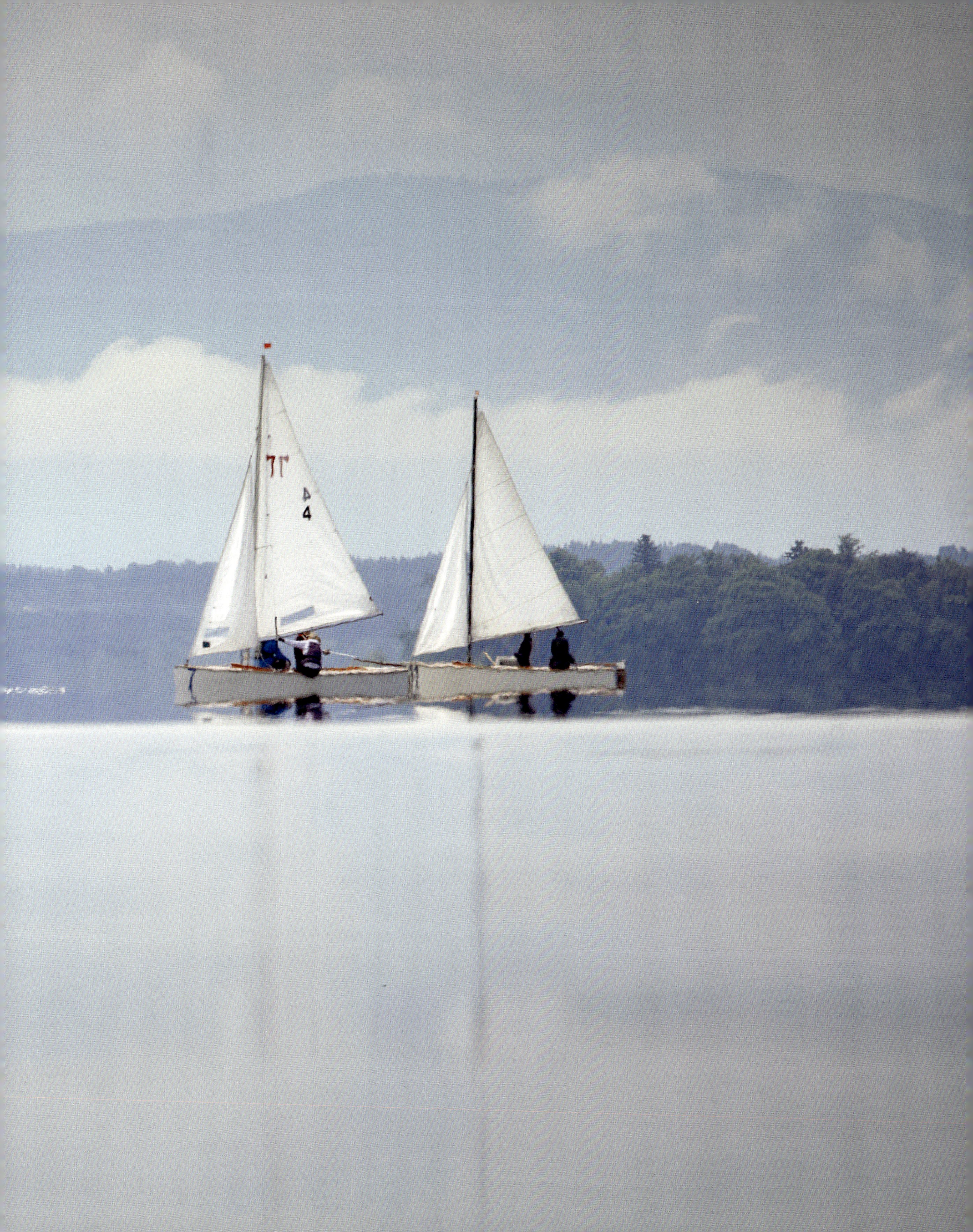

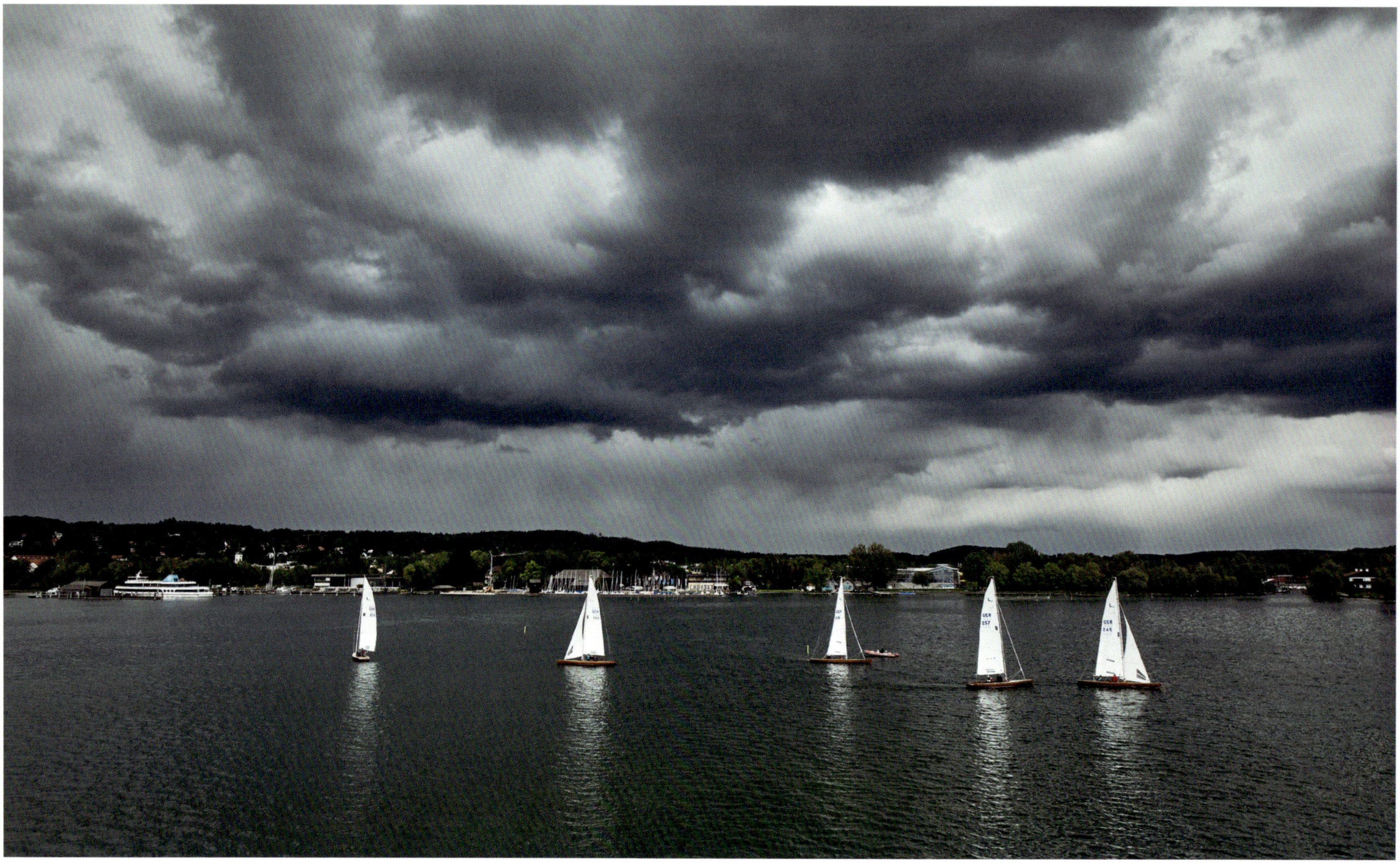

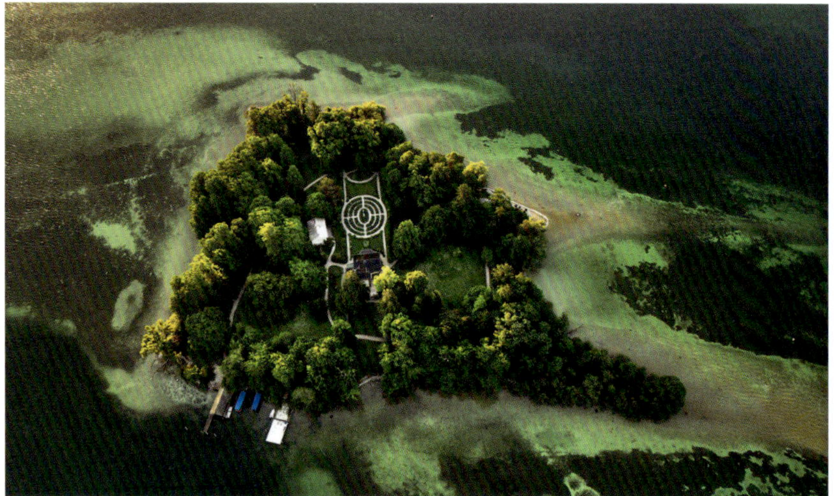

wie das Bach-Häusl unter Denkmalschutz steht. Neueren Datums sind das König-Haus, das 1997 offiziell eingeweiht und für seine außergewöhnliche Architektur mehrfach ausgezeichnet wurde, oder das eigentliche Clubhaus, das in den Jahren 2003/04 errichtet wurde. Die Vergangenheit wird aber auch hier bewusst gewürdigt: Im ersten Stock findet sich das originalgetreu eingerichtete, mit dunklem Holz getäfelte Schiffer-Stüberl aus den 1920er-Jahren, in dem sich kleinere Gruppen zusammentun können. Von 1909 bis 1921 stand dem Club, der von Anfang an enge Kontakte zum Königshaus der Wittelsbacher pflegte, übrigens König Ludwig III. als Commodore vor. Ihm war in jeder Hinsicht ein glücklicheres Leben als seinem eingangs erwähnten Cousin Ludwig II. beschieden. Und am Starnberger See fand er nicht den Tod, sondern ein Revier, das er gern und häufig zum Segeln nutzte.

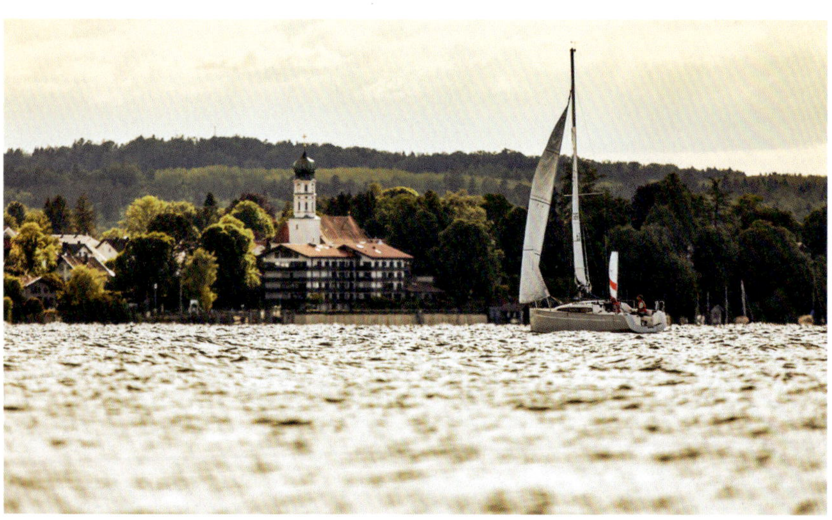

VIELFALT AN LAND UND AUF DEM WASSER

Viele unterschiedliche Bootsklassen segeln auf dem See (vorhergehende Doppelseite). Vor Starnberg trainieren L-Boote (oben), und eine Lacustre und ein 40er-Schärenkreuzer sind am Kurs hoch am Wind (rechte Seite). Von der Roseninsel bei Feldafing verströmt im Sommer ein süßer Duft (links). Für geistliche und terrestrische Navigation dient die Pfarrkirche St. Michael von Seeshaupt am südlichen Ende des Sees.

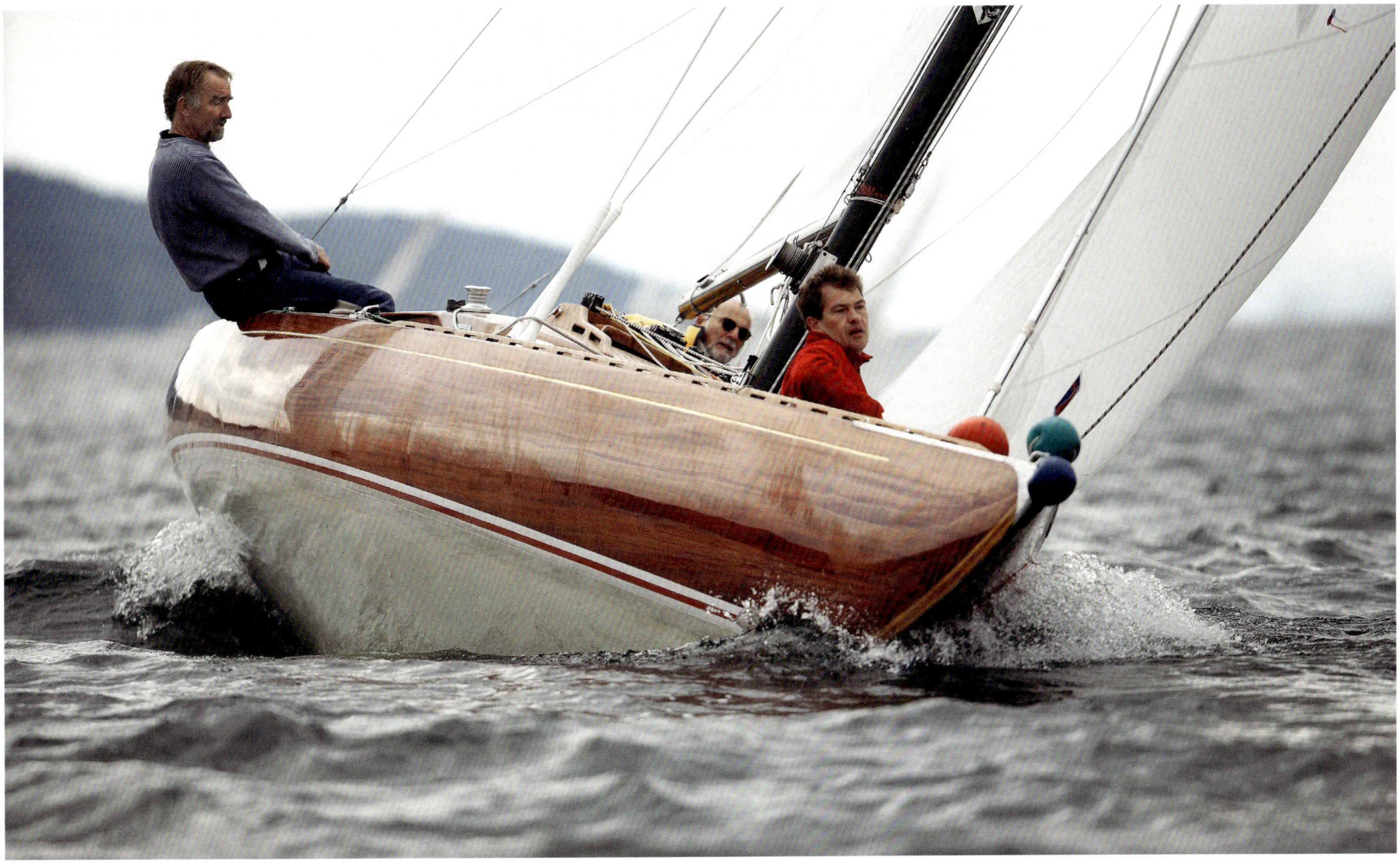

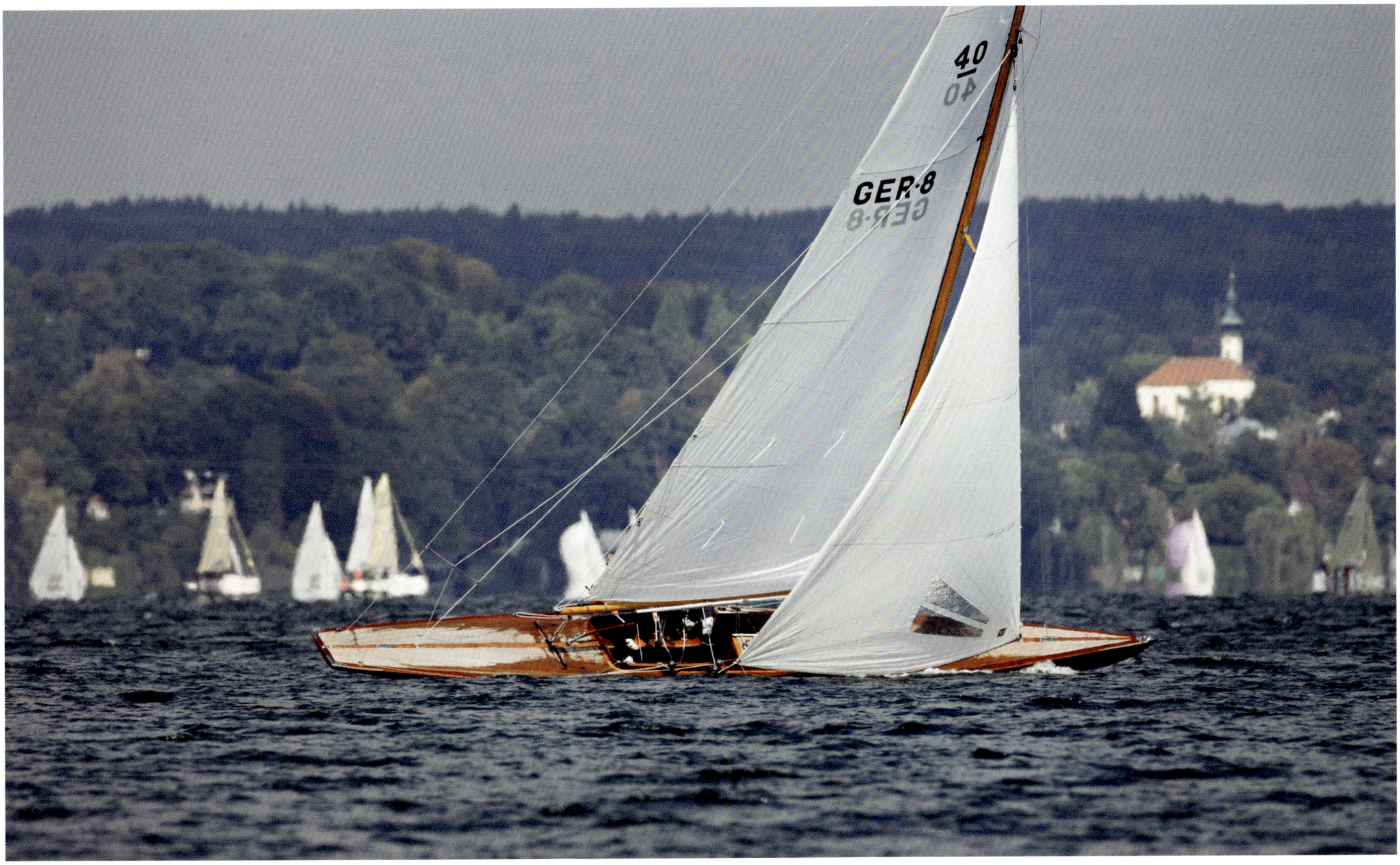

40
GER·8

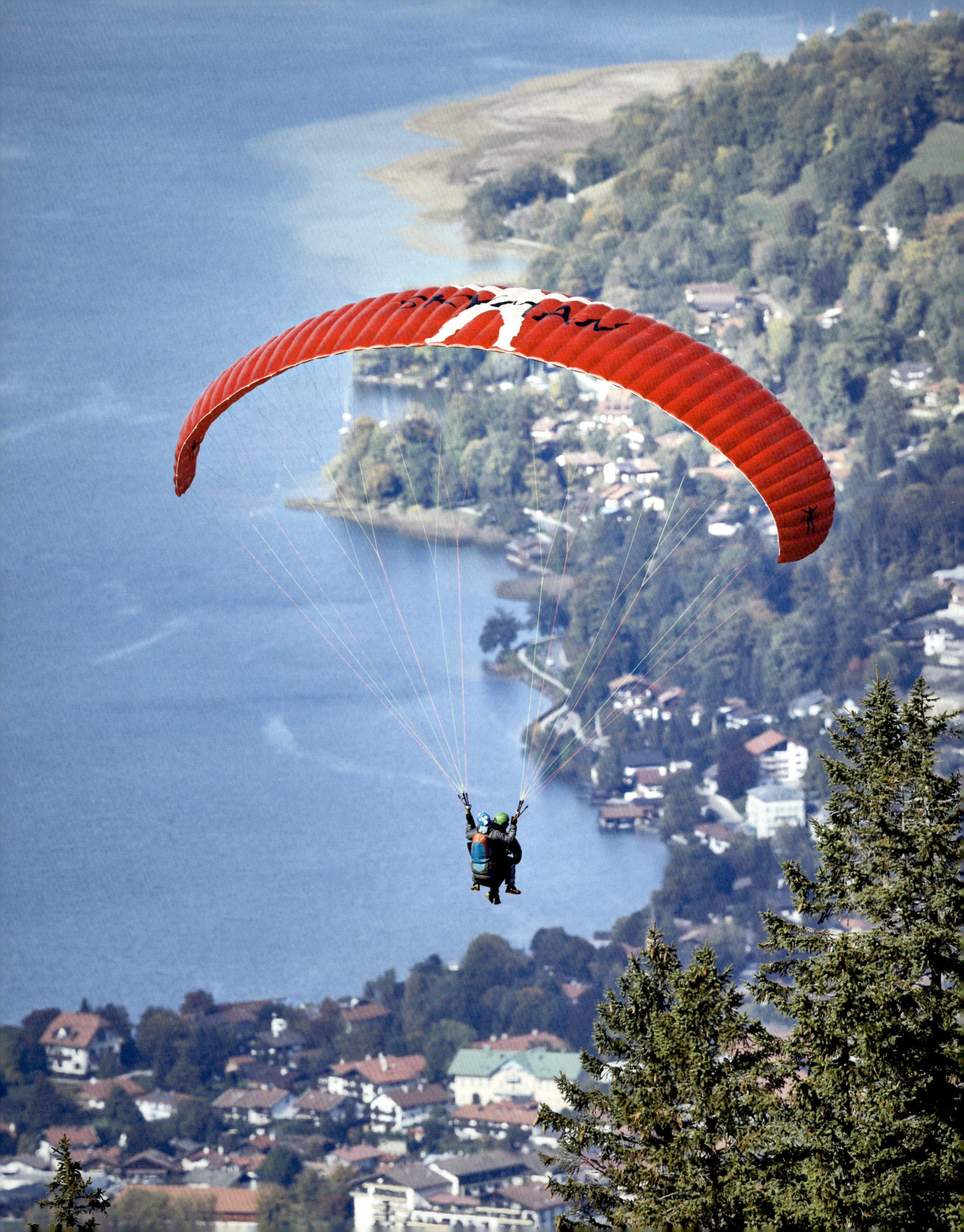
SKYMAN

TEGERNSEE
AUS LUFTIGEN HÖHEN IN TIEFE GEWÄSSER

Fesch, ein bisschen frech, aber im Grunde gemütlich – der Tegernsee ist ein echter Bayer. Hier werden Lederhose oder Dirndl nicht als Verkleidung getragen, sondern stellen einen Teil der Identität dar; als echt Tegernsee gilt die Tracht für die Damen aber nur, wenn sie zweiteilig ist und das Oberteil ein sogenanntes Schößerl aufweist. Schürze muss natürlich auch sein, wie sie gebunden ist, lässt bekanntlich auf den Beziehungsstatus der Dirndlträgerin schließen. Die Wurzeln des Tegernseer Dirndls werden übrigens im Hofgewand der spanischen Adelsgeschlechter vermutet. Deren Vertreter kamen gern an den Tegernsee und besuchten die Wittelsbacher, die sich hier von den Mühen der Macht zu erholen pflegten. Heute sind es vor allem Künstler, Politiker, Wirtschaftsgrößen sowie Prominenz aus Film, Funk und Fernsehen, die an den Ufern des Tegernsees entspannen, weshalb das 6,5 Kilometer lange und 1,4 Kilometer breite Gewässer manchmal auch abschätzig »Lago di Bonzo« genannt wird. Aber der saturierte Konservativismus, der in dieser Bezeichnung mitschwingt, trifft den Kern der Sache nicht. Am Tegernsee weht durchaus frischer Wind, und das im wörtlichen wie übertragenen Sinn. Für das eine sorgen die umliegenden Bergketten, die eine nette Thermik speisen, für das andere findige junge Unternehmer, die eine feine Nase für Trends beweisen. Mit einer Kombination aus beiden Aspekten hat sich das Sailingcenter in Bad Wiessee einen Namen gemacht, seit 2009 zentrale Wassersport-Anlaufstelle für ganz Süddeutschland. Hier kann man diverse Segelsportgeräte ausleihen – vom aufblasbaren Gummiboot über den Allzeit-Allrounder Laser bis hin zu anspruchsvollen Kielyachten wie Blu26 oder First 7.5 –, sich unterrichten lassen oder an einem Törn über den Tegernsee teilnehmen. Auch die vergleichsweise junge Trendsportart Wingfoilen kann man hier erlernen. Dabei steht die Sportlerin oder der Sportler auf einem Board und hält ein symmetrisches Segel, den namengebenden Wing, über Griffschlaufen oder eine Stange in den Händen; auf diese Weise wird der Wind eingefangen und das Board gesteuert. Bei ausreichend Druck beschleunigt das Brett und hebt sich auf seine Foils, dann nehmen Widerstand und Kraftaufwand ab, Speed und Spaß hingegen zu. Die Idee ist nicht so neu, wie man meinen möchte. Bereits in den 80er-Jahren des vorigen Jahrhunderts experimentierten Windsurfer mit einem frei fliegenden Segel, das weder über Leinen noch den Mast mit dem Brett verbunden war, durchgesetzt hatte sich diese Spielform damals aber nicht. Das Material war schwer und sperrig, das Vergnügen auf dem Wasser überschaubar – wozu also. Die aktuelle Variante macht hingegen in aller Welt Furore;

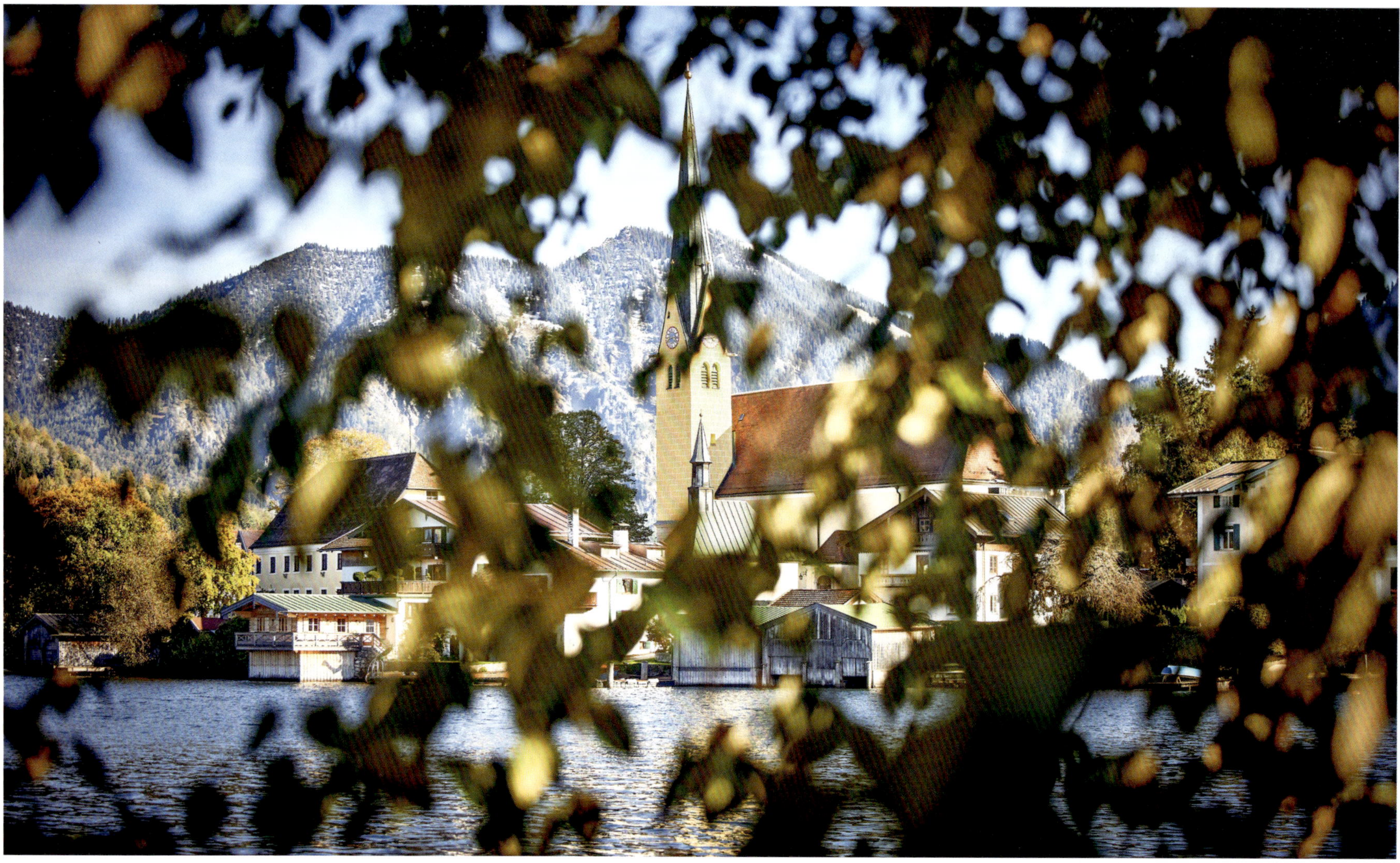

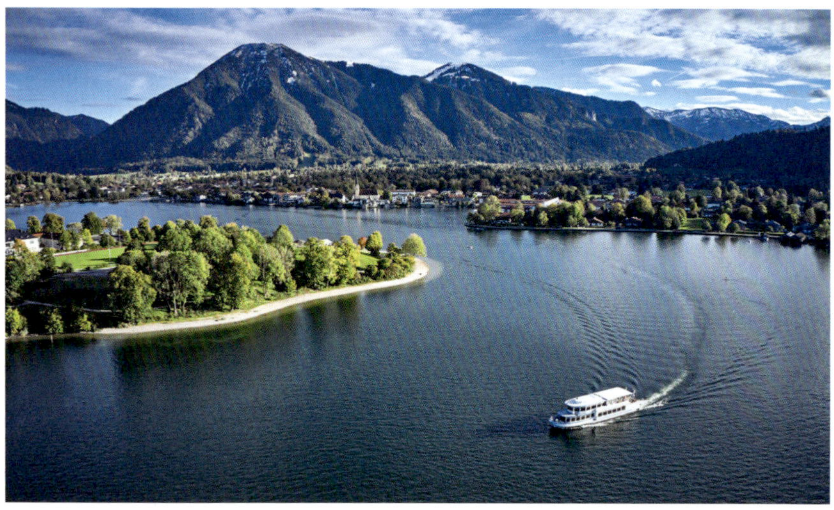

ZU WASSER, ZU LAND UND IN DER LUFT

Segeln und Rudern sind obligatorisch seit Jahrhunderten, geflogen wird erst seit einigen Jahrzehnten. Am 1.722 Meter hohen Wallberg nutzen die »Luftsegler« den thermischen Aufwind (siehe Seite 40). An Land geht es mit Bootshaus und Kirchgang beschaulich zu, Tradition hat in Rottach-Egern noch Zukunft. Ausflugsboote oder Fähren bieten sich zur Erkundung des Sees an – oder helfen bei seiner Umrundung.

und das zu Recht! Nicht nur, dass es sich relativ leicht erlernen lässt und man ohne Hilfe von außen einfach losfahren kann. Auch für die Lagerung zu Hause wie am Strand braucht man wenig Platz, außerdem lässt sich das Material einfach handhaben, leicht transportieren und aufbauen. Zudem ist das Risiko, an Land oder auf dem Wasser in eine heikle Situation zu geraten oder sich zu verletzen, geringer als beim Kiten oder Windsurfen: Es gibt keine Leinen, die sich verheddern, keinen Schirm, der außer Kontrolle geraten und den Sportler in eine Gefahrenzone ziehen kann, kein Rigg, unter dem man begraben oder gegen das man bei einem Sturz geschleudert wird. Kein Wunder also, dass auch auf dem Tegernsee immer mehr Winger zu sehen sind, die bunten Schmetterlingen gleich über das Wasser fliegen.

Wer den Wettkampf sucht, wird am Tegernsee ebenfalls fündig, und das zu jeder Zeit und in jeder Liga. Die Jüngsten treffen sich beim Silber-Opti, die Hartgesottenen kommen zur Nikolaus-Regatta, bei der das Publikum mit Glühwein und Bratwurst bei Laune gehalten wird und der Nikolaus persönlich die Preisverleihung vornimmt. Und seit 2019 ist der Tegernsee sogar WM-Revier: In diesem Jahr kürte nämlich die Tempestklasse im Schatten des Wallbergs ihren Weltmeister.

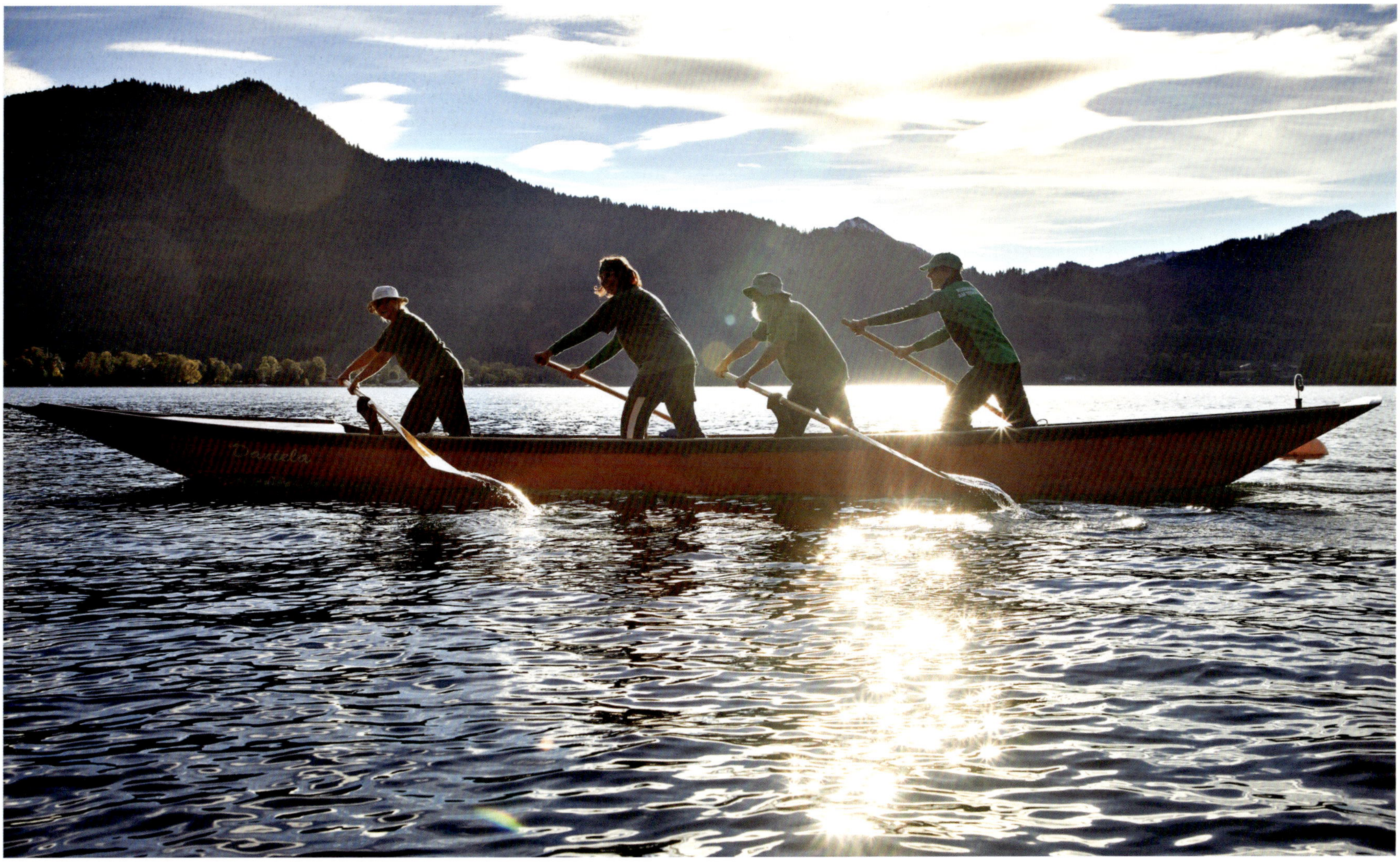

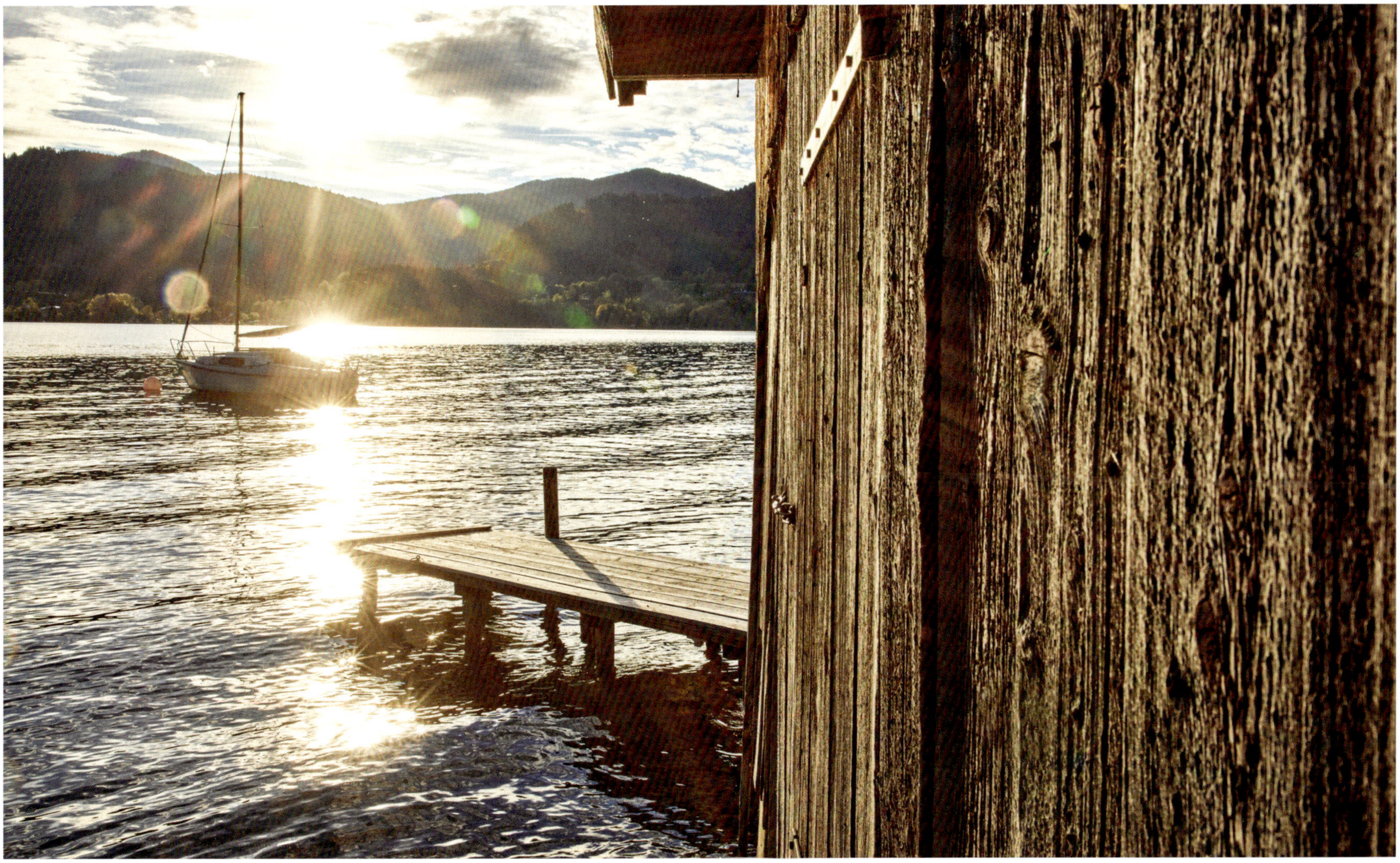

BOBBY SCHENK

DER »BLAUWASSERPAPST« VOM BINNENSEE

Blauwasserpapst«, so wird Bobby Schenk oft tituliert. Und das kommt nicht von ungefähr: Der gebürtige Münchner, der zu den bekanntesten Nautikexperten im deutschen Sprachraum zählt, hat sich mit allen Themen rund um die weltweite Fahrt intensiv beschäftigt, sein Wissen in zahlreichen Fachbüchern und Vorträgen an Generationen von Seglern weitergegeben und sich speziell in Sachen Astronavigation einen Ruf als herausragender Kenner geschaffen. Gemeinsam mit seiner Frau Carla, die 2018 im Alter von 85 Jahren verstarb, genoss der promovierte Jurist über Jahrzehnte hinweg ein freies Leben im Wind, gab aber – im Gegensatz zu vielen anderen Kollegen – seine bürgerliche Existenz nie ganz auf und arbeitete zwischen seinen Blauwasserphasen immer wieder als Richter oder Staatsanwalt, ehe er 2002 endgültig in den Ruhestand ging.

Ihre erste große Segelreise, die auch ihre öffentliche Bekanntheit begründete, führte die Schenks mit der Fähnrich 34 THALASSA Anfang der 1970er-Jahre auf der Passatroute um die Welt, ein Abenteuer, das davor nur ein einziges anderes deutsches Ehepaar zu einem guten Ende gebracht hatte. Weniger bekannt ist, dass ebendiese THALASSA von den Schenks davor zwei Jahre lang am Chiemsee gesegelt wurde. »Sie war die erste große Kunststoff-Fahrtenyacht in diesem Revier und wurde rundum bestaunt«, weiß Bobby Schenk noch ganz genau. In Folge trainierte das Paar am Chiemsee gezielt seine seglerischen Fertigkeiten und suchte sich dafür einen ungewöhnlichen Mentor. »Wir hatten uns mit dem Oberfischer vom Chiemsee angefreundet«, erzählt Schenk, »er war ein außerordentlich guter Segler, der sich sein ganzes Leben auf dem Wasser aufgehalten hat und über ein instinktives Gespür für Wind und Wellen verfügte. Davon versuchten wir uns eine Scheibe abzuschneiden. Außerdem pflegte er einen unverkrampften, natürlichen Zugang zum Segeln, der ganz im Gegensatz zu steifen Yachtgebräuchen und komplizierten Erklärungen stand, und auch das kam uns sehr entgegen.« Dass er sich für diese Verbindung mit einem einfachen Mann aus dem Volk so manch schiefen Blick jener feinen Gesellschaft einhandelte, die im Yachtclub lieber unter sich blieb, erwähnt er nur nebenbei …

Unter der Anleitung des Fischers verbesserten die Schenks stetig ihre Fähigkeiten, nahmen erfolgreich an diversen Regatten teil und gewannen sogar die prestigeträchtige Chiemsee Rund. »Das war mir angesichts der Arroganz gewisser Leute eine nicht unerhebliche Genugtuung«, gibt Schenk mit einem Augenzwinkern zu.

Parallel zu den Menschen wurde auch das Material für die kommenden Aufgaben vorbereitet, sprich die THALASSA zu einer hochseetauglichen Yacht aufgerüstet. Per Güterwagen der Bundesbahnen reiste sie schließlich vom beschaulichen, berggesäumten Chiemsee in das damalige Jugoslawien, wo das Ehepaar im Mai 1971 die Leinen löste und zu seiner Weltumsegelung aufbrach. »Carla hatte sich für den Beginn dieses neuen Abschnitts ein Ritual, einen symbolischen Akt ausgedacht«, erinnert sich Bobby Schenk nicht ohne Wehmut. »Sie warf meine eigens zu diesem Zweck mitgenommenen Büro-Klamotten über Bord. Lederschuhe, Krawatte, Anzug – Stück für Stück landete in unserem Kielwasser. In dem Leben, das wir ab nun zu führen gedachten, so die Idee, würde ich diese Dinge nicht mehr brauchen.«

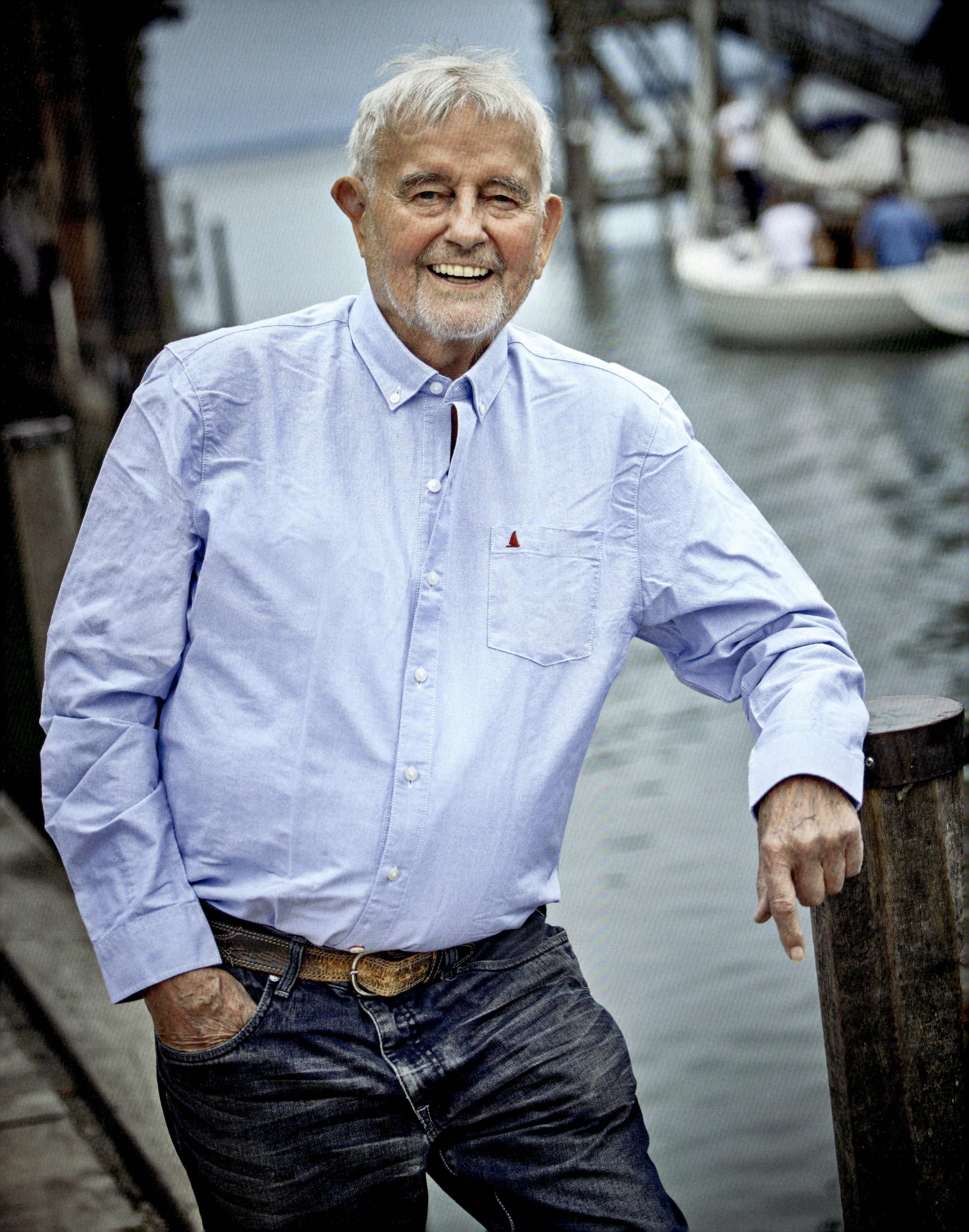

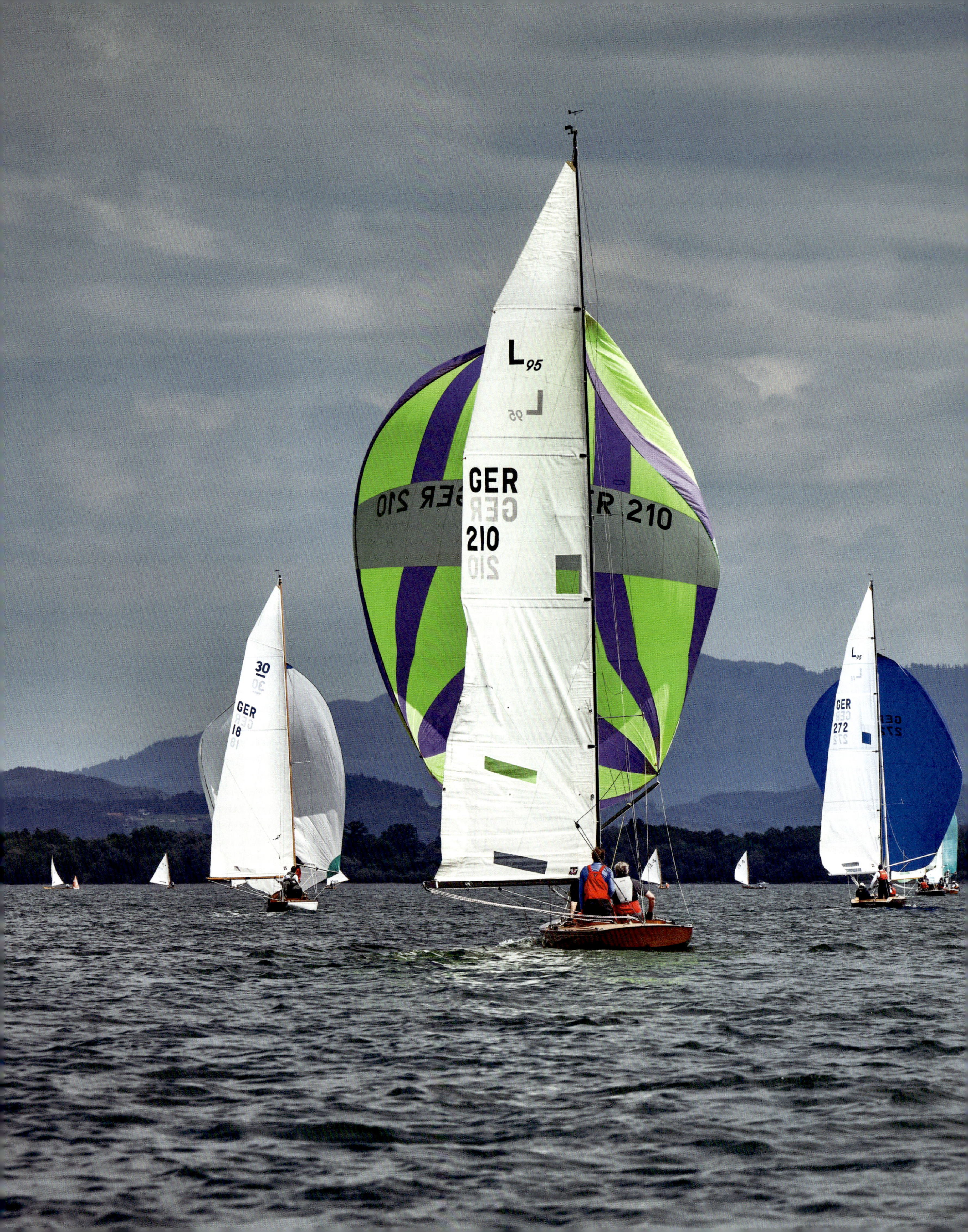
L 95
GER
210
30
GER
18
GER
272

CHIEMSEE
KÖNIGLICHES VERGNÜGEN INMITTEN DER NATUR

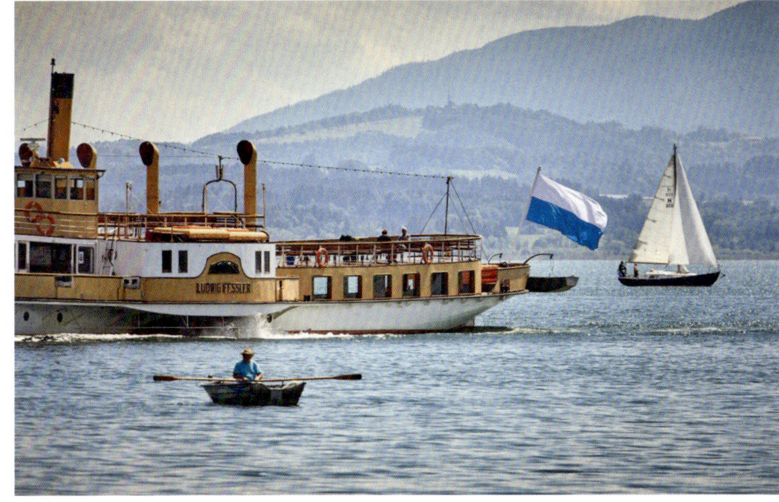

Der Mensch im Allgemeinen und der Segler im Speziellen liebt das freie Wasser. Sich darauf per Boot zu bewegen, ist Inbegriff der Freiheit und lässt die Glückshormone nur so fließen. Ultimativ wird das Glück, wenn sich eine Insel aus dem Wasser hebt, die bestaunt, umrundet oder angelaufen werden kann. Der Chiemsee, der aufgrund seiner Größe von 80 Quadratkilometern auch Bayerisches Meer genannt wird und sich zwischen den Flüssen Inn und Salzach im Zentrum des Chiemgaus in einem harmonischem Rund ausbreitet, kann genau damit aufwarten. Drei Inseln stehen zur Wahl, die unterschiedlicher nicht sein könnten. Imperialen Glanz verströmt die Herreninsel, auf der sich König Ludwig II. ein Märchenschloss nach dem Vorbild von Versailles bauen ließ. Künstler und Kunsthandwerker, alteingesessene Fischerfamilien sowie die Nonnen des Benediktinerinnenklosters Frauenwörth teilen sich mit den Besuchern und Gästen friedlich die Fraueninsel. Und genau zwischen diesen beiden Eilanden liegt wie ein Kind zwischen den Eltern die kleine, unbewohnte Krautinsel, die früher den Bewohnerinnen des benachbarten Klosters als Küchengarten diente und heute primär von Vögeln, des Sommers auch von Schafen genutzt wird.

Mit dem Boot anlegen kann man nur auf der Fraueninsel, wo es drei öffentliche Stege (zwei befinden sich am Nordwestufer gegenüber von Gstadt, der dritte am südlichen Ende), aber auch mehrere Lokale mit Anlegemöglichkeit gibt. Als schönster Biergarten der Welt wird ganz unbescheiden der Kaisergarten (früher als Fritzis Biergarten bekannt) bezeichnet, der einen famosen Blick auf das Wasser und die untergehende Sonne bietet. Das Eiland hat aber auch eine lange Tradition als Standort für eine Künstlerkolonie. Angeblich war es ein Maler aus München irgendwann Mitte des 19. Jahrhunderts leid, die Ruder bemühen zu müssen, um zur Fraueninsel und damit zu seiner Staffelei zu gelangen. Also stattete er ein Fischerboot mit Mast und Segel aus und ließ fortan den Wind die Arbeit tun. Seine Künstlerkollegen sowie die Inselbewohner und sogar die Fischer staunten und folgten alsbald seinem Beispiel. Damit war die Chiemseeplätte geboren, die sich bis heute in diesem Revier großer Beliebtheit erfreut.

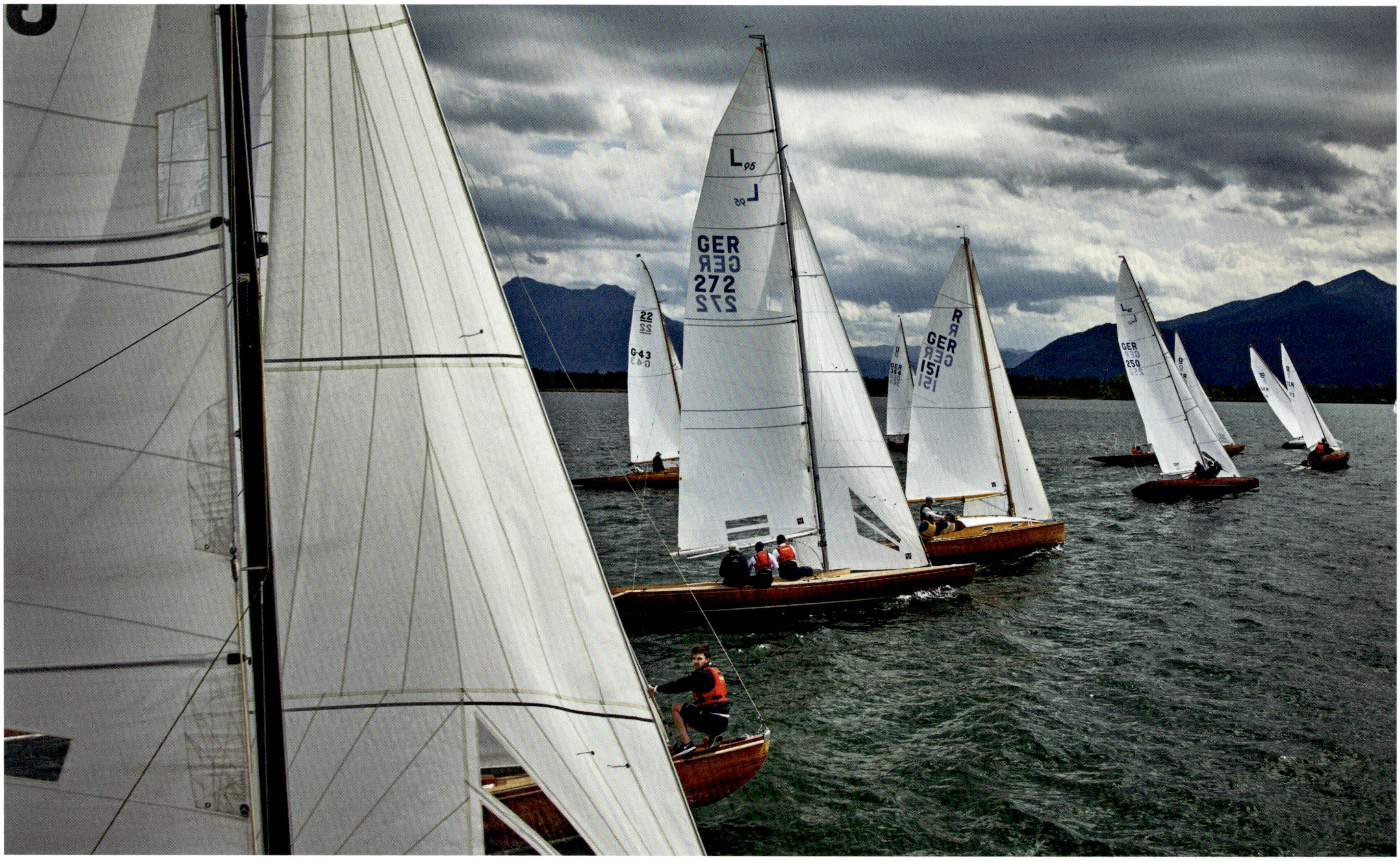

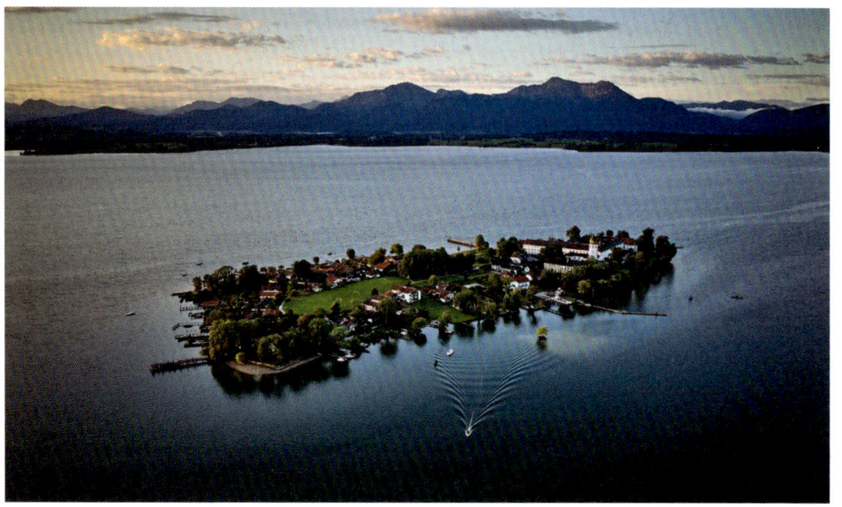

GUT HOLZ!

Bei Regatten wie »Der Bayrische Löwe« vom Chiemsee Yachtclub zeigt sich die hölzerne Vorliebe der Bootseigner. Ob auf Schärenkreuzern (rechts) oder Drachen (oben), die klassischen Bootstypen haben Tradition. Das zeigt sich eindrucksvoll an der Chiemseeplätte (rechte Seite), die auf der Fraueninsel (oben) auch heute noch nach den Ursprungsplänen gebaut wird.

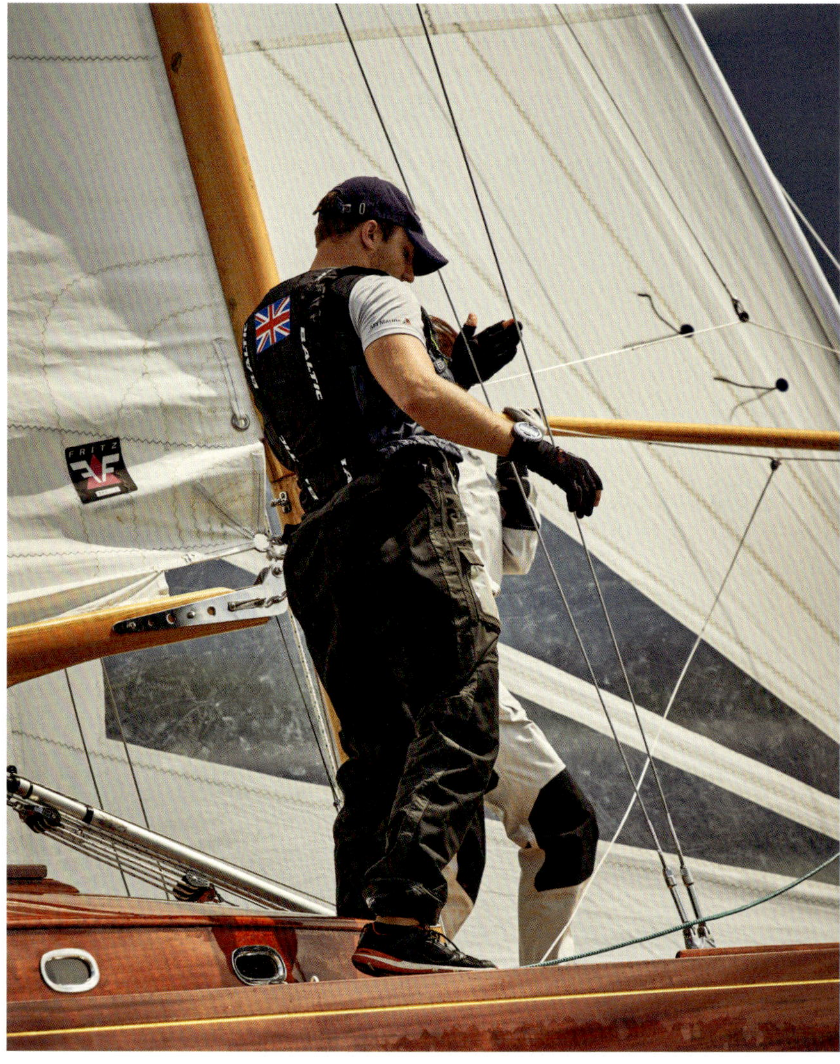

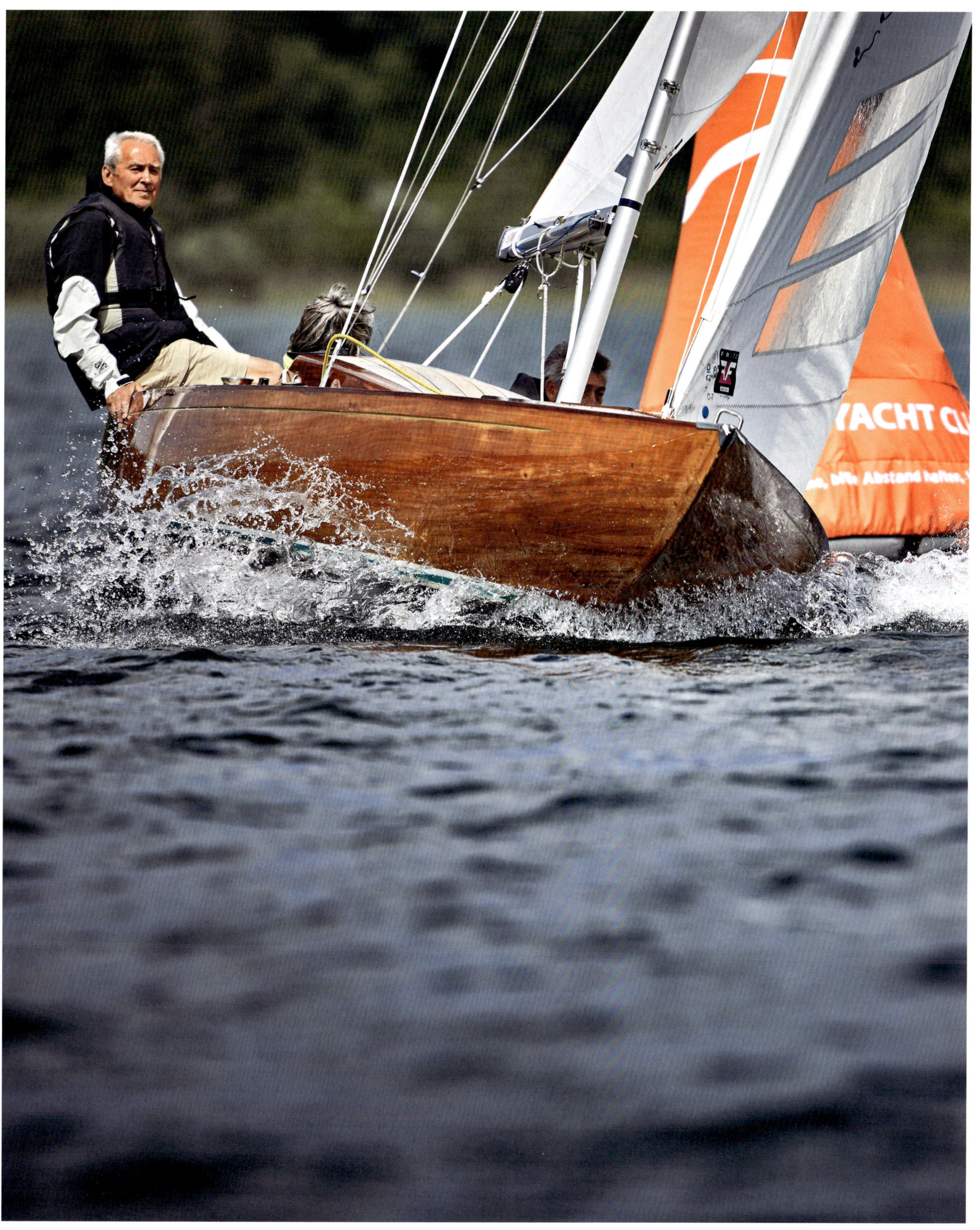
YACHT

CHIEMSEEPLÄTTE

DAS SEGELNDE FISCHERBOOT

Einst diente sie den Fischern als Transportmittel und Arbeitsplatz, heute steht sie bei Liebhabern von klassischen Holzbooten hoch im Kurs – die Chiemseeplätte. In ihren Anfängen wurden die flachen Kähne zunächst mit Außenschwertern ausgestattet und diverse Segelvarianten ausprobiert, später rüstete man sie mit Steckschwerten aus Metall und einem ordentlichen Gaffelrigg aus und erzielte so erstaunlich gute Segeleigenschaften. 1932 goss man die gesammelten Erfahrungen in die Bauvorschrift für eine Einheitsklasse, die sich bald großer Beliebtheit erfreute. Die Eckdaten: 6,30 Meter Länge, 1,40 Meter Breite und 10 Quadratmeter Segelfläche. Das Segelzeichen soll zwei gekreuzte Lindenblätter symbolisieren und an die tausendjährigen Linden der Fraueninsel erinnern.

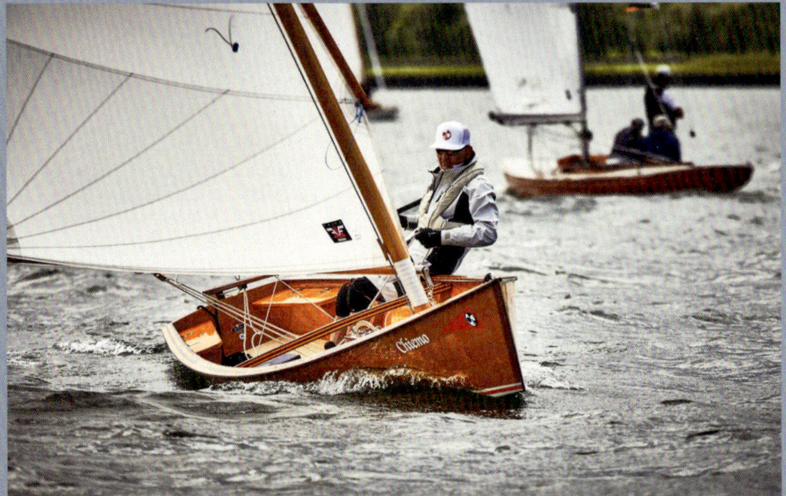

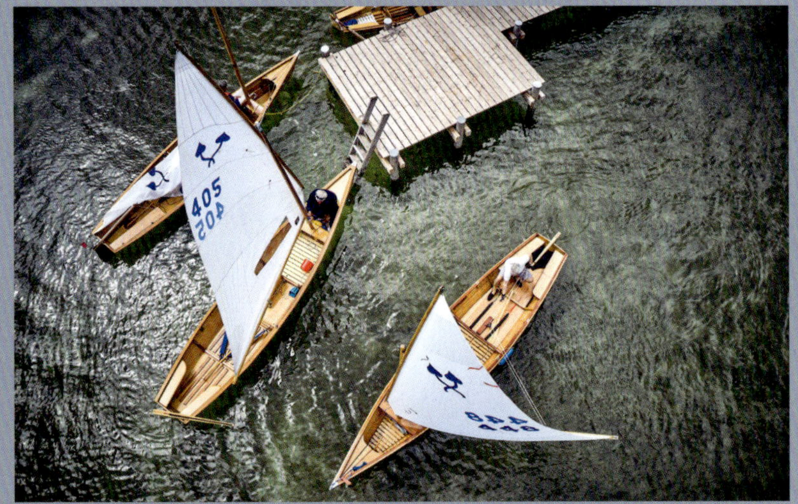

Über Jahrzehnte hinweg stellte die Chiemseeplätte die stärkste Bootsklasse am Chiemsee dar, es wurden regelmäßig Regatten und legendäre Feste veranstaltet. In den späten 1960er-Jahren schien die Klasse aus der Mode zu kommen, wurde zunehmend als träge und altbacken wahrgenommen. Außerhalb ihres Stammreviers hatte sie ohnehin nie Verbreitung gefunden, und wer sich im Wettkampf messen wollte, wechselte auch am Chiemsee auf leichte, schnelle GfK-Boote mit modernem Riss. Doch Totgesagte leben bekanntlich besonders lang: Die Chiemseeplätte erholte sich von dieser Flaute und feierte in den 1980er-Jahren ein glanzvolles Comeback. Man wusste das, wofür sie steht, wieder zu schätzen: Reduktion auf das Wesentliche, gelebte Tradition und Chancengleichheit. Teures technisches Wettrüsten, wie man es aus anderen Klassen kennt, findet nicht statt, geselliges Beisammensein wird groß geschrieben und schafft über Generationengrenzen hinweg Zusammenhalt.

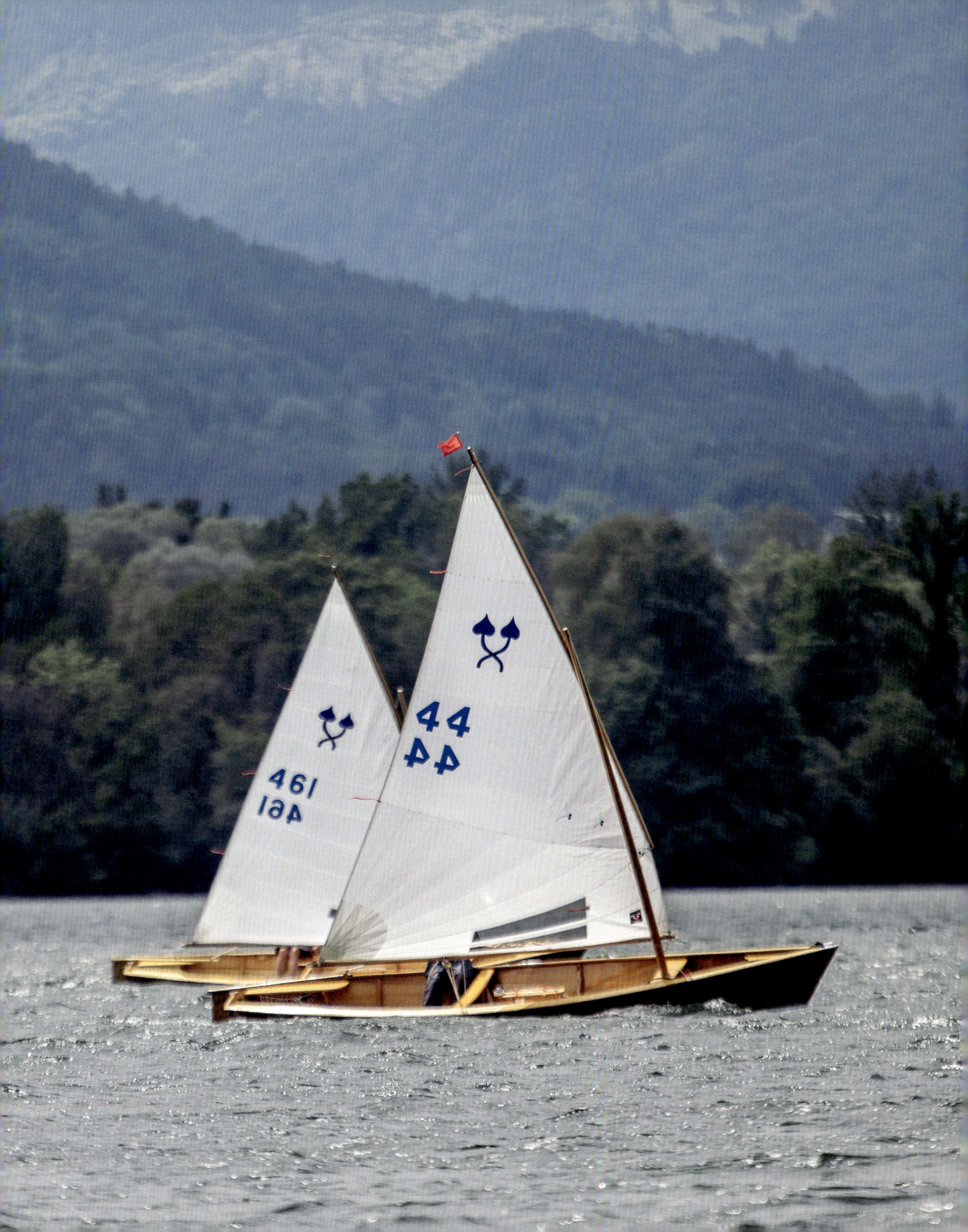
44
461

2

FELIX AUSTRIA

TIEFE SEEN UND HOHE BERGE – DIE REVIERE ZWISCHEN SALZBURGER LAND UND KÄRNTEN

52

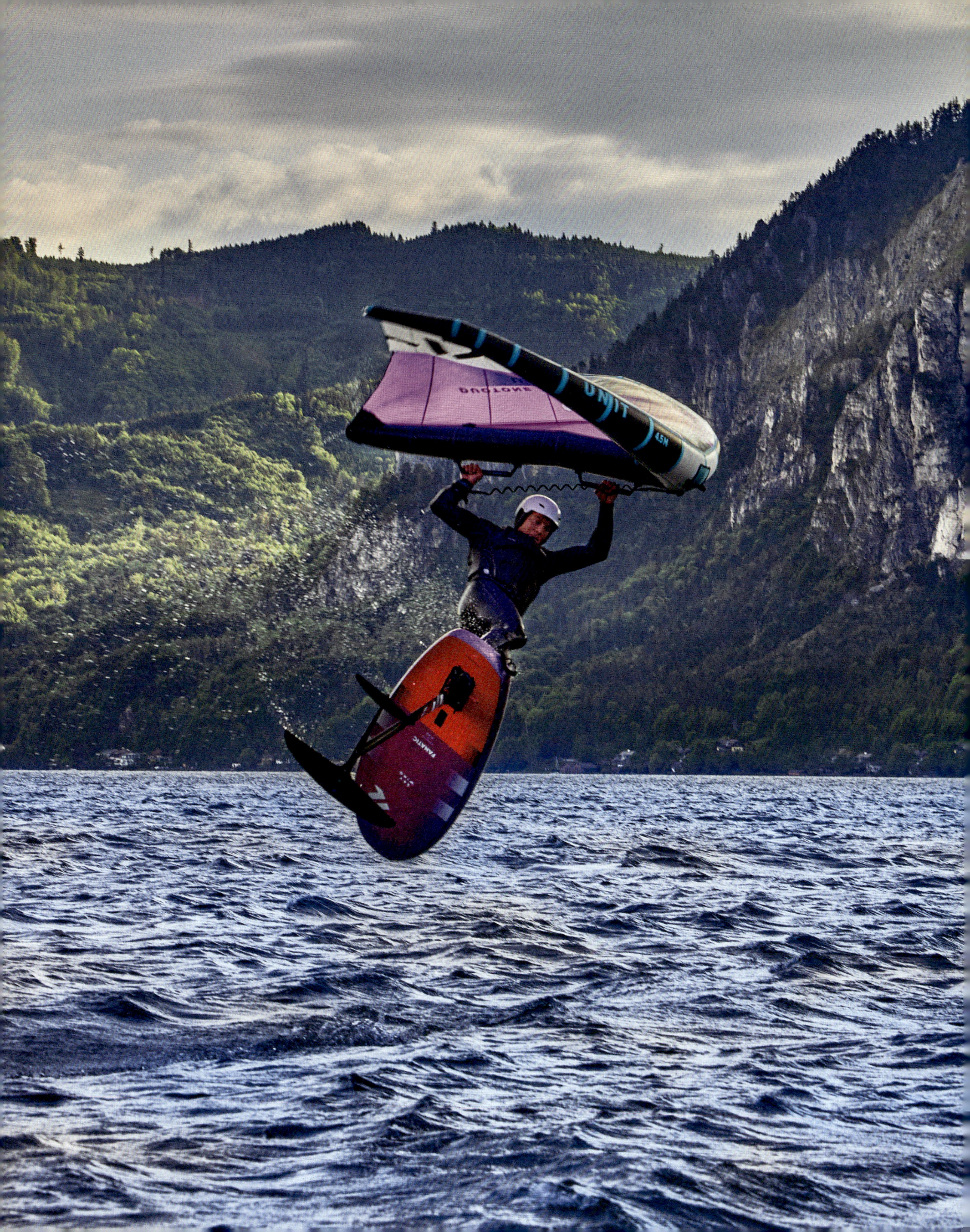
UNIT
4.5M

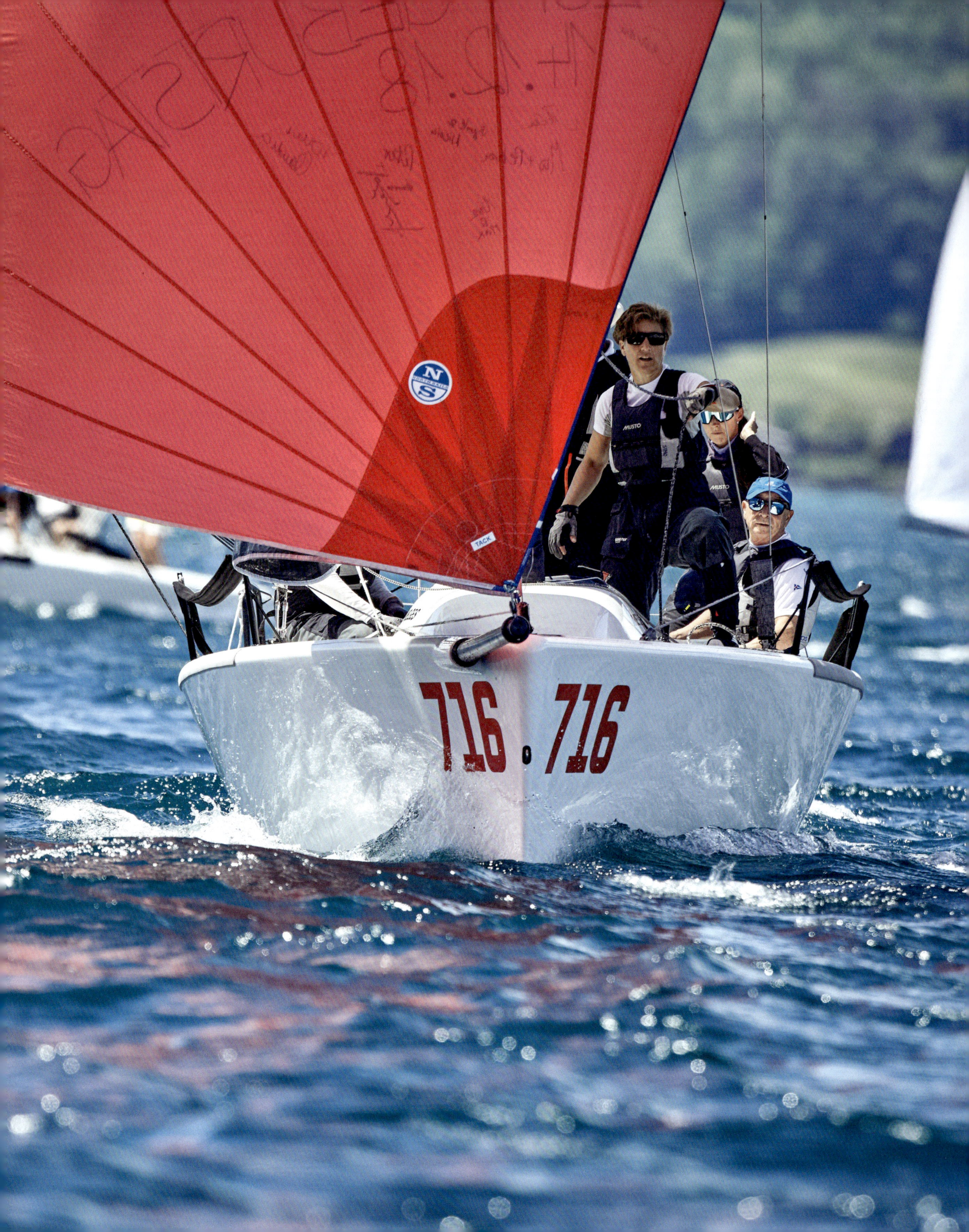
716
716
MUSTO

ÖSTERREICHS ALPENSEEN
GLITZERNDES GLÜCK ZWISCHEN DEN BERGEN

Österreich und der Wassersport, das ist eine Liebesbeziehung der ganz besonderen Art. Möglicherweise liegt dies auch an der Schönheit der hiesigen Alpenseen, in deren blau, grün oder türkisfarben glitzernden Flächen sich spektakulär die Berggipfel spiegeln und deren Wasser so rein und klar ist, dass man es getrost trinken kann. Die gepflegten Ortschaften an ihren Ufern laden die nicht umsonst in Scharen kommenden Touristen zum Verweilen ein. Maler, Musiker, Dichter und Denker wie etwa Gustav Klimt, Gustav Mahler oder Thomas Bernhard, um nur ein paar zu nennen, frönten hier ihrer Kunst und ließen sich vor Ort zu Werken inspirieren, die die Menschen bis heute berühren. Das darf als allgemein bekannt vorausgesetzt werden – aber wer hätte gedacht, dass im Binnenland Österreich seit vielen Jahrzehnten ausgerechnet die Seglerinnen und Segler zu den erfolgreichsten Sommersportlern des Landes zählen und von Olympischen Spielen, Welt- und Europameisterschaften regelmäßig mit Titeln und Medaillen heimkehren? Viele von ihnen haben sich die Grundlagen ihres Sports an einem der in diesem Buch vorgestellten Gewässer angeeignet. Mehr als 100 Segelvereine sind in Österreich offiziell registriert, der überwiegende Teil davon ist an einem Alpensee situiert. Mit Strömung und Dünungswelle wächst man hier naturgemäß nicht auf, aber es ist ein perfekter Platz, um das Gefühl für den Wind zu schulen. Wer hier groß wird, weiß diesen zu lesen, kann die typischen Kanten und Dreher einer Schönwetterthermik erkennen und interpretieren, kann abschätzen, welchen Einfluss die Strömungen der Großwetterlage haben, und hat nicht zuletzt die Fähigkeit erworben, Beobachtung mit Intuition in Deckung zu bringen. Offensichtlich wird auf diese Weise eine tragfähige Basis geschaffen, um auch auf den internationalen Regattabahnen Erfolg zu haben und dort gegen Gegner bestehen zu können, die ihr Handwerk auf einem Ozean gelernt haben.

Die Ursprünge des organisierten Segelsports lagen in Österreich – und auch hier passt der Einschub: Wer hätte das gedacht? – in der Hauptstadt Wien, wo ein englischer Ingenieur 1886 an einem Altarm der Donau den ersten Segelclub gründete. Die wenig später folgenden Zweigvereine lagen aber allesamt an einem Alpensee. Am Attersee findet sich beispielsweise der mit rund 800 Mitgliedern und 400 eingetragenen Yachten bis heute größte Verein des Landes. In diesen Revieren wurde die Entwicklung des Segelsports wesentlich bestimmt und vorangetrieben, etwa mit der eindrucksvollen Sonderklasse, die Ende des 19. Jahrhunderts auf Initiative des deutschen Kaisers Wilhelm II. ins Leben gerufen wurde. Ab 1904 prägten diese eleganten Yachten das Bild auf den österreichischen Alpenseen – und im Unterschied zu anderen Revieren in Europa und den USA hat man der Sonderklasse in Österreich bis heute die Treue gehalten. Rund 20 Exemplare, darunter liebevoll restaurierte Originale, aber auch ambitionierte Neubauten, sind lebendige Zeugen dieser großartigen Epoche und nehmen nach wie vor an Geschwaderfahrten oder Regatten teil.

Auch wenn sich ein gewisser Hang zur Nostalgie nicht verleugnen lässt, stehen geblieben ist die Zeit an den österreichischen Alpenseen nicht. Im Gegenteil: Stets hat man hier Trends und neue Ausformungen des Wassersports mit offenen Armen und offenem Gemüt willkommen geheißen. Ob Windsurfer, Kiter, Stand-up-Paddler, Winger oder Foiler – alle durften und dürfen sich ausprobieren und neu erfinden. Sogar die

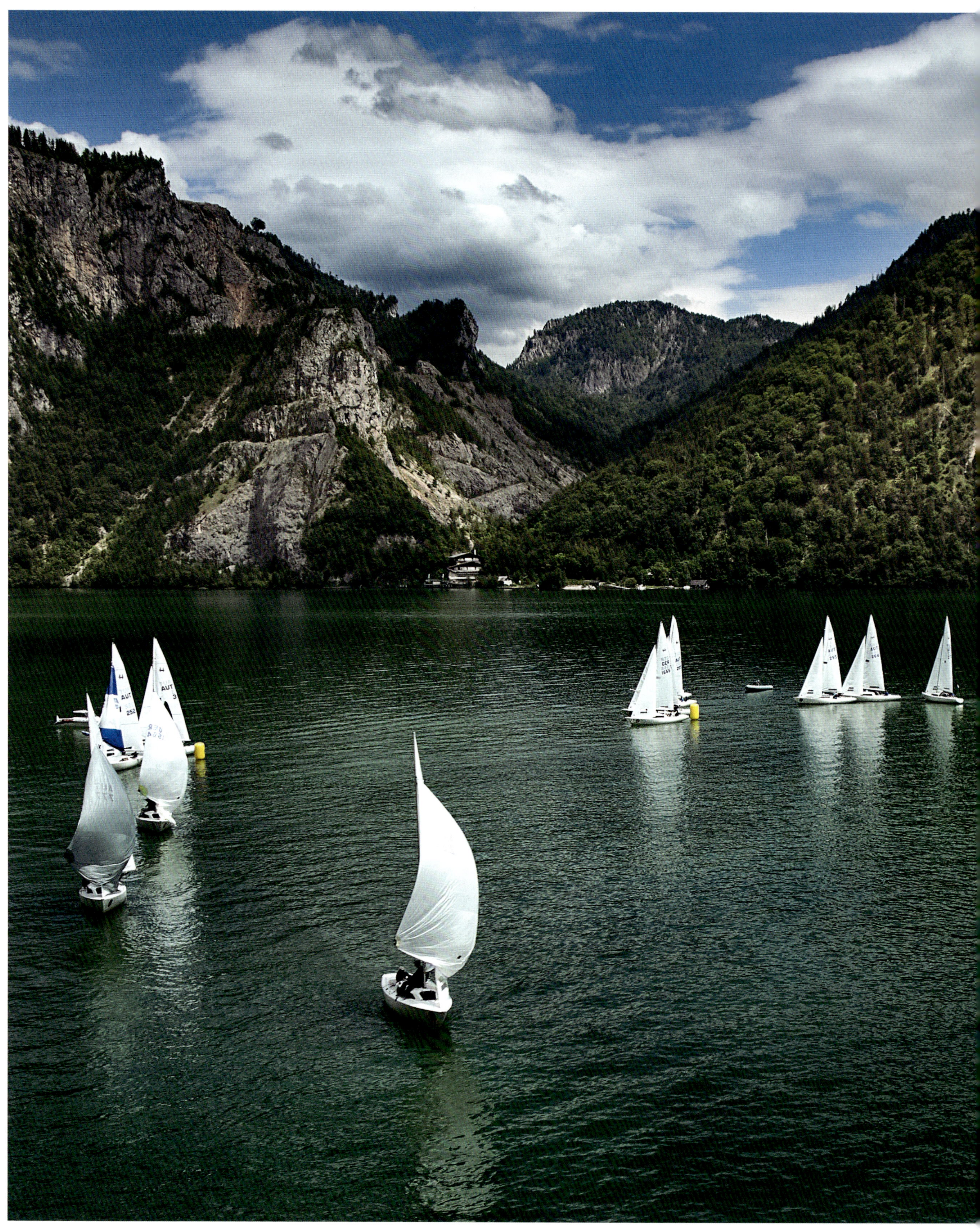
AUT
AUT

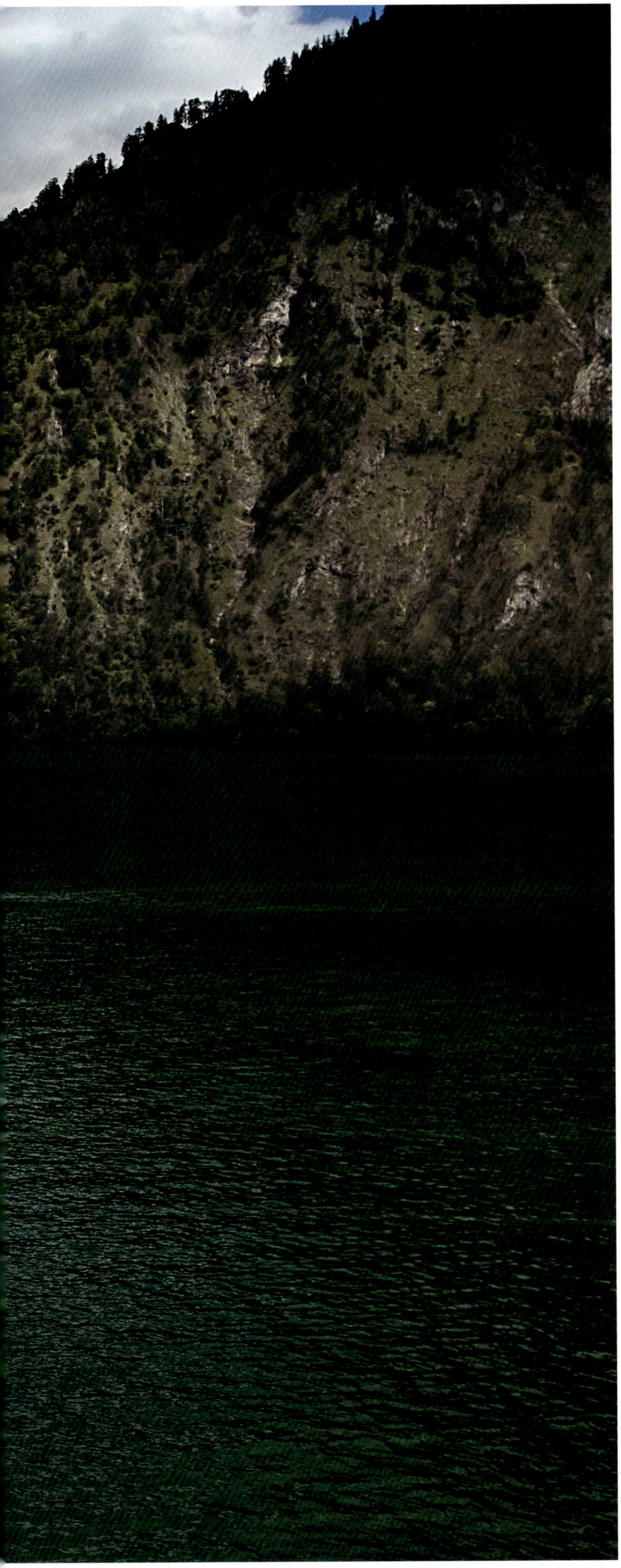

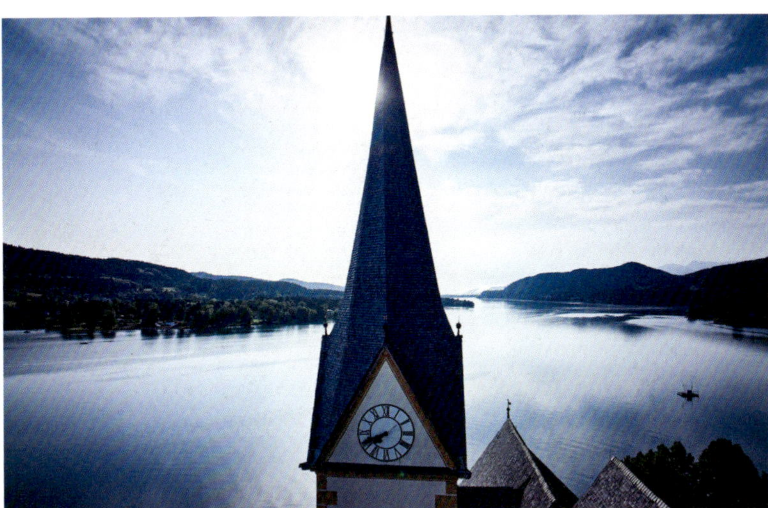

Wellensurfer fanden in dieser Region eine Heimat. Im Sommer 2020 eröffnete an der Traun, die den Traunsee speist und benennt, »The Riverwave«. In dieser Anlage rinnt das per hydraulisch bewegter Klappe regulierte Wasser über eine Rampe, trifft unten auf ein großes Becken mit langsamem Wasser und formt so nicht nur eine stehende Welle, sondern tatsächlich die größte künstliche Flusswelle der Welt. Und das in einem kleinen Alpenland! Da kann man nur noch einmal fragen: Wer hätte das gedacht?

SPORTLICH ZWISCHEN DEN FELSEN

Die Traunseewoche ist ein Highlight im Regattakalender der Alpenrepublik. H-Boote runden das Luv-Fass im sportlichen Wettkampf. Am Wörthersee geht es beschaulicher zu, der wärmste See von Österreich ist aber auch beliebt bei Wassersportlern.
Oben: Die Pfarrkirche von Maria Wörth im Morgenlicht.

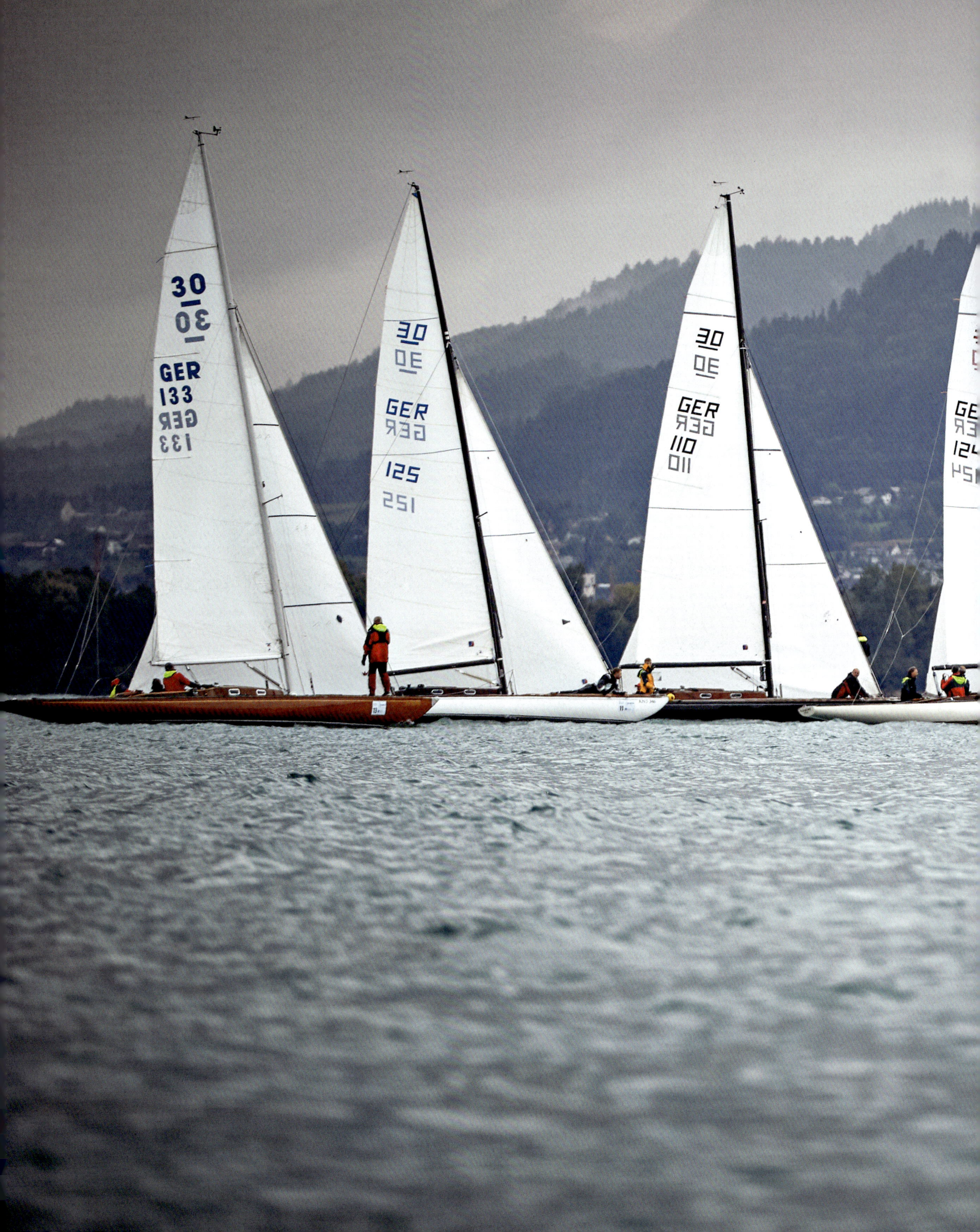
30
GER
133
30
GER
125
30
GER
110

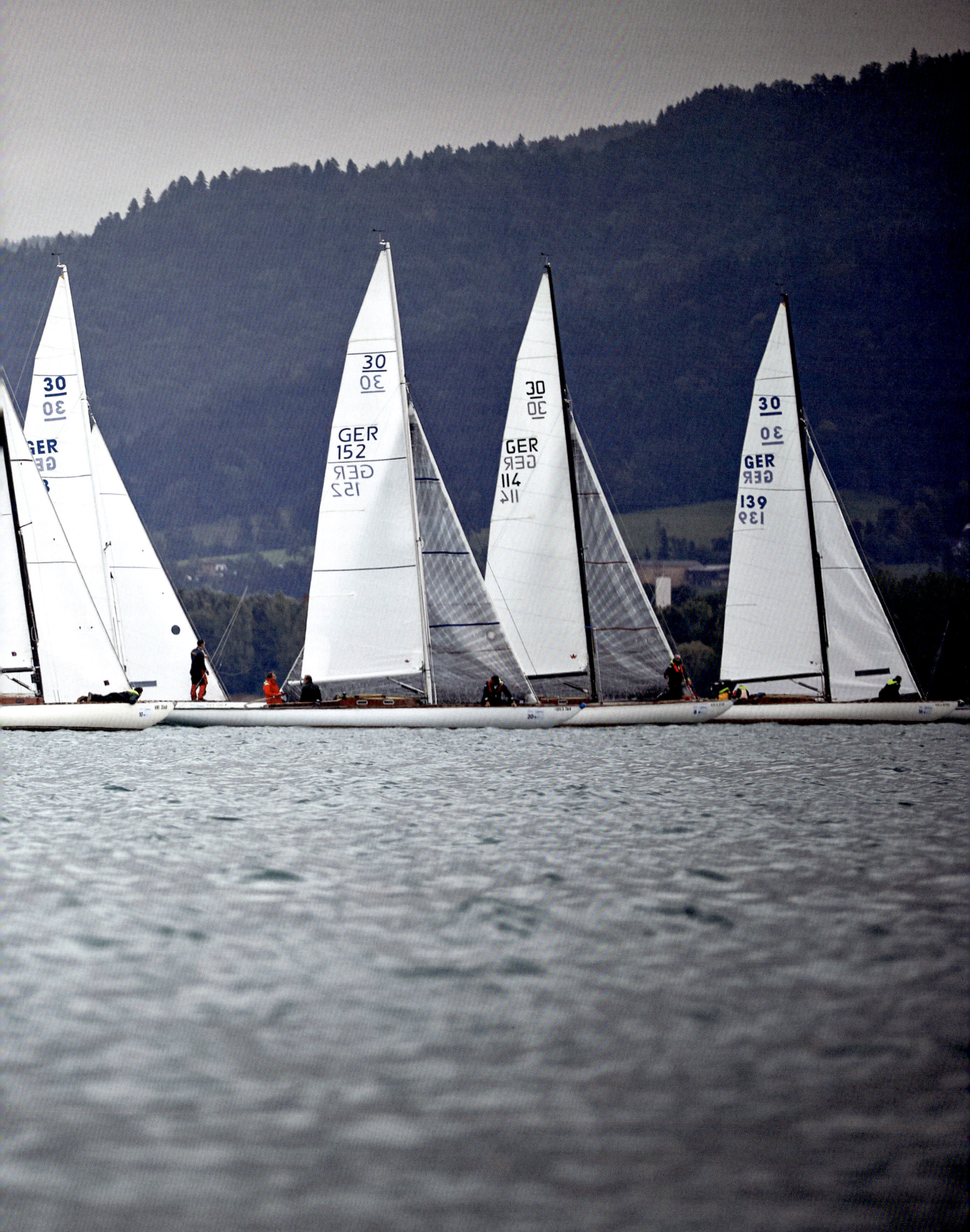
30
GER
30
GER
152
30
GER
114
30
GER
139

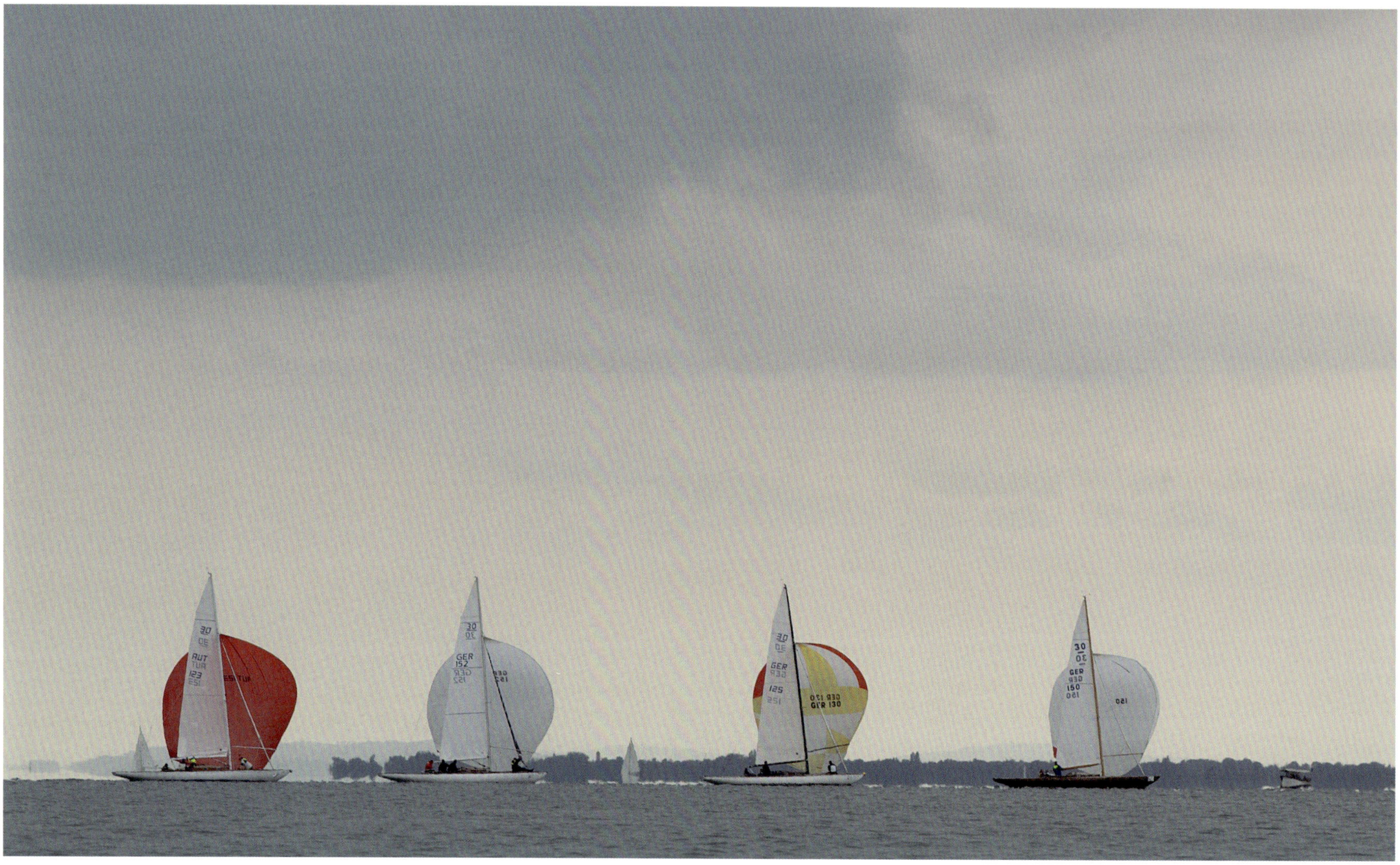

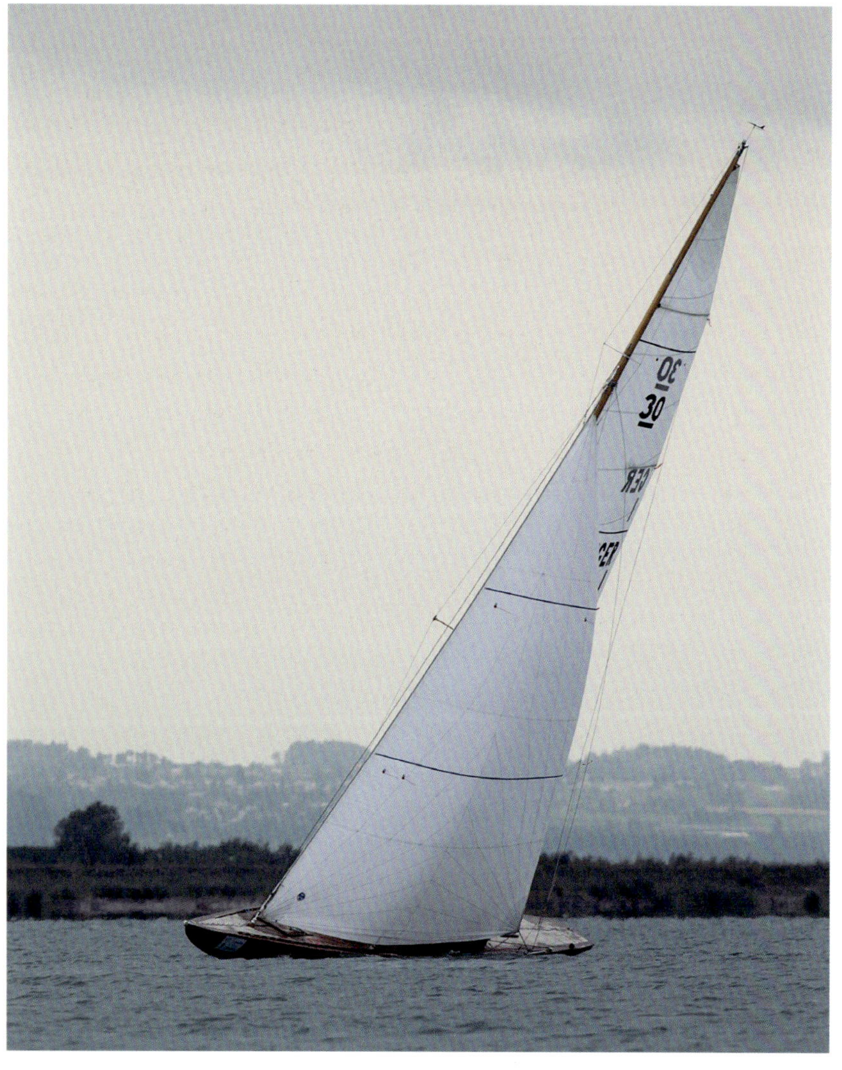

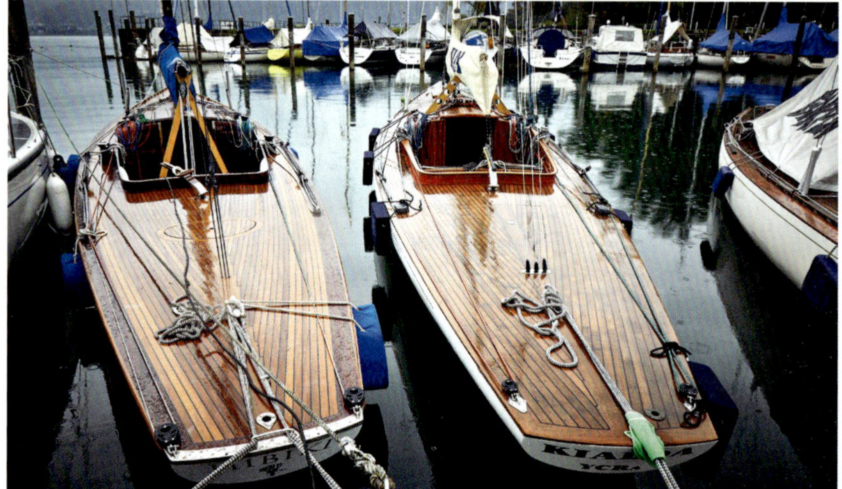

GEL(I)EBTE TRADITION

Bereits seit 1925 segeln im Bregenzer Yachtclub elegante Rennjollen, einfache besegelte Gondeln mit und ohne Schwertkasten und Ruderboote, die zum Fischen oder Schwemmholzsammeln benutzt wurden.
Heute finden hier wichtige Klassenregatten und Meisterschaften statt – wie die der 30er-Schärenkreuzer.

BREGENZ
VOM RHEIN IN DEN BODENSEE

Leicht zu fassen ist er nicht; er sprengt die Grenzen, im wörtlichen wie im übertragenen Sinn. Seine Fläche erstreckt sich über weit mehr als 500 Quadratkilometer, sein Wasserstand kann innerhalb von einem einzigen Tag um einen halben Meter steigen, und seine Ufer sind auf drei Staaten aufgeteilt. Nur 28 der insgesamt 273 Kilometer Uferlänge gehören zu Österreich, und doch spielte dieses kleine Land stets eine große Rolle im Nationengefüge des Gewässers – zumindest, was den Segelsport betrifft. Der älteste Segelclub am Bodensee entstand zwar 1889 im deutschen Lindau, aber bereits 1895 folgte als zweiter Verein der Bregenzer Segel-Club, der sich in Folge dezidiert für den Sport stark machte und die Kollegenschaft rund um den See beharrlich dazu animierte, an Regatten teilzunehmen. Auch der 1911 gegründete Bodensee-Segler-Verband, dem aktuell über 100 Vereine mit insgesamt 21.000 Mitgliedern angehören, wurde in seiner Entwicklung maßgeblich von engagierten Vorarlbergern geprägt. Wenn also dieser vorbildlich geführte Dachverband heute als »Schule der Völkerverständigung auf der Basis einer Freundschaft über die Grenzen hinweg« bezeichnet wird, dann haben österreichische Protagonisten daran wesentlichen Anteil. Sieben Austro-Segelvereine sind heute im östlichen Teil, genauer gesagt in Wetterwinkel, Fußacher und in der Bregenzer Bucht, aktiv. Aus ihren Reihen stammen Olympiateilnehmer, Welt- sowie Europameister, und auf ihrem Gelände werden regelmäßig hochrangige Regatten veranstaltet.

Das erste Bodensee-Handbuch, ein umfassendes Kompendium für »Schiffsführer, Segler, Motorbootfahrer und Ruderer«, das 1912 erstmals erschien, stammt übrigens ebenfalls aus der Feder eines Österreichers, wurde es doch vom renommierten Bregenzer Architekten Otto Mallaun geschrieben. Apropos Architektur: Der Hafen Rohner, am Rand des Naturschutzgebietes Rheindelta in der Fußacher Bucht gelegen, stellt diesbezüglich ein absolutes Highlight dar. Ein ehemaliges Kieswerk wurde in eine Marina für rund 200 Segel- und Motorboote verwandelt, die außergewöhnlicher nicht sein könnte. Das Hafengebäude ist ein zeitgenössischer Betonkubus, der auf einem schmalen Sockel schwebt und an den Stirnseiten riesige Glasflächen aufweist. Das sogenannte Nordwesthaus, eine kunstvoll beleuchtete Komposition aus Beton und Glas, dient als Treffpunkt, Clubraum und Veranstaltungszentrum gleichermaßen. Auch der Bregenzer Hafen, der seit seiner aufwendigen Umgestaltung im Jahr 2010 als Schnittstelle zwischen Sport, Tourismus und Kultur fungiert, hebt sich deutlich vom Durchschnitt ab: Zwei markante Leuchttürme befeuern die Hafeneinfahrt, Skulpturen und Lichtinstallationen von Vorarlberger Künstlern zieren das Areal rund um das futuristisch-gläserne, wellenförmige Hafengebäude.

Ästhetik und Funktion zu einem gelungenen Ganzen verbinden – das können sie, die Vorarlberger, und haben damit »ihrem« Teil des Bodensees ein ganz besonderes Gesicht und ein einzigartiges Flair verliehen.

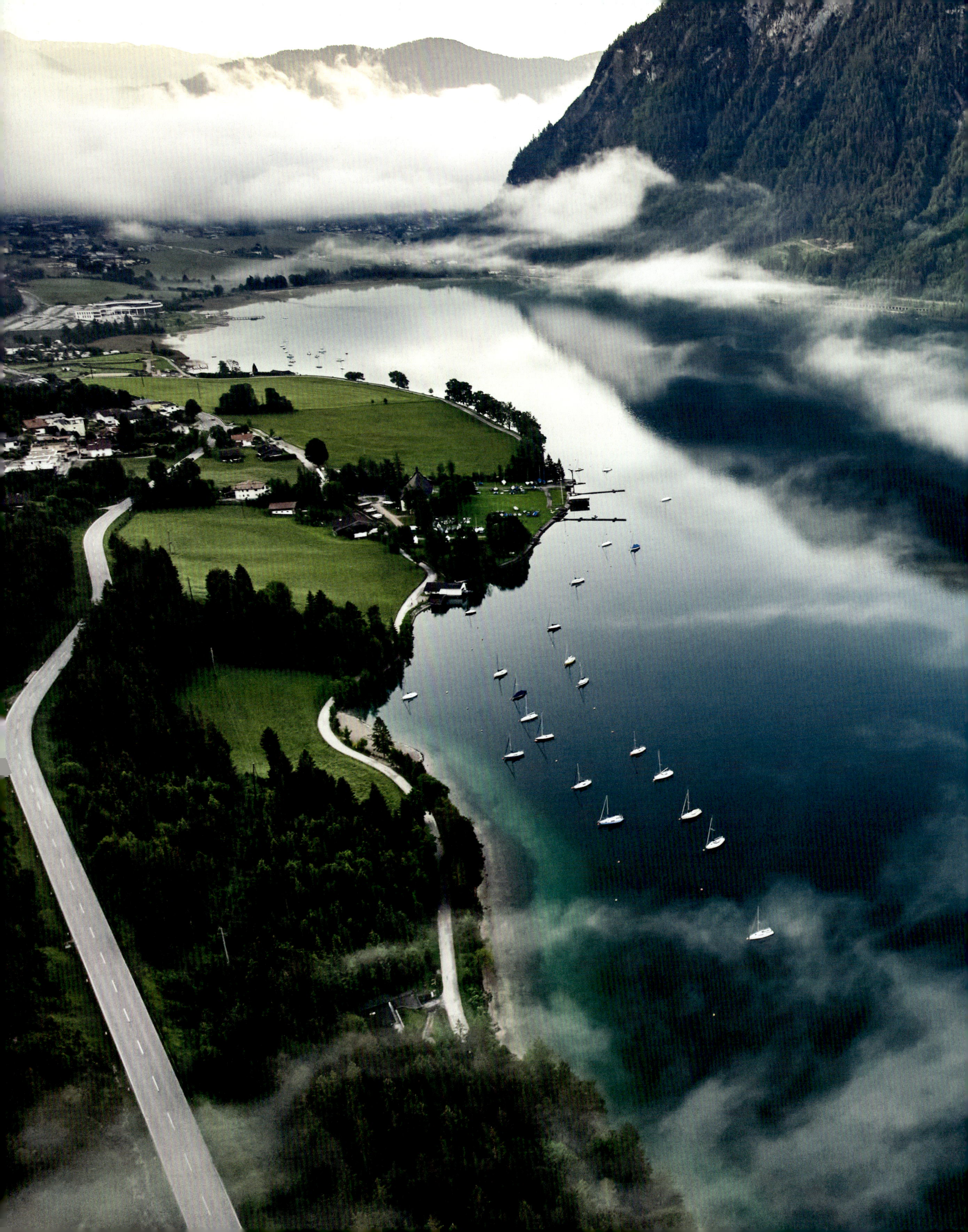

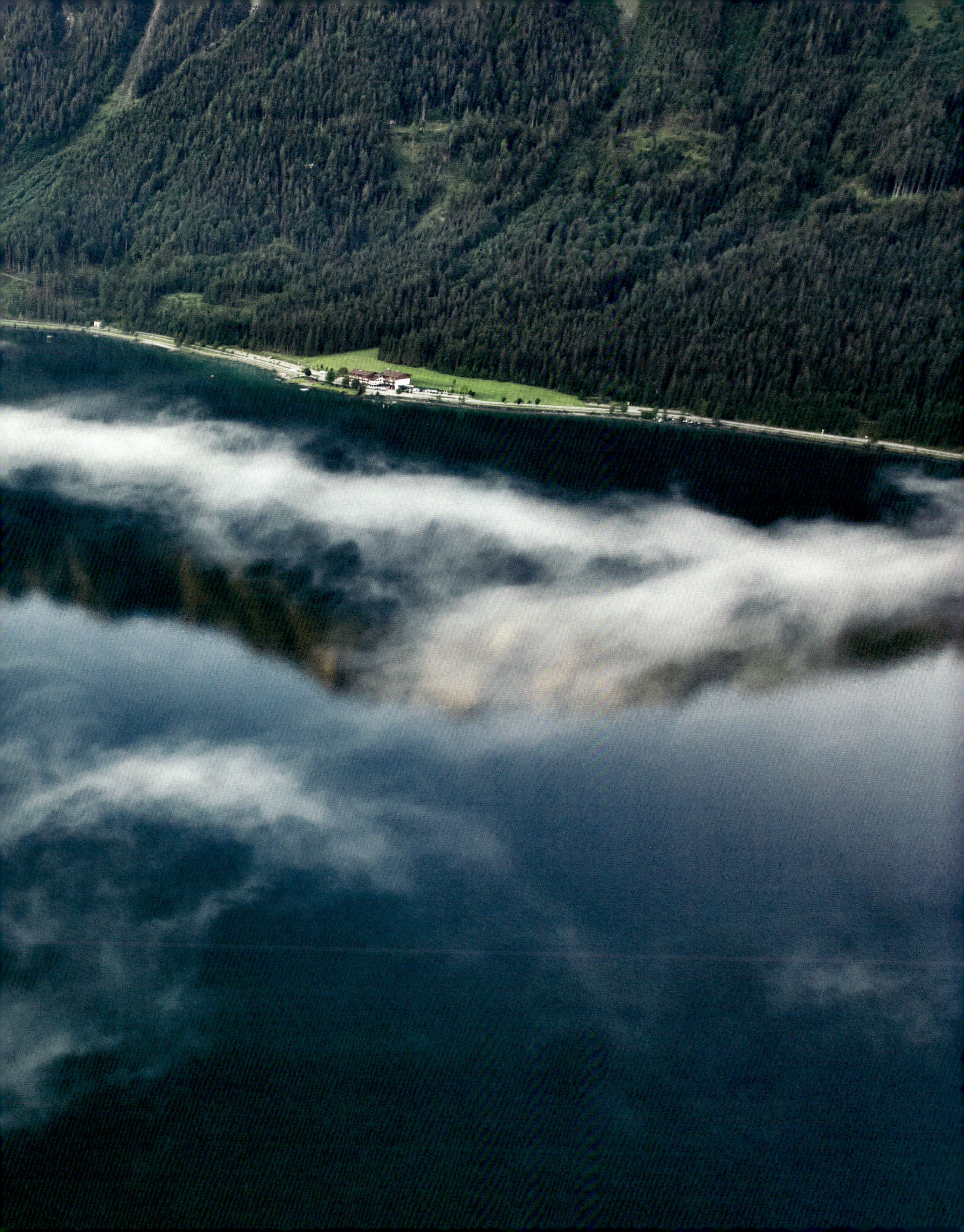

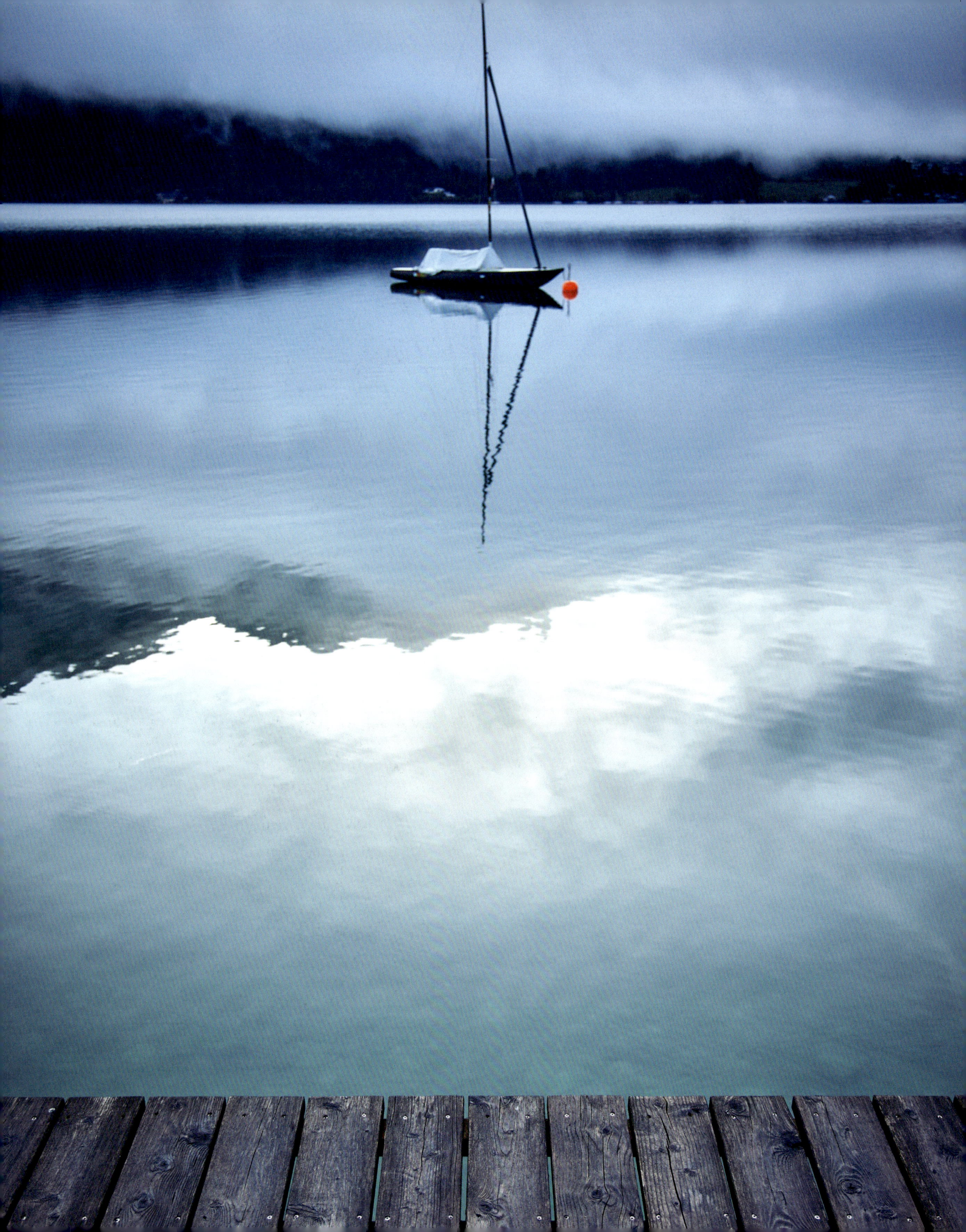

ACHENSEE
TIROLER TIEFSEE MIT THERMISCHER WINDMASCHINE

Hoch, höher, am höchsten – auf 1.000 Metern schmiegt sich der Achensee glitzernd in die Furche zwischen Karwendelgebirge im Westen und Rofangebirge im Osten. Wo einst die Fürsten fischten, wird seit den 1950er-Jahren fleißig gesegelt, denn die Windbedingungen zwischen Maurach, Achenkirch und Pertisau sind großartig. Das liegt vor allem an der Schönwetterthermik, die ohne Übertreibung mit jener am Gardasee zu vergleichen ist. Allerdings funktioniert sie – da der Achensee im Norden der Alpen liegt – spiegelverkehrt zu Vento und Ora: Am Vormittag kommt leichter Südwind auf, nach der typischen Mittagsflaute setzt Nordwind ein, der im Idealfall bis 5 Beaufort erreicht. Perfekt eigentlich, wenn es nicht eine Kleinigkeit zu bemängeln gäbe: Es ist nämlich ganz schön kalt im Tiroler Land. Die Wassertemperaturen erreichen auch im heißesten Sommer kaum 20 °C, üblich sind frische 15 °C. Und: Es gibt keinen Monat, in dem es nicht schneien könnte.

Schnee schaufeln im August muss man vielleicht nicht gerade, aber mit ein paar Flöckchen kann man tatsächlich rund ums Jahr rechnen. Die logische Folge: Wer am Achensee dem Wassersport frönt, der kann kein Weichei sein. Hier zählen Durchhaltevermögen, Leidensbereitschaft und effektives Arbeiten, denn die Saison ist kurz und das Vergeuden kostbarer Segelzeit undenkbar. Die gestählten Achensee-Seglerinnen und -Segler sind überaus erfolgreich – bis hin zu Olympia.

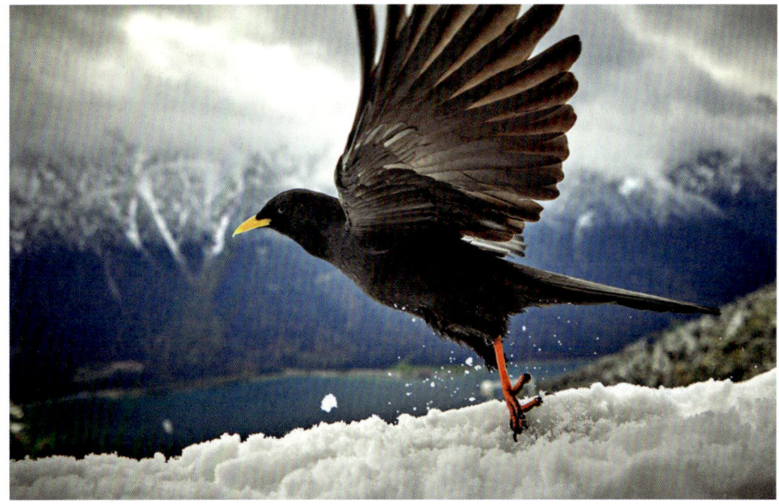

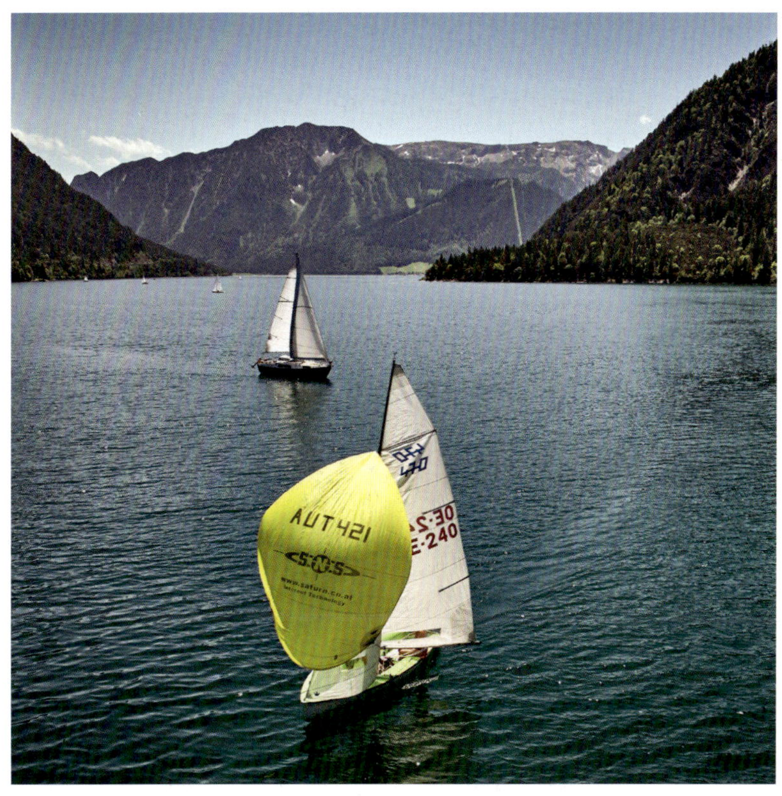

DAS SCHÖNE WETTER BRINGT DEN WIND

Eingebettet wie ein Fjord im Fels liegt das »Tiroler Meer« und ist mit bis zu 133 Meter Tiefe erfrischend kühl – aber dafür in Trinkwasserqualität.

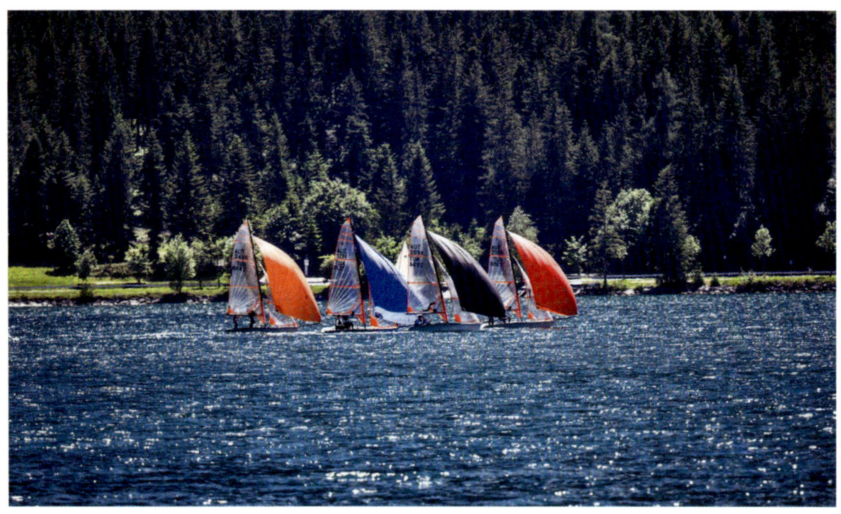

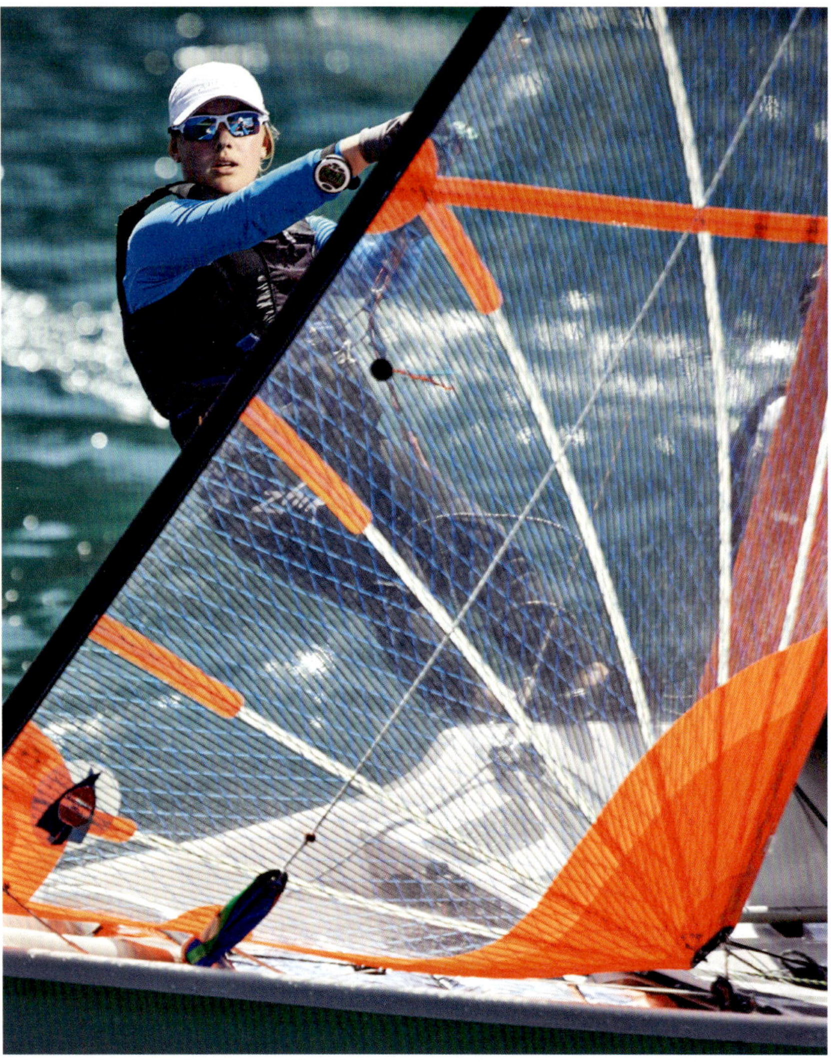

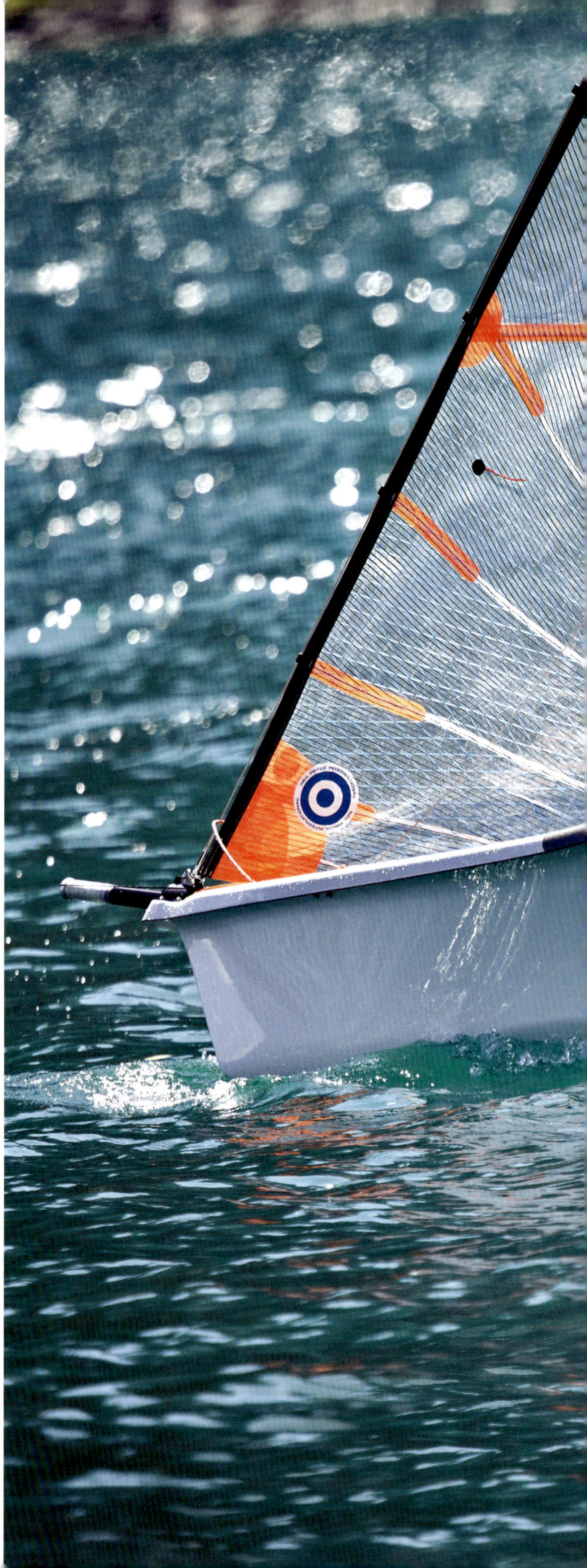

JUGEND FORSCHT IM 29ER

Ein ideales Trainingsboot für olympische Ambitionen, auf der Gleitjolle kann der Nachwuchs das Sniff-Segeln erlernen. An sonnigen Tagen erhält der lokale Nordwind ab mittags thermische Unterstützung, eine eintreffende Kaltfront bringt zusätzliche Beaufort. Wenn der Föhn weht, kann es extrem böig sein: von 10 bis 40 Knoten Wind ist alles drin.

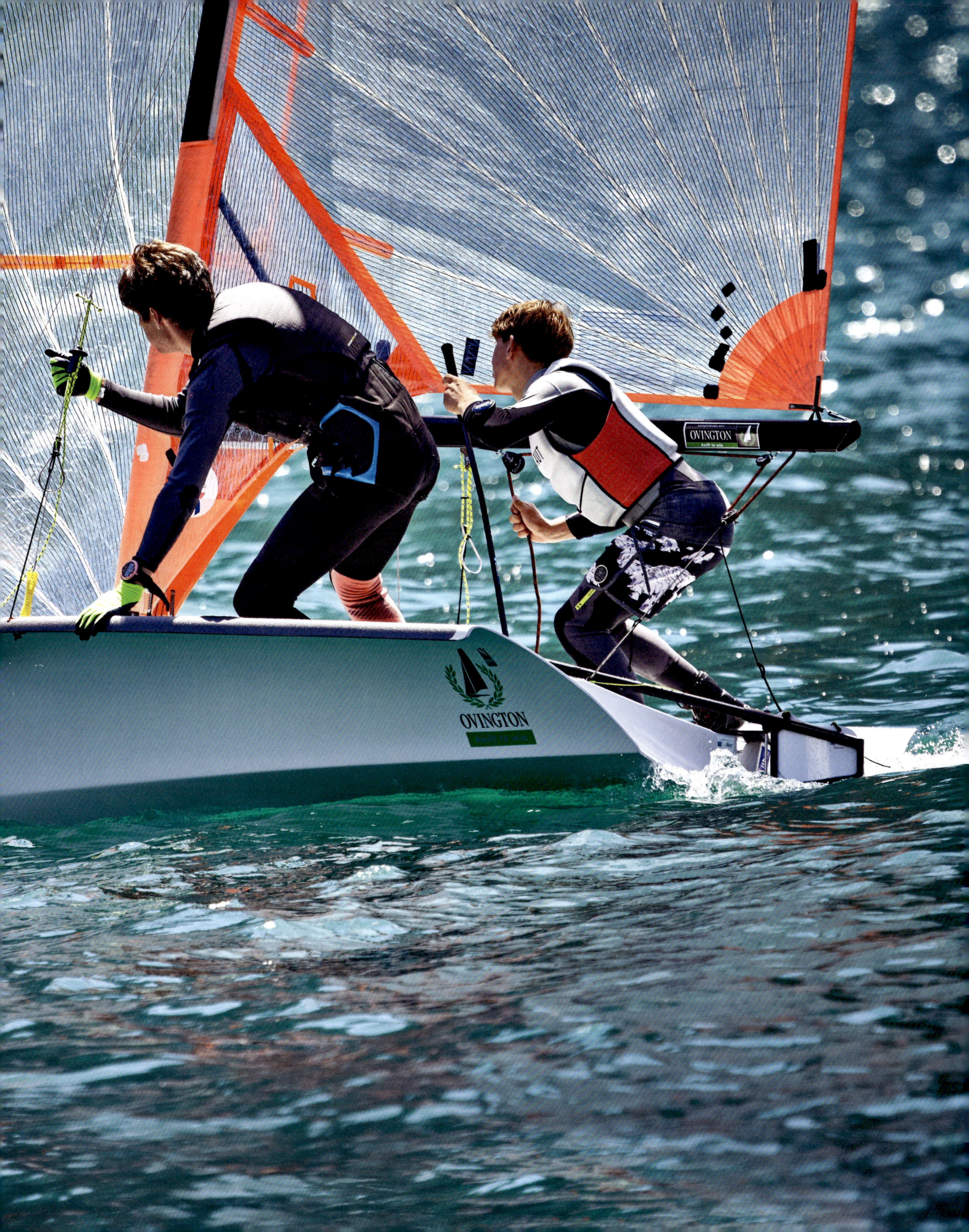
OVINGTON
OVINGTON

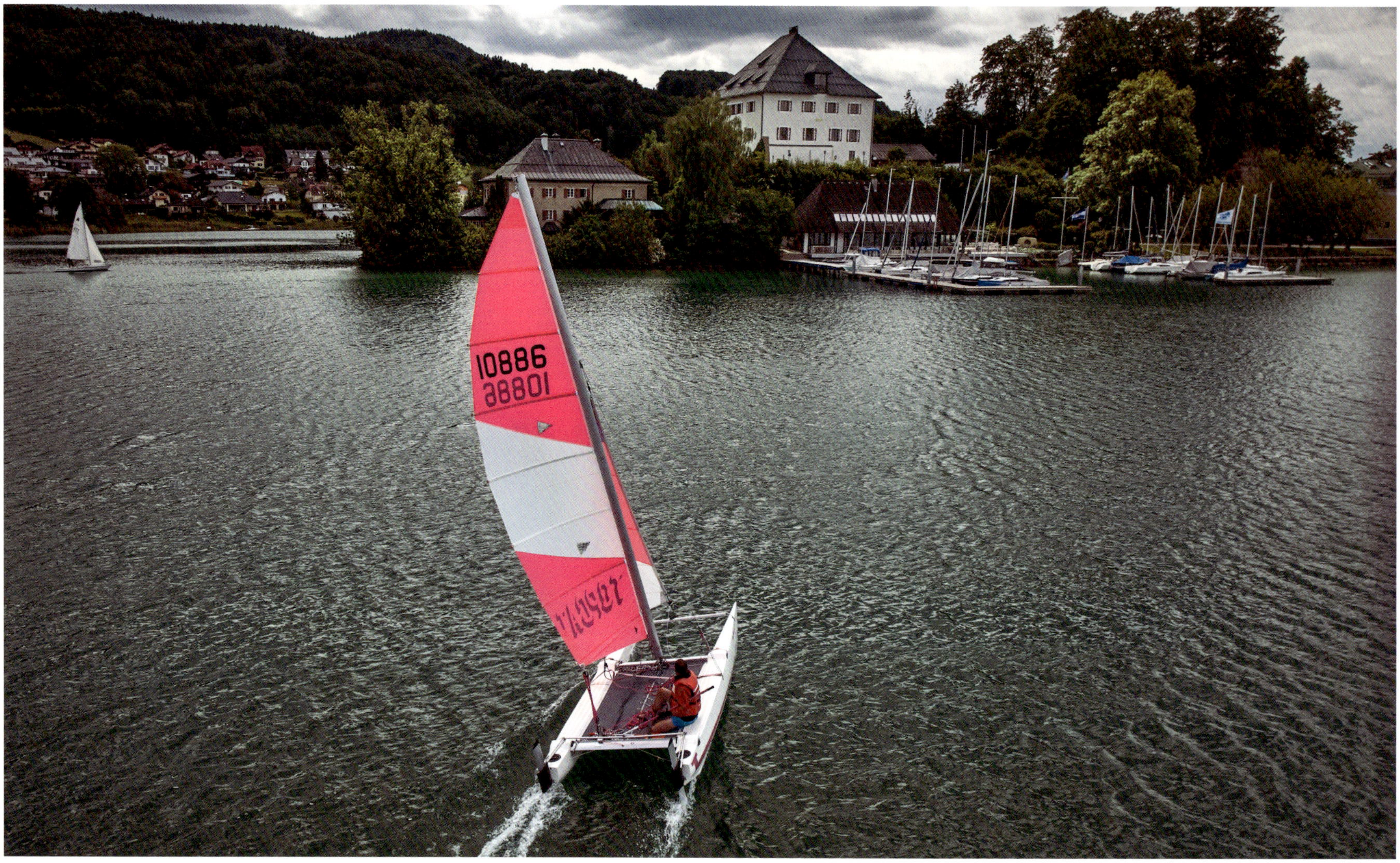

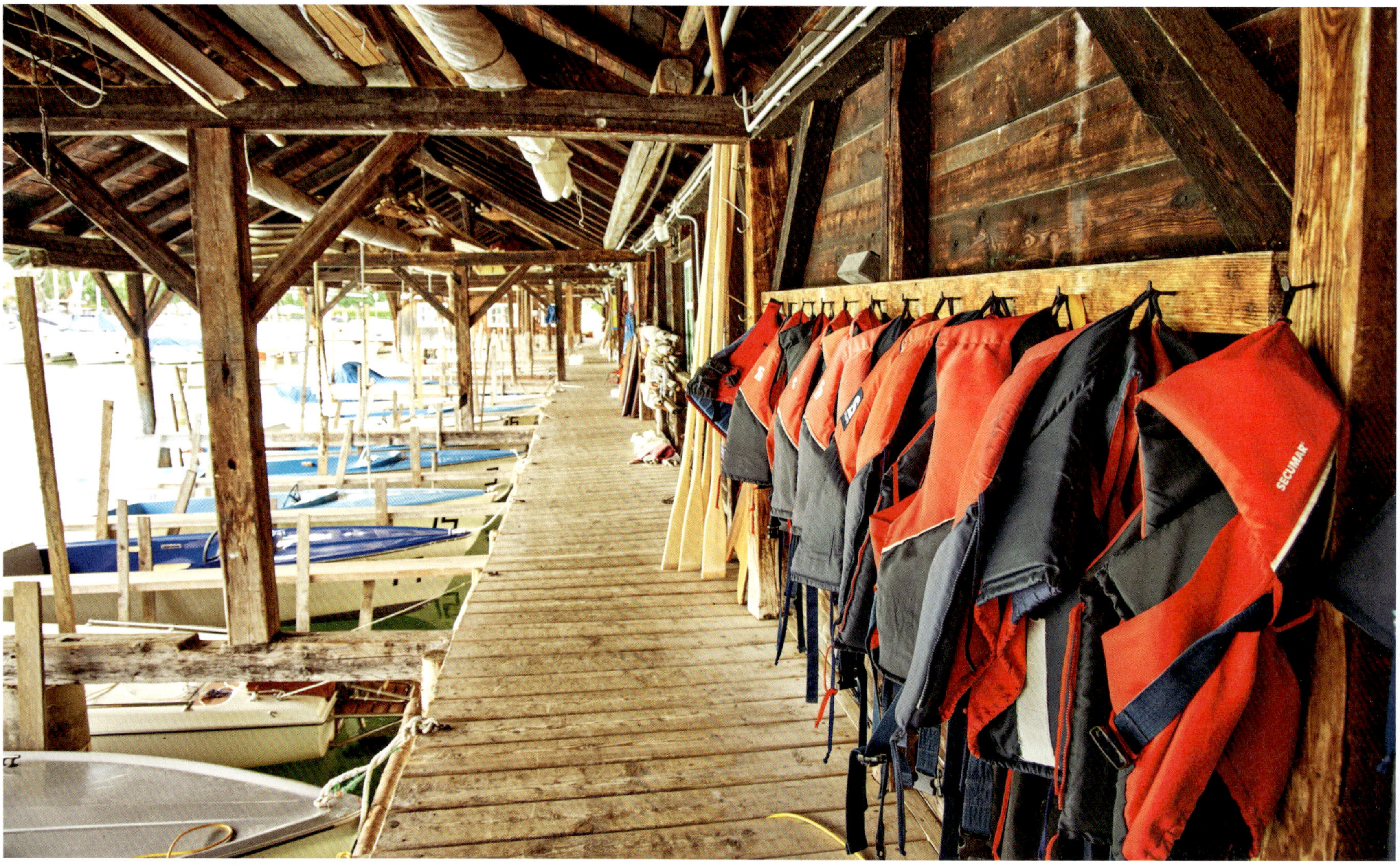

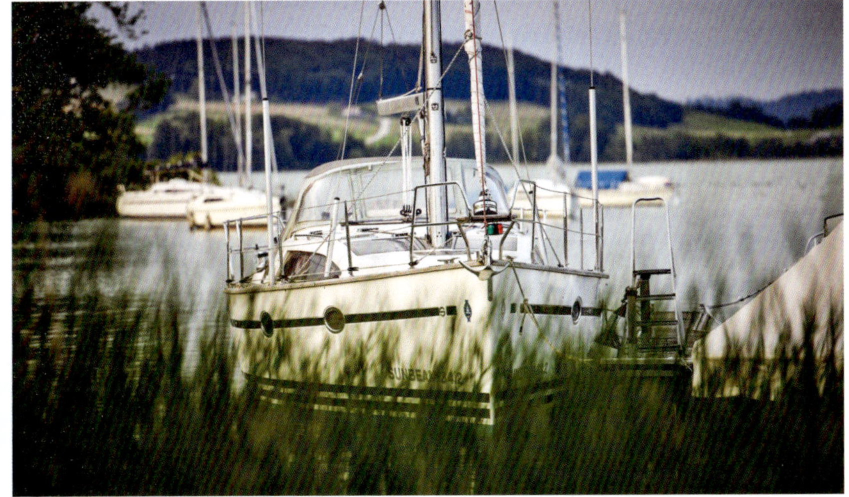

MATTSEE
KLEINER SEE MIT GROSSER WIRKUNG

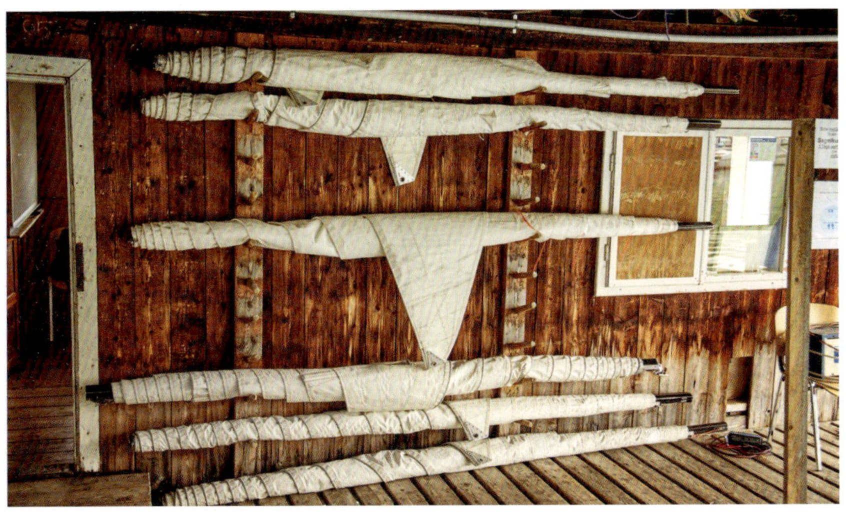

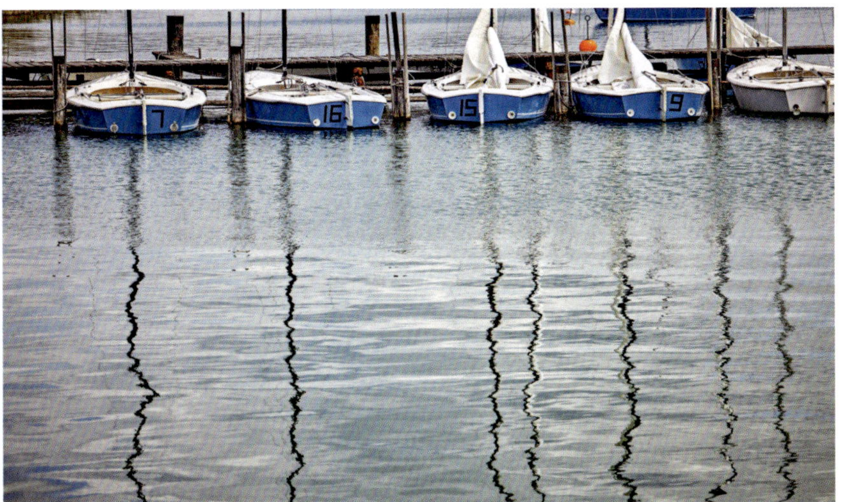

MARITIME TRADITION DURCH BOOTSWERFT UND SEGELSCHULE

Der kleine See ist das Heimatrevier der Sunbeam Yachten, die wenige Kilometer entfernt im Familienbetrieb Schöchl gefertigt werden und auf allen Weltmeeren segeln. In der Segelschule Mattsee können sich Laien zu Profis entwickeln und auf Jollen oder Kats das Revier erkunden.

Keine 7 Quadratkilometer ist er groß – 4,5 Kilometer lang, 1,5 Kilometer breit – und damit ist er der mit Abstand kleinste der hier vorgestellten österreichischen Seen. Eine Art urzeitliche Nabelschnur verbindet ihn mit dem etwas größeren Obertrumer See – wer will, kann mit dem Ausflugsboot zwischen den beiden Brüdern hin- und herwechseln. Der ebenfalls Mattsee heißende, idyllische Hauptort schmiegt sich in den Südzipfel des Gewässers und kann mit allerlei Sehenswürdigkeiten aufwarten – einem Schloss beispielsweise, das Mitte des 12. Jahrhunderts im Auftrag der Passauer Bischöfe errichtet wurde und auf einem in den See ragenden Sporn liegt, oder ein Benediktinerkloster samt Stiftskirche mit sehenswertem Chorgestühl und Hochaltar.

Wenn sich der Ostwind zeigt, rückt die Gilde der Segler aus. Diese ist erstaunlich groß, und das kommt nicht von ungefähr. Zwei Yachtclubs und die auf Segelboote spezialisierte, international erfolgreiche Werft Sunbeam Yachts finden sich am Mattsee. Die Vereine richten regelmäßig Regatten aus, vom Großevent für den Nachwuchs bis hin zur Staatsmeisterschaft. Klein in den Abmessungen, groß im Sport.

BOOTSHÄUSER

DER ALPENLÄNDISCHE UNTERSCHLUPF

Ein Bootshaus lediglich als Garage, als Abstellraum für ein Wasserfahrzeug zu sehen, greift viel zu kurz. Es handelt sich vielmehr um ein Bauwerk, das wie kaum ein anderes Nützlichkeit und Ästhetik verbindet und das darüber hinaus seit Hunderten von Jahren die Sehnsucht der Menschen nach Wassernähe zu befriedigen versteht. In Österreich finden sich die schönsten Exemplare an den Seen des Salzkammerguts und in Kärnten, typischerweise sind sie aus dem besonders witterungsbeständigen Lärchenholz gebaut und verfügen über Hebegurte, mit denen sich ein Ruder-, Motor- oder Segelboot aus dem Wasser holen lässt. So kann es schwebend und außerhalb seines eigentlichen, aber dennoch auf Dauer schädigenden Elements auf seinen nächsten Einsatz warten und altert weniger rasch.

Der Großteil der Bootshäuser befindet sich als Teil einer Liegenschaft in Privatbesitz, der Rest gehört zu Werften, Hotels, Ruder- oder Segelvereinen. Erwerben lassen sie sich kaum. »Bootshäuser sind extrem begehrt und kommen so gut wie nie auf den freien Markt«, weiß Franz Josef Mautner Markhof, Inhaber eines Unternehmens, das hochwertige Immobilien verwaltet, entwickelt und vermittelt, »und wenn doch einmal eines verkauft wird, wechselt es ohne Maklerbeteiligung und um einen exorbitanten Preis den Besitzer. Denn Bootshaus bedeutet Wasserzugang und Badeplatz – etwas, das an den heimischen Gewässern eine absolute Rarität ist.«

Manch privater Eigner achtet darauf, dass das hölzerne Gebäude bei einer Sanierung möglichst nah am Originalzustand bleibt, andere lassen einen Architekten futuristisch anmutende Visionen umsetzen, bauen eine

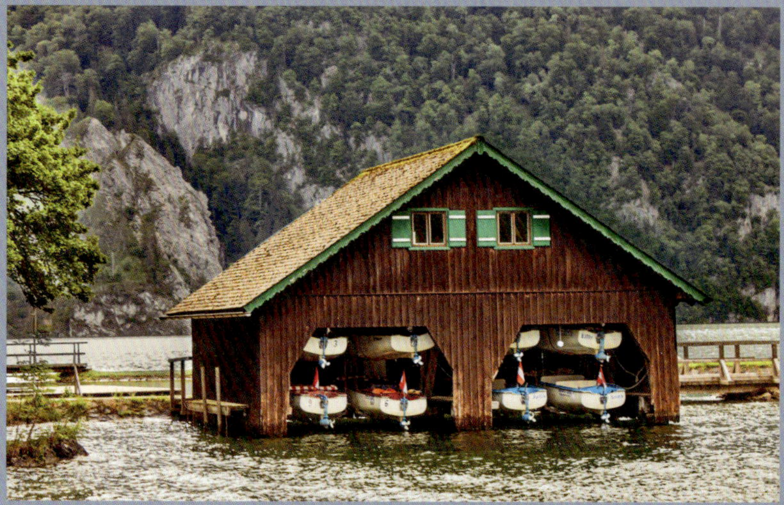

komfortable Wohneinheit darüber oder modeln zumindest das Dach zu einer Terrasse um. Vieles ist möglich, nicht alles allerdings erlaubt … Das gemeine Volk muss sich an jene Varianten halten, die als Teil eines Restaurants oder Hotels genutzt werden und damit öffentlich zugänglich sind; hie und da kann man ein Bootshaus auch als Ferienbleibe mieten.

Ein Bootshaus mit ganz besonderer Geschichte findet sich in Seewalchen am Attersee. Es gehört zur 1877 errichteten Villa Paulick, in der sich Gustav Klimt über ein Jahrzehnt lang regelmäßig zur Sommerfrische aufhielt. Wie historische Fotografien belegen, pflegte der bekannteste Vertreter des Wiener Jugendstils im Bootshaus zu stehen und durch ein Fernrohr mit Stativ auf das Wasser zu blicken. Was er auf diese Weise zu sehen bekam, bannte er mit kunstvollen Pinselstrichen auf die Leinwand und schuf so Landschaftsbilder, die Weltberühmtheit erlangten. Wie eingangs geschrieben: Bootshäuser sind so viel mehr als Garagen für Wasserfahrzeuge …

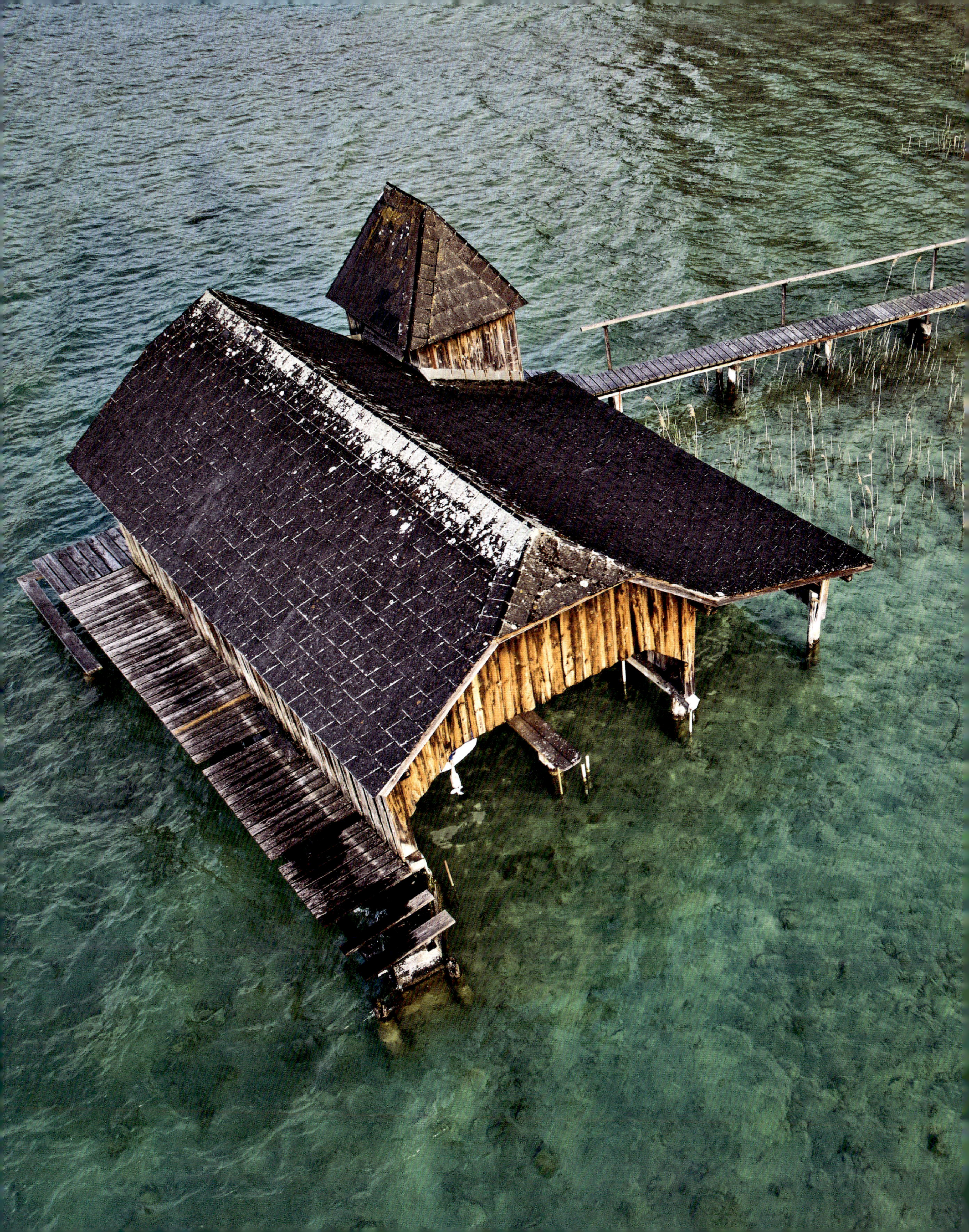

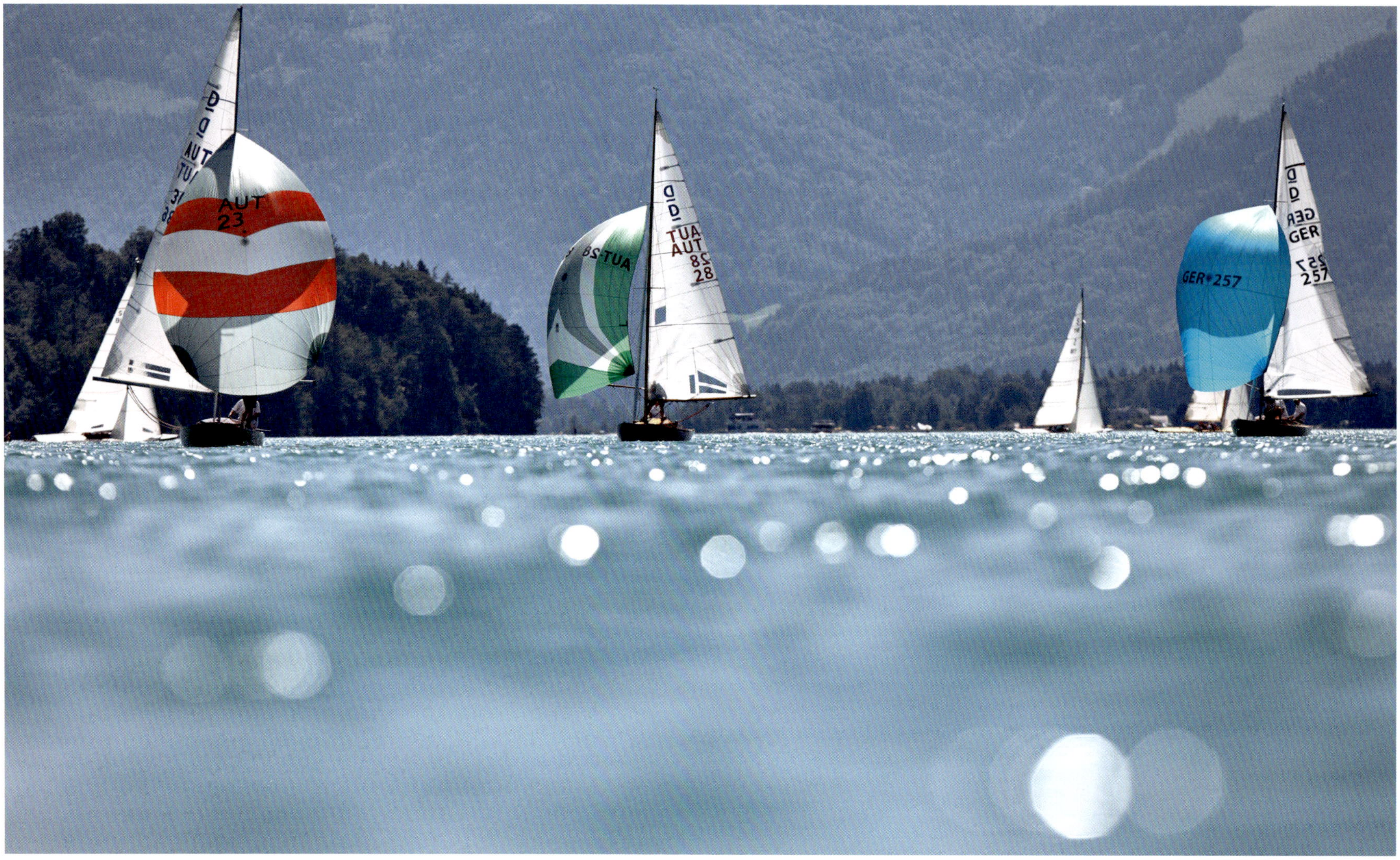

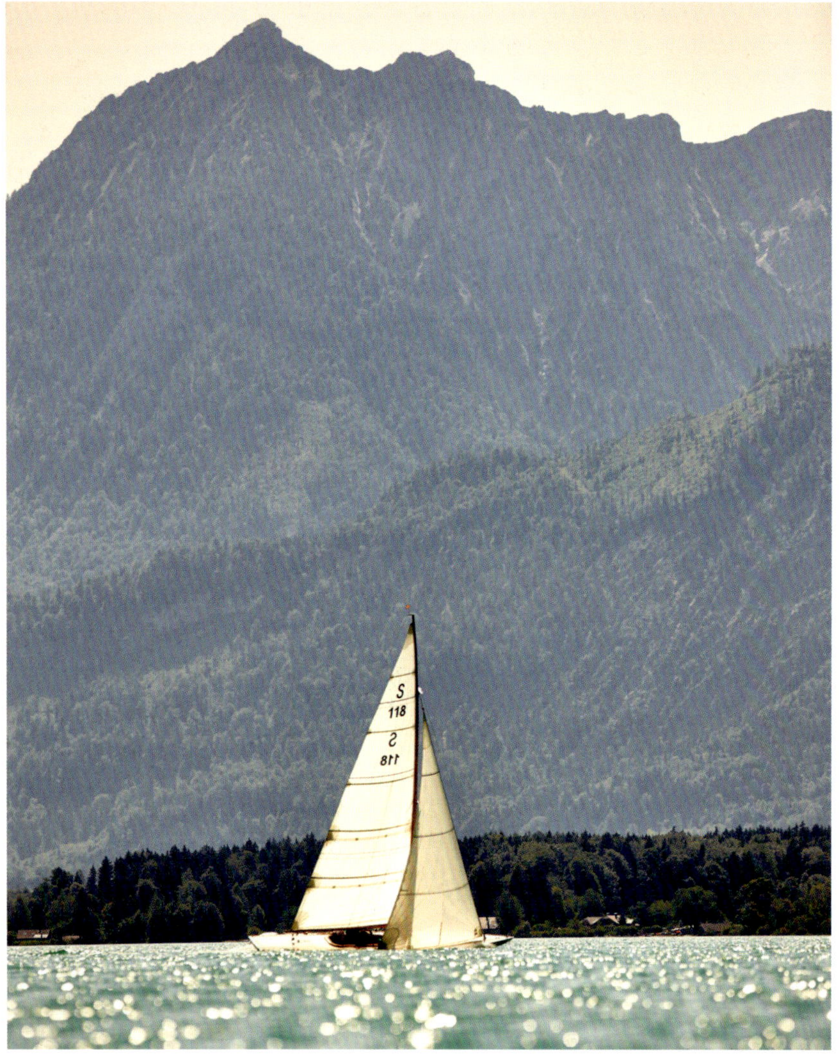

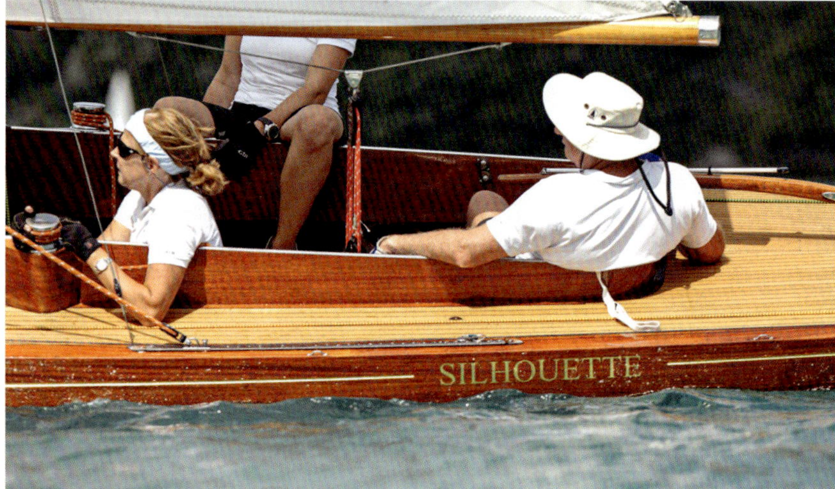

HÖLZERNE TRADITION SEIT 1880

Der größte See im Salzkammergut ist auch beliebt bei Klassiker-Seglern. Jährlich kommen viele Crews aus ganz Europa zu den Traditionssegler-Events. Hauptsächlich über den Zinkenbach (rechte Seite) wird der Wolfgangsee mit Frischwasser versorgt. Nächste Doppelseite: Besonders beeindruckend sind die schnellen und grazilen Sonder- und Rennklassen, die mit extrem viel Tuch getakelt sind.

WOLFGANGSEE
EINGERAHMT VON HOHEN BERGEN

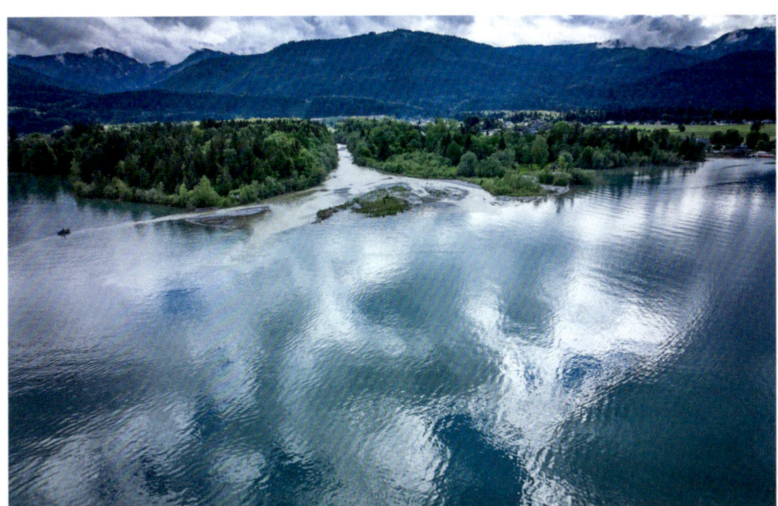

Er ist nicht der größte, aber der beste der österreichischen Alpenseen, zumindest für jene, die den Wind für ihr Freizeitglück benötigen. Das behauptet einer, der es wissen muss – Hubert Raudaschl, Rekordolympionike, Medaillengewinner, Titelhamster, Langzeitstar und bekanntester Segelsohn vom Wolfgangsee.

Geboren im August 1942, wuchs er in einer Familie auf, in der sich alles um Boote drehte, und eröffnete 1965 in Ried seine eigene Segelmacherei, die sich blendend entwickelte. Parallel dazu schrieb er mehrfach Sportgeschichte: Raudaschl holte 1968 in Mexiko als erster Österreicher überhaupt eine Olympiamedaille im Segeln, 1980 kam er mit einer zweiten Olympiamedaille, diesmal im Starboot, heim. Dazwischen und danach qualifizierte er sich präzise wie ein Uhrwerk alle vier Jahre erneut für die Spiele, bis er 1996 zum zehnten und letzten Mal an Olympia teilnahm und damit einen Weltrekord aufstellte, der bis heute Gültigkeit hat. Kein Segler, keine Seglerin war öfter unter den fünf Ringen am Wasser.

Den Betrieb hat inzwischen sein Sohn Florian übernommen, geblieben ist die Liebe zum Wolfgangsee. Hubert Raudaschl ist beileibe kein Kleingeist, sondern offener Weltbürger, er kennt die ganze Welt, ist auf allen Meeren und vielen Seen gesegelt. Und doch fragt er im Brustton der Überzeugung und mit Blick auf die steil aus dem Wasser steigende Falkensteinwand: »Wo könnte es schöner sein?« Markante Berge, die nicht erdrücken, sondern Geborgenheit schenken. Sanfte, saftige Wiesen als Ausgleich zu steilen Felswänden und kahlen Graten. Sagen und Legenden, die sich um mystische Orte wie die Metzgerinsel oder das Hochzeitskreuz ranken. Kulturgüter wie die Barockkirche von St. Wolfgang mit ihrem berühmten Flügelaltar. Dazu der Atem der Vergangenheit, die authentische Wirtshauskultur und die nahe Festspielstadt Salzburg. Auch der Wind weht nirgendwo sonst in der Gegend so zuverlässig wie in Raudaschls Heimatrevier. Das liegt vor allem an der günstigen West-Ost-Lage des Gewässers. Dadurch kann sich der berühmte Brunnwind, ein thermischer Schönwetterwind, der aus dem Brunnwinkel im Nordzipfel des Sees kommt, sehr gut mit der häufig vorherrschenden Weströmung mischen. Das ergibt einen wunderbaren, ungehindert über den See streichenden Nordwest. Zugegebenermaßen sind die Dreher und Windkanten bei dieser Mischung für Regatten recht anspruchsvoll, aber beim Spazierensegeln spielt das kaum eine Rolle.

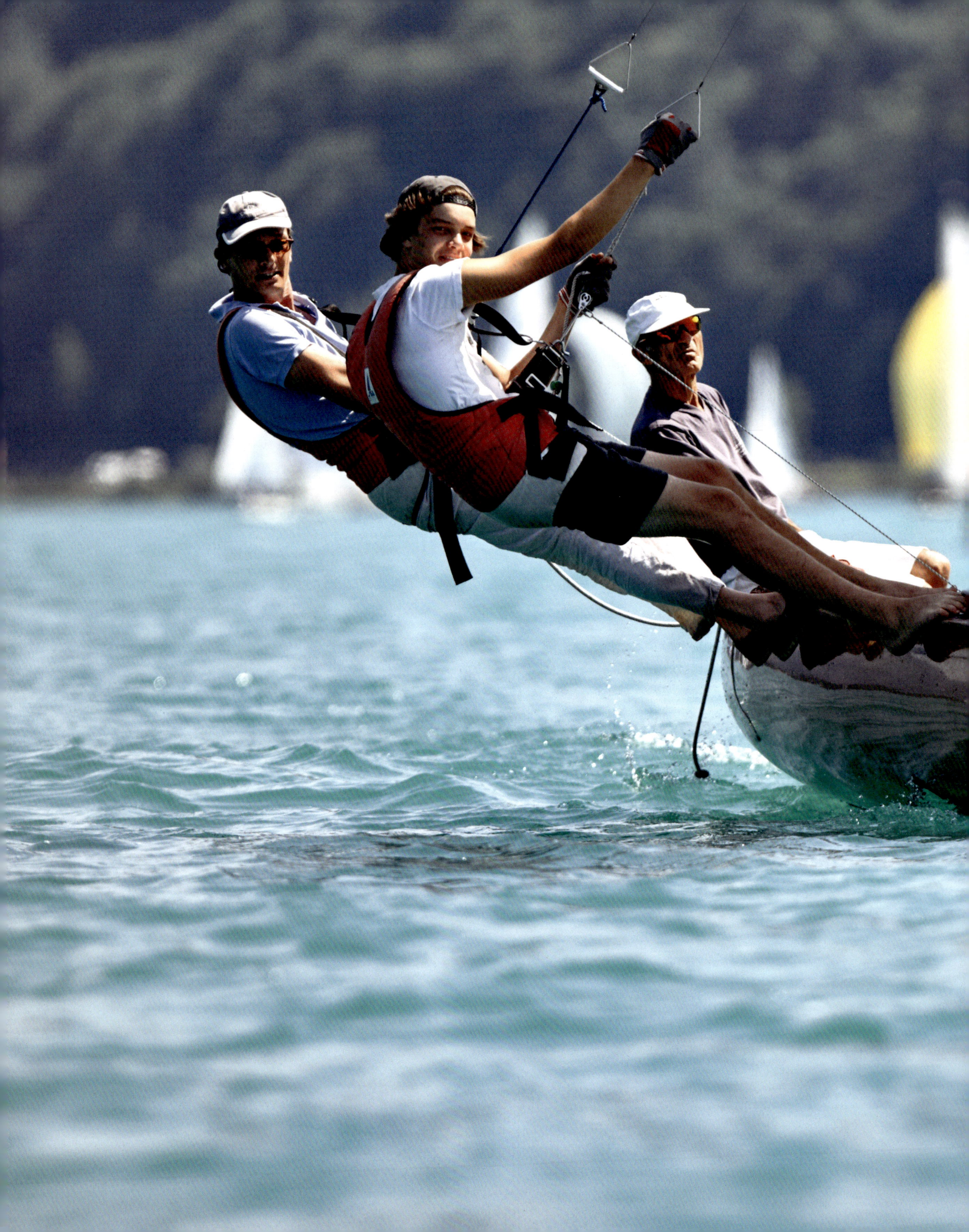

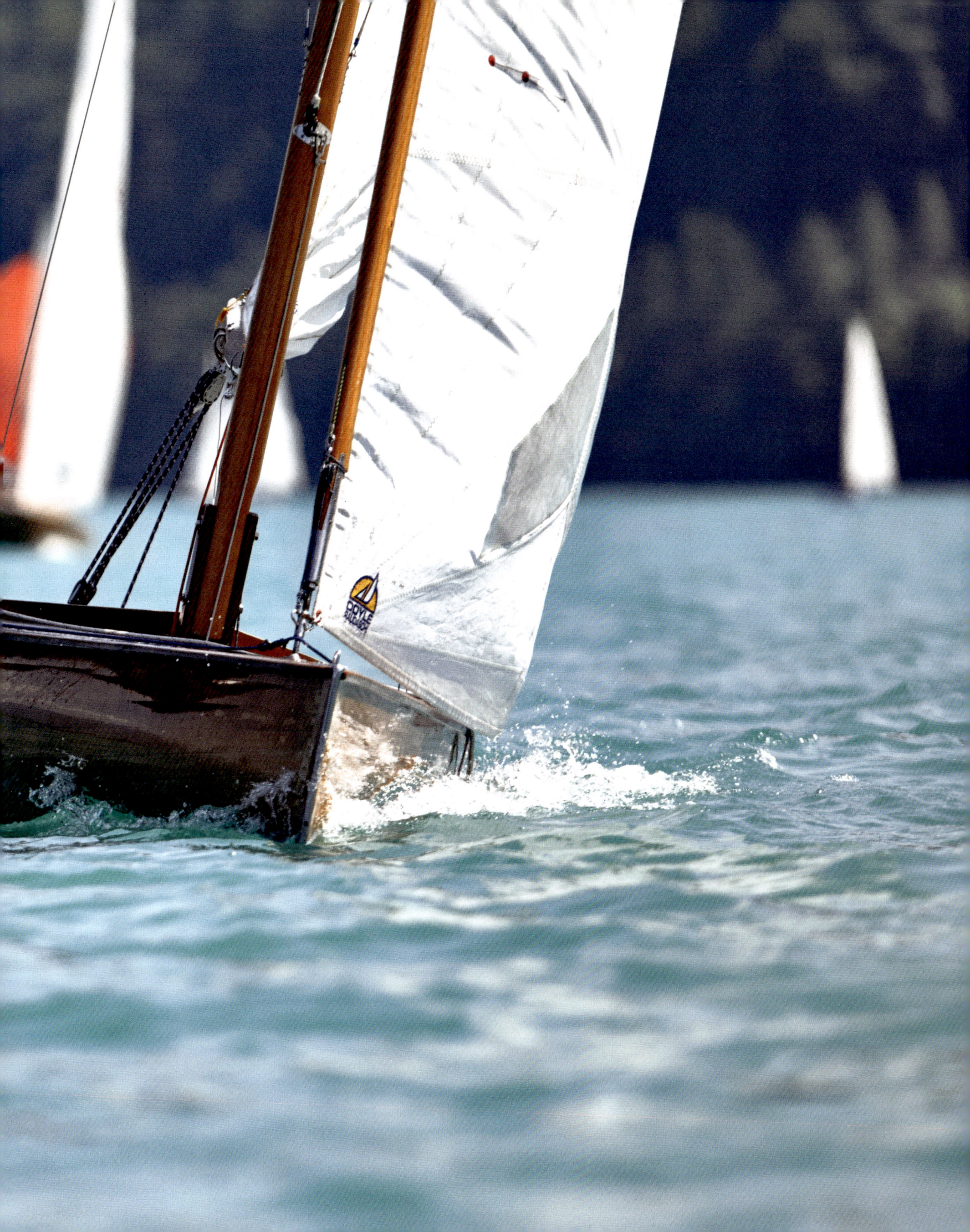
DOYLE

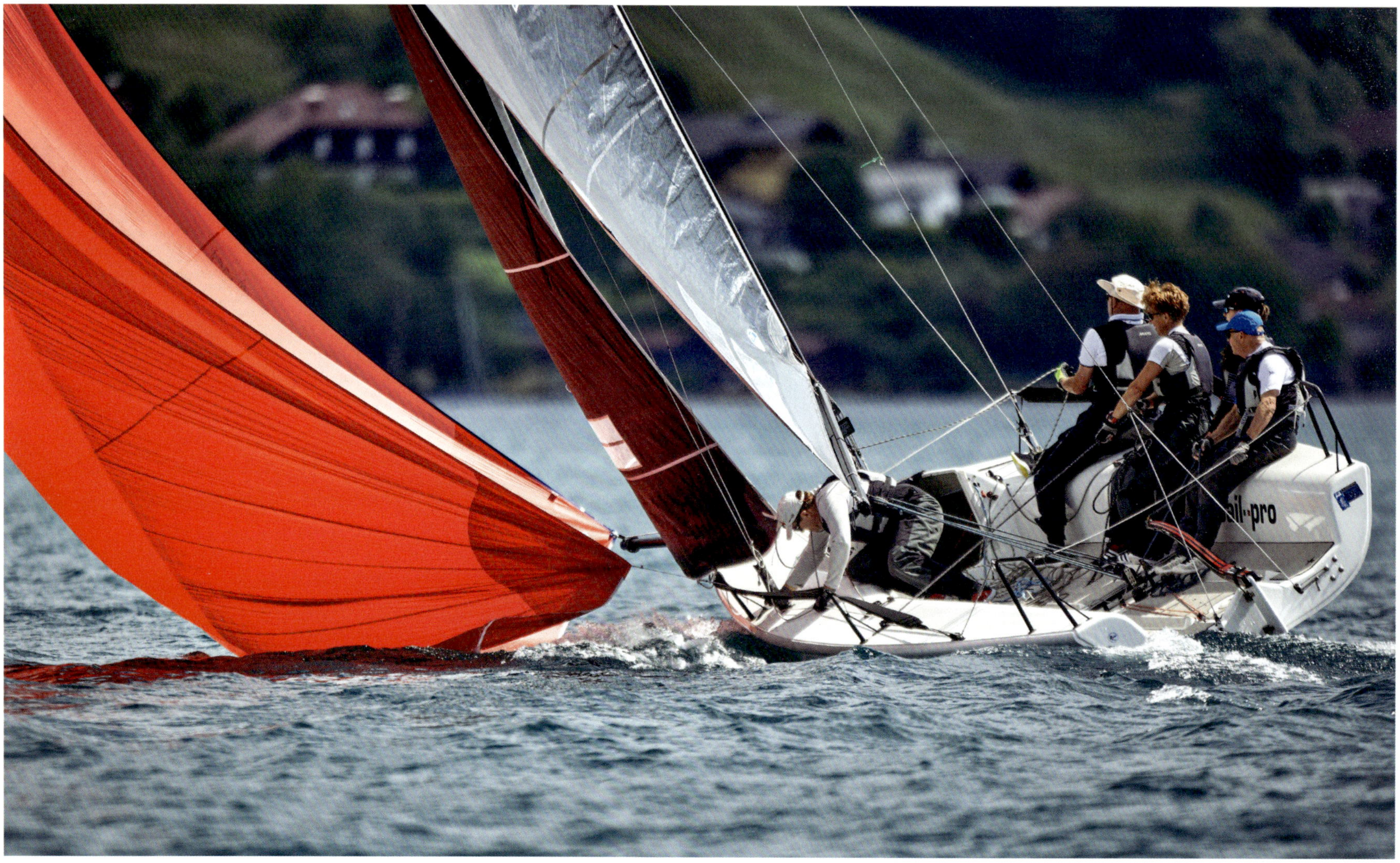

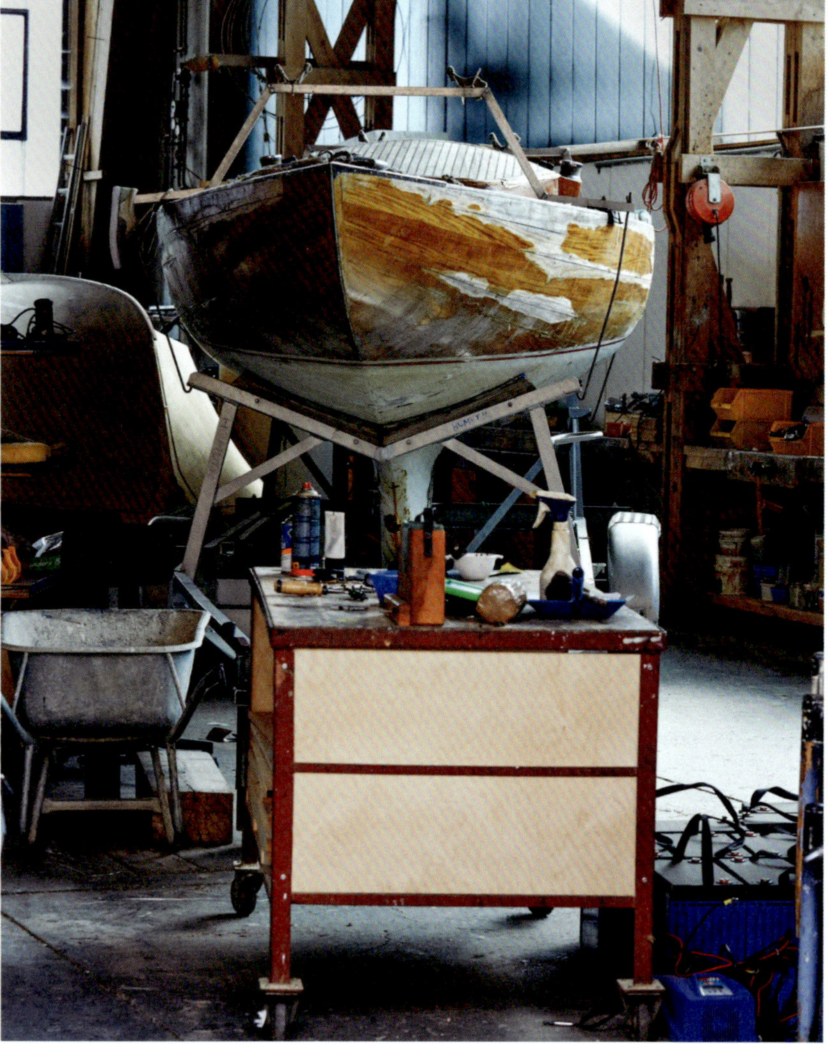

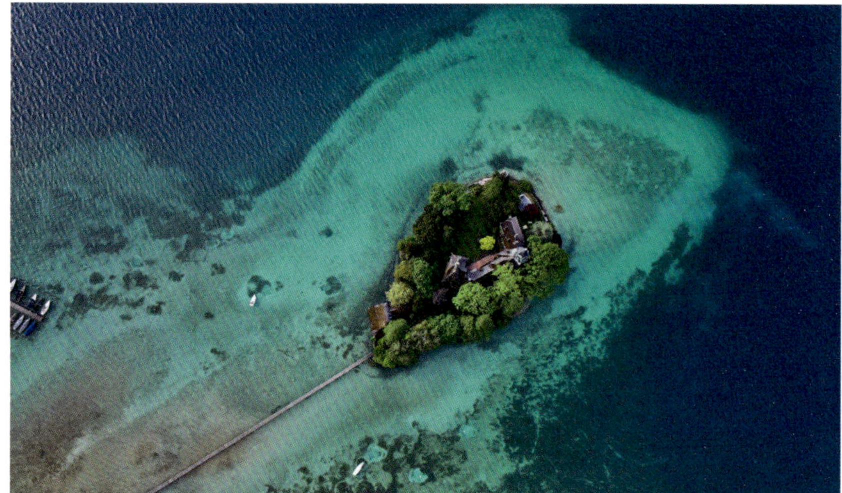

GRÖSSE IST NICHT ALLES

Eine kleine private Insel, zahlreiche Bootshäuser und Yachtclubs, Werften, Häfen und Bojen zum Festmachen säumen den See. Und der »Rosenwind« weht mit 4 Beaufort in den Sommermonaten als zuverlässiger Antrieb für die Segler, Kiter und Surfer. Nächste Doppelseite: Sie geben alles! Crew der Melges-Klasse bei der Rundung der Lee-Tonne am Nordufer vor Seewalchen.

ATTERSEE
VIELFALT AUF 46 KM^2 WASSERFLÄCHE

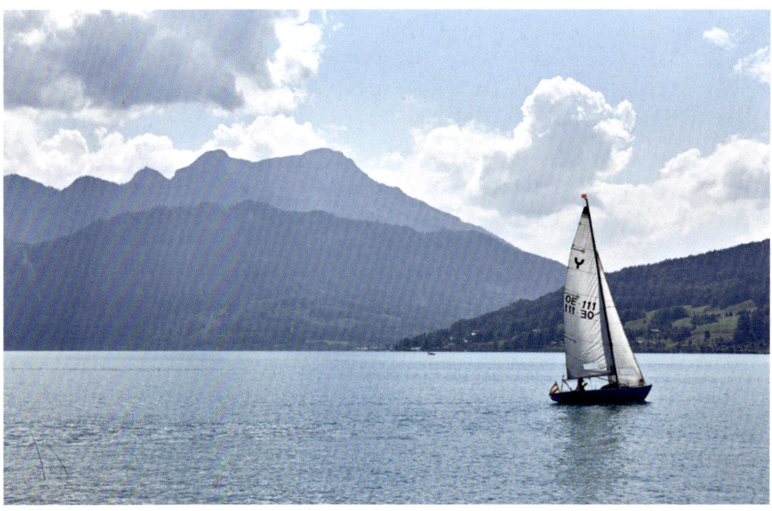

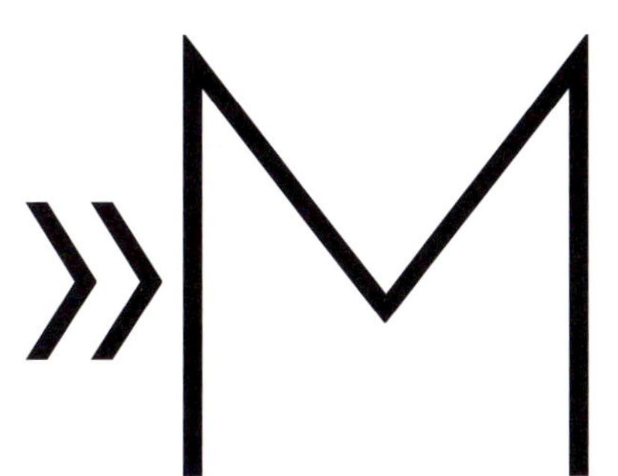

»Mal ist er märchenhaft blau wie Türkis oder Aquamarin, mal abenteuerlich grün wie Smaragd oder Malachit; es ist, als streiche die Hand eines göttlichen Malers unablässig über ihn und vergnüge sich an der Vielfalt farbiger Möglichkeiten.«

Was einem unbekannten Poeten der göttliche Maler ist, ist dem Realisten die Wissenschaft: Erklären lässt sich die tatsächlich außergewöhnlich schöne Farbe des Attersees durch das kaum mit Fremdstoffen vermischte Wasser. Genutzt wird es von Sportlern aller Art: Segler, Surfer & Co. frönen ihrem Hobby am liebsten in Kombination mit dem sommerlichen Rosenwind, der bis zu 6 Windstärken verspricht. Benannt ist er nach den Rosengärten, deren Duft er einst mit sich führte. In den 1970er-Jahren stieg einem allerdings eher das weniger ansprechende Aroma einer Papierfabrik in die Nase. Heute duftet der Rosenwind weitgehend wieder blumig – dem Umweltschutz sei Dank.

Von der »Vielfalt farbiger Möglichkeiten« ließ sich auch der Wiener Jugendstilmaler Gustav Klimt inspirieren, der dem Attersee eng verbunden war und ihn ab 1862 als Refugium für seine Sommerfrische nutzte. Eigentlich bekannt für Allegorien und Damenporträts, schuf er zwischen 1900 und 1917 auch zahlreiche Landschaftsbilder. 26 davon entstanden am Attersee. Wanderweg und wechselnde Ausstellungen zeugen von der engen Verbundenheit und kongenialen Transformation des Sichtbaren durch den Künstler.

Der Attersee hat aber auch unter seiner Oberfläche viel zu bieten. Sein wie oben erwähnt besonders klares Wasser sowie Sichtweiten bis zu 30 Metern machen ihn zu einem der beliebtesten Tauchreviere Österreichs. In Steinbach ist das Zentrum des österreichischen Tauchsportverbands situiert, in Tiefen zwischen fünf und 40 Metern finden sich zwölf Unterwasserplattformen und vier Unterwasserkuppeln, die den Anfängern das Üben erleichtern.

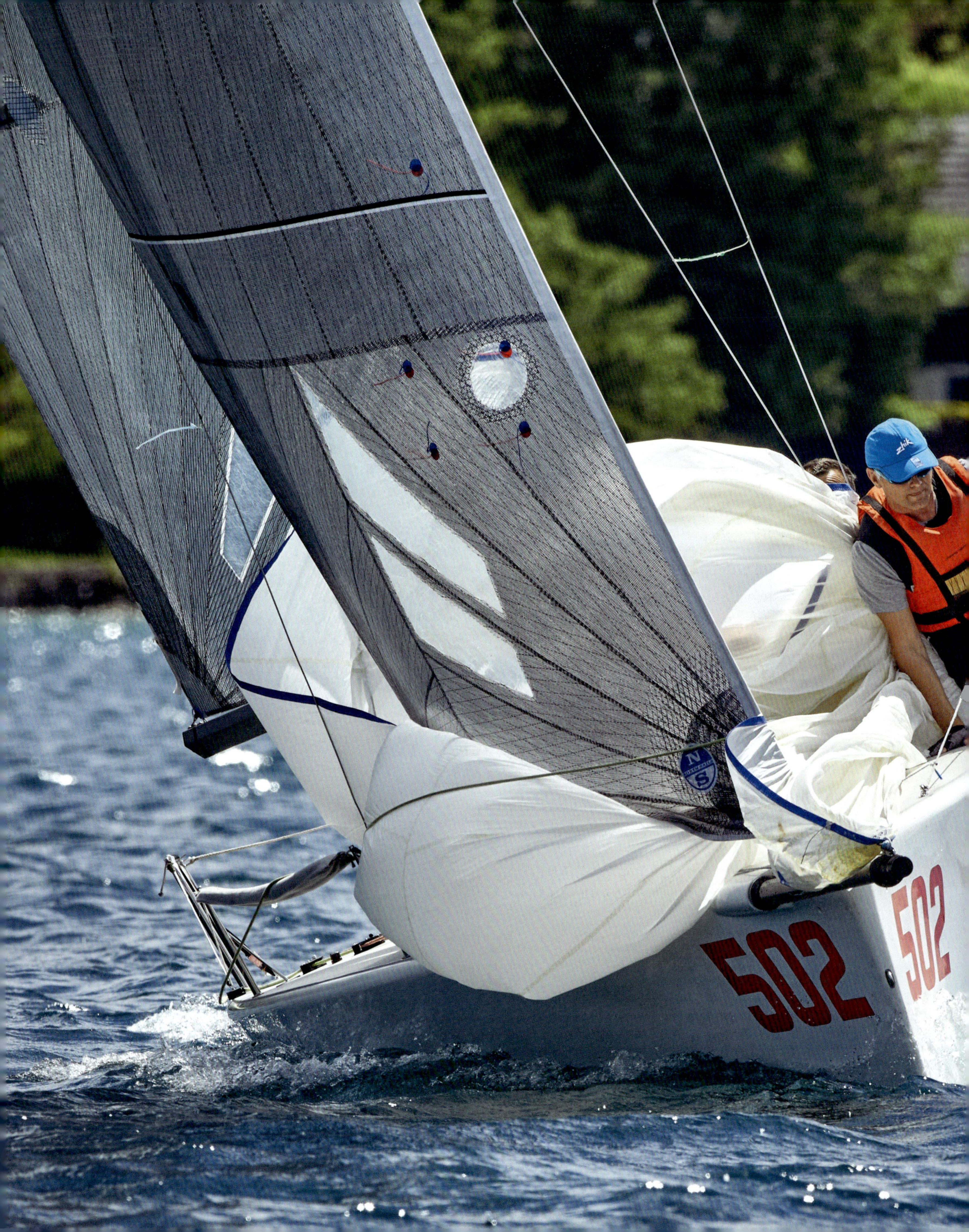
502
502

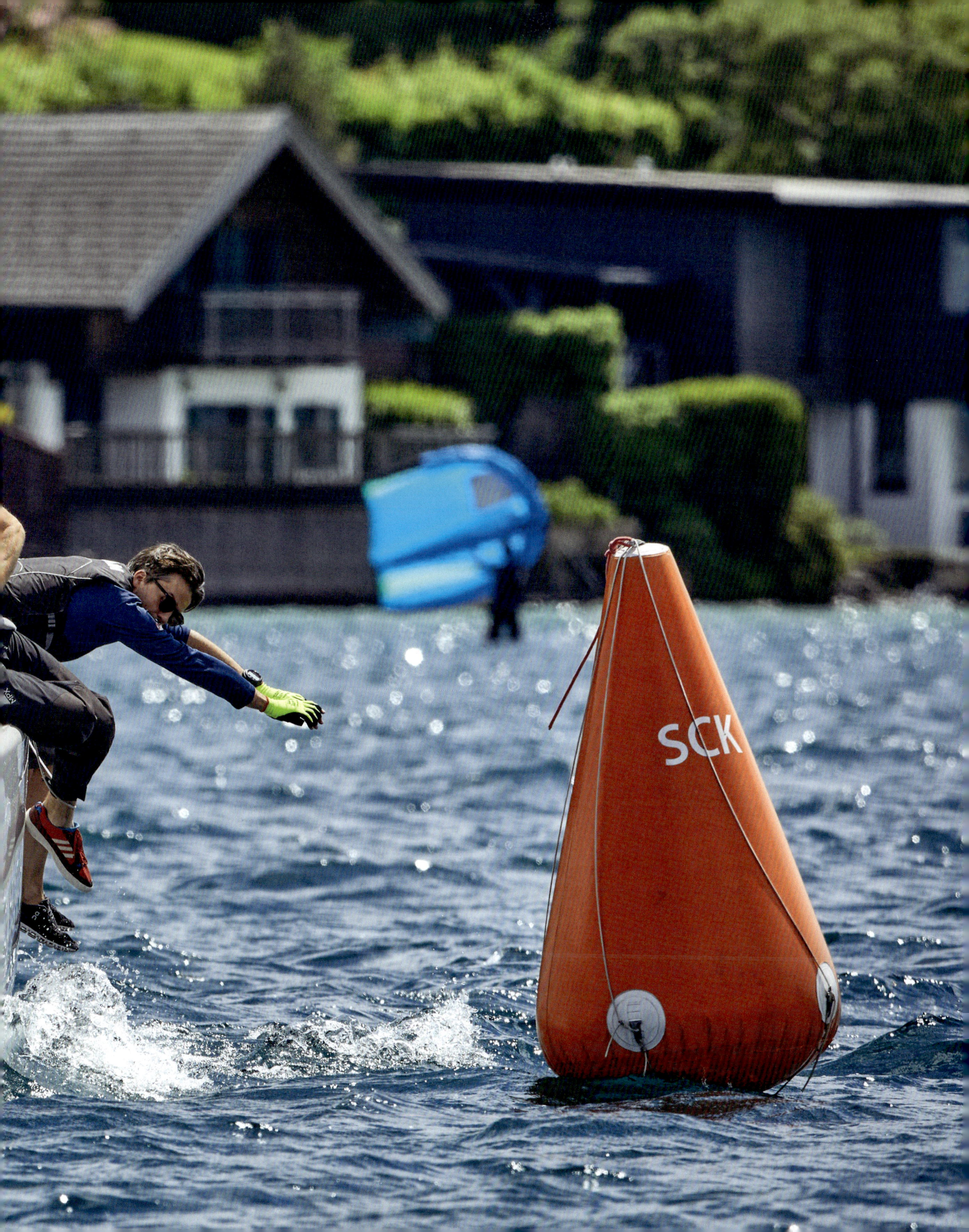
SCK

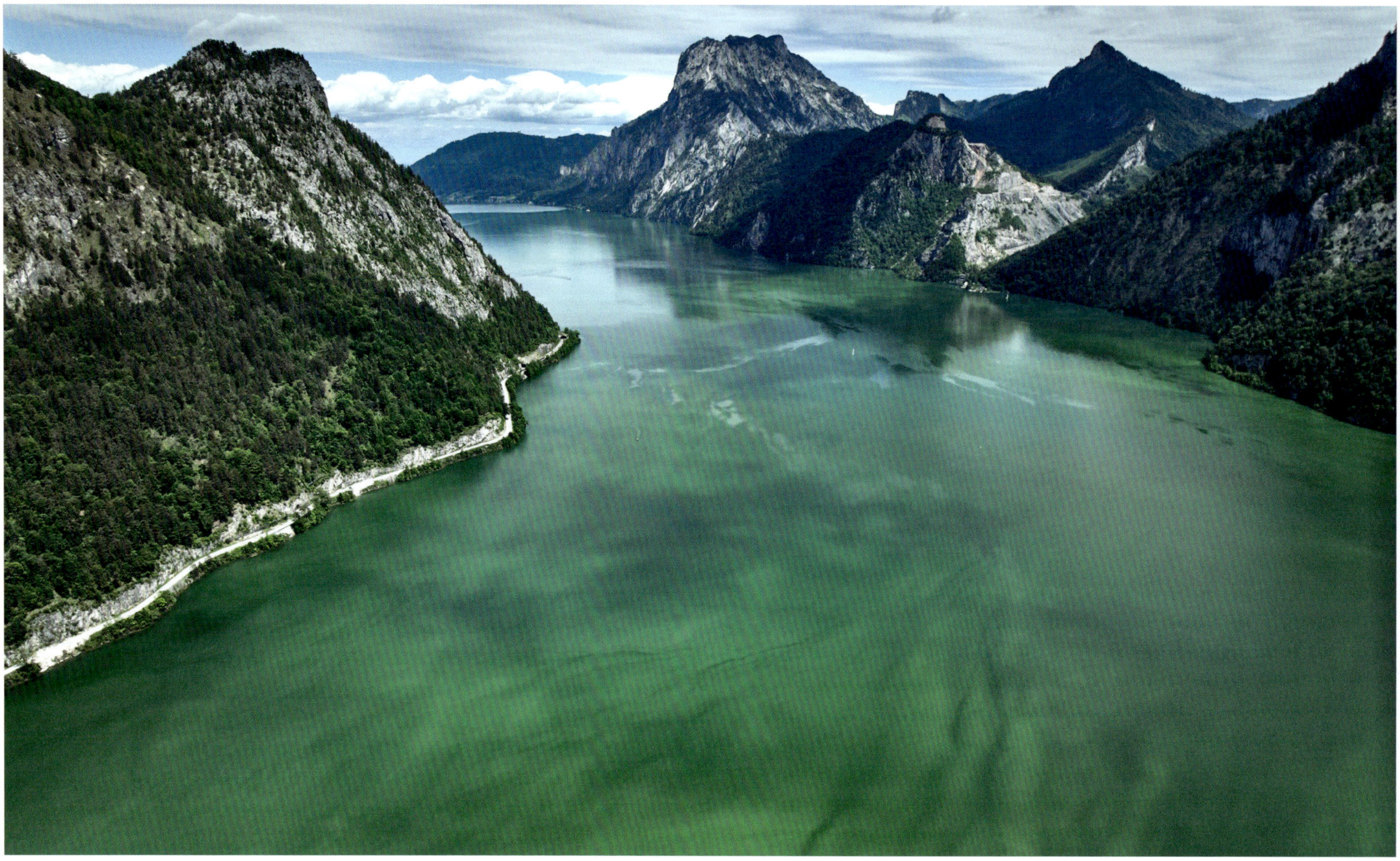

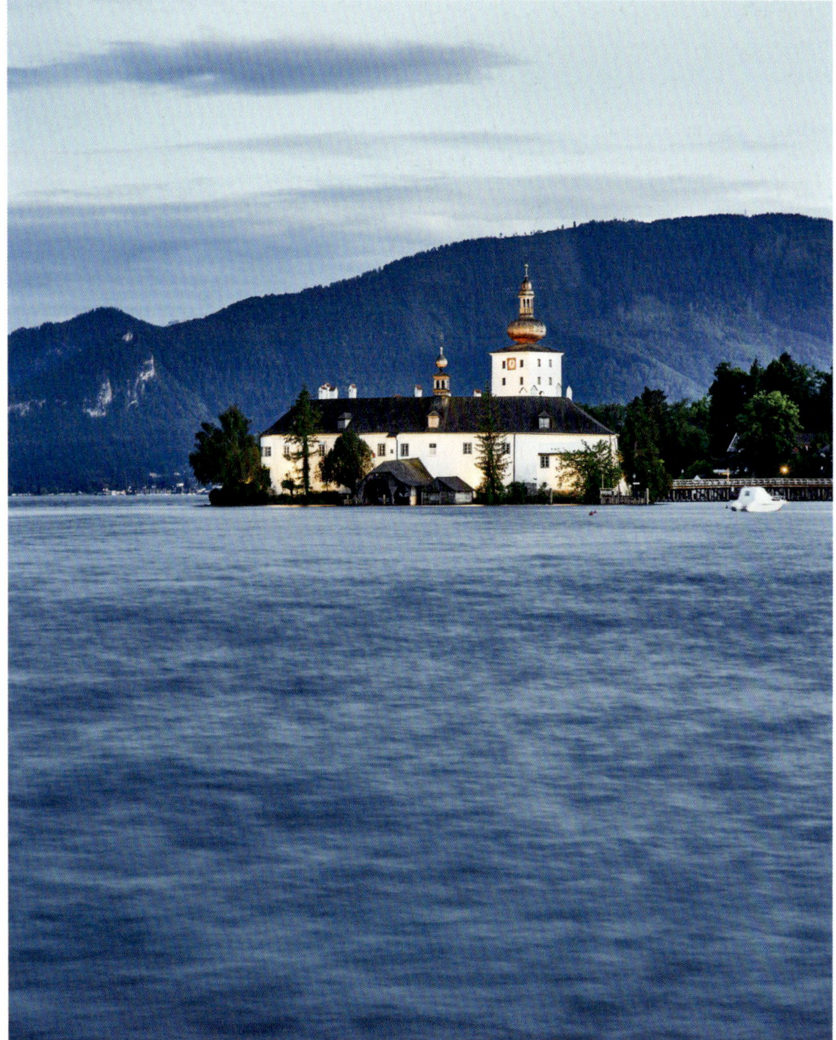

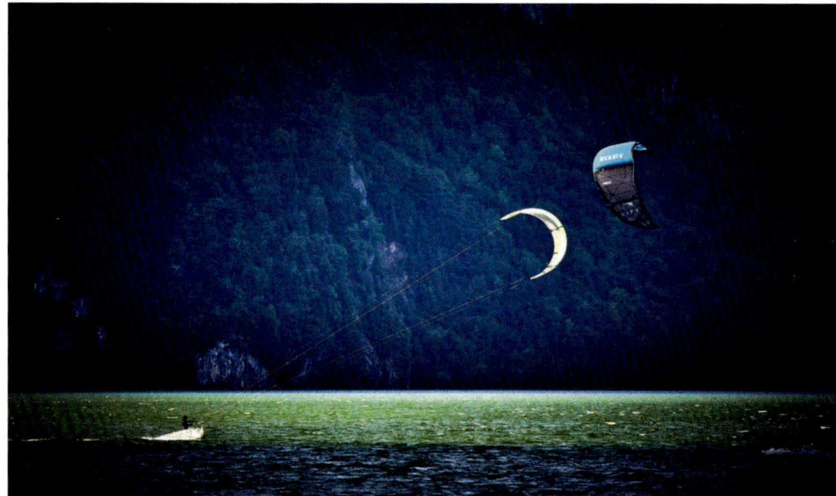

GRÜNER SEE UND STEILE HÄNGE
Die frühmorgendliche Winddüse bringt Kitern und Surfer den erwünschten Adrenalin-Kick (oben). Bis mittags ist dann meist erst mal Flaute. Links: Schloss Ort bei Gmunden im Abendlicht.

TRAUNSEE
DER FJORD FÜR WASSERSPORTLER

Zufriedenheit stellt sich ein, wenn Erwartungen erfüllt werden. Wasser, Wind, an Land ein bisschen nettes Drumherum, das reicht den Wassersportlern und findet sich an vielen Alpenseen.

Glücklich ist, wer seine Erwartungen übertroffen sieht – haben die alten Römer den Traunsee deshalb *Lacus Felix*, also den glücklichen See genannt? Er ist mit maximal 191 und durchschnittlich 91 Metern der tiefste See in Österreich, wird vom 1.691 Meter hohen Traunstein spektakulär bewacht und ist Schauplatz der seit 2003 ausgetragenen Traunseewoche, die als größte Binnensegelveranstaltung Europas gilt und die Region sowohl sportlich wie auch wirtschaftlich befeuert. Superstars wie die Britin Ellen MacArthur, der Neuseeländer Russell Coutts oder der US-Amerikaner Larry Ellison waren im Rahmen dieses Events bereits zu Gast, genossen den Ober- und Niederwind, der in seinen besten Phasen an die Thermik am Gardasee erinnert, und spazierten nach den Wettfahrten durch das entzückende, an der Nordspitze des Sees gelegene Städtchen Gmunden. Schon in der Keltenzeit als Siedlungsort genutzt, war Gmunden ab dem 11. Jahrhundert ein wichtiger Umschlagplatz für den Salzhandel. Später kamen wohlhabende Bürger und Adelige hierher zur Sommerfrische. Weit über die Grenzen hinaus bekannt ist Gmunden für die gleichnamige Keramik, die hier seit 1492 gefertigt wird und für beste österreichische Tischkultur steht. Verliebte verbinden mit Gmunden vor allem das auf einem Inselchen stehende und mit dem Festland per Brücke verbundene Schloss Ort. Es ist nämlich nicht nur ein markanter Orientierungspunkt für all jene, die sich über das Wasser bewegen, sondern vor allem eine überaus romantische Hochzeitslocation.

Vom Wasser aus hat die in Gmunden angesiedelte Bootswerft Frauscher die Welt erobert: In dem 1927 gegründeten und heute in dritter bzw. vierter Generation geführten Familienbetrieb wurden zunächst Segel- und Motorboote für Binnengewässer gebaut, wobei man sich speziell im Bereich der Elektromobilität früh einen Namen machte. Anfang des neuen Jahrtausends erschloss man mit außergewöhnlich designten, fast 14 Meter langen Flaggschiffen den Markt am Meer, und so sind Frauscher-Modelle mittlerweile nicht nur in ganz Österreich, sondern auch auf Mallorca oder in Miami anzutreffen.

Und wer den Traunsee nicht per Frauscher-Boot entdecken kann, checkt einfach auf der GISELA ein: Das 1871 erbaute, 52 Meter lange Schiff ist der älteste Schaufelraddampfer der Welt und damit eine unter Denkmalschutz stehende Rarität. Seine oszillierende Zweizylinder-Verbunddampfmaschine – Technikerinnen und Techniker nicken jetzt wohlwollend – wurde 1870 in Prag gebaut, die Feuerung 1993 von Kohle auf Heizöl umgerüstet. Seinerzeit brachte die GISELA den österreichischen Kaiser Franz Joseph und seine Familie mangels Straßenverbindung in die Sommerresidenz, heute wird sie von Ausflüglern und Touristen für eine Rundfahrt ab Gmunden genutzt.

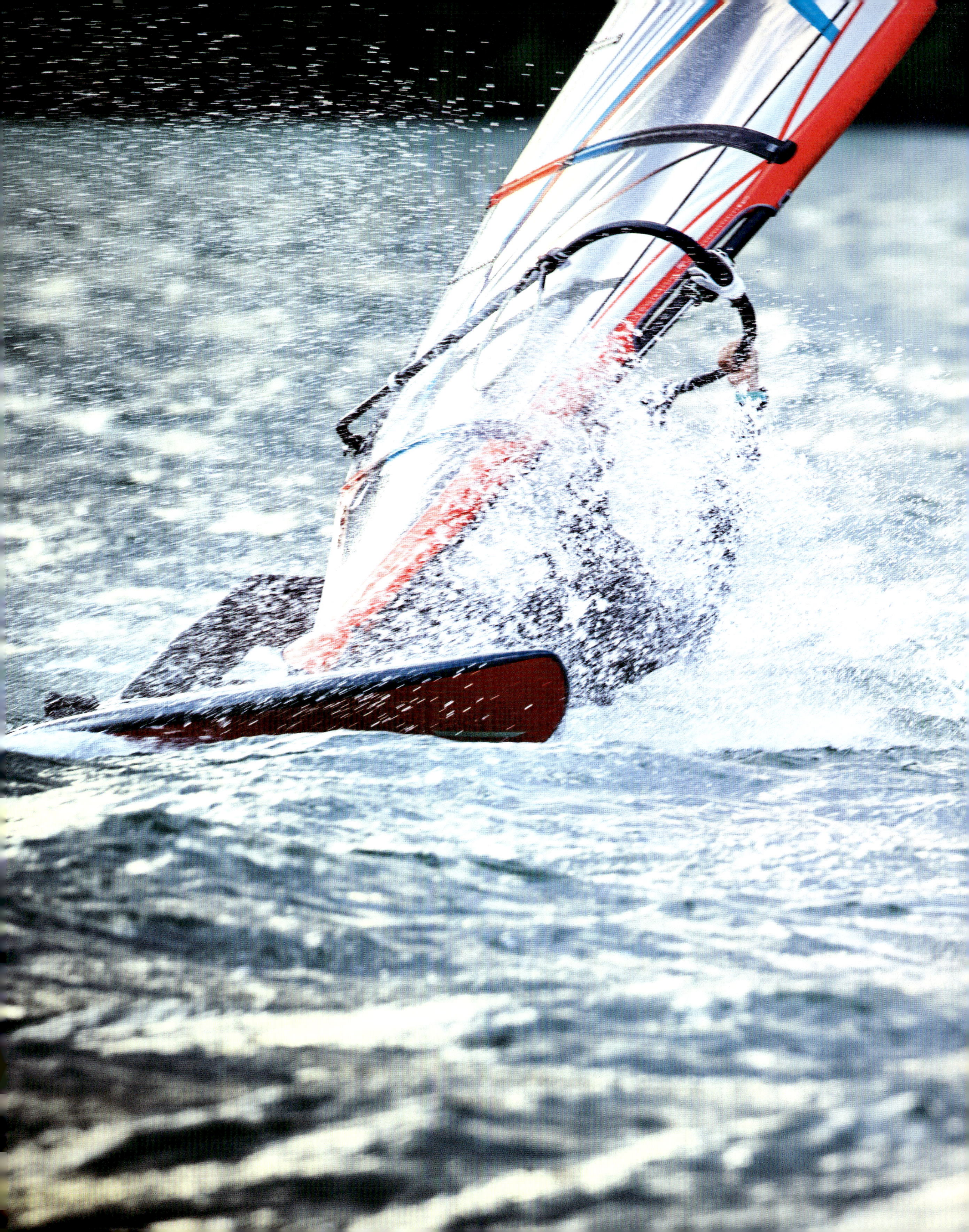

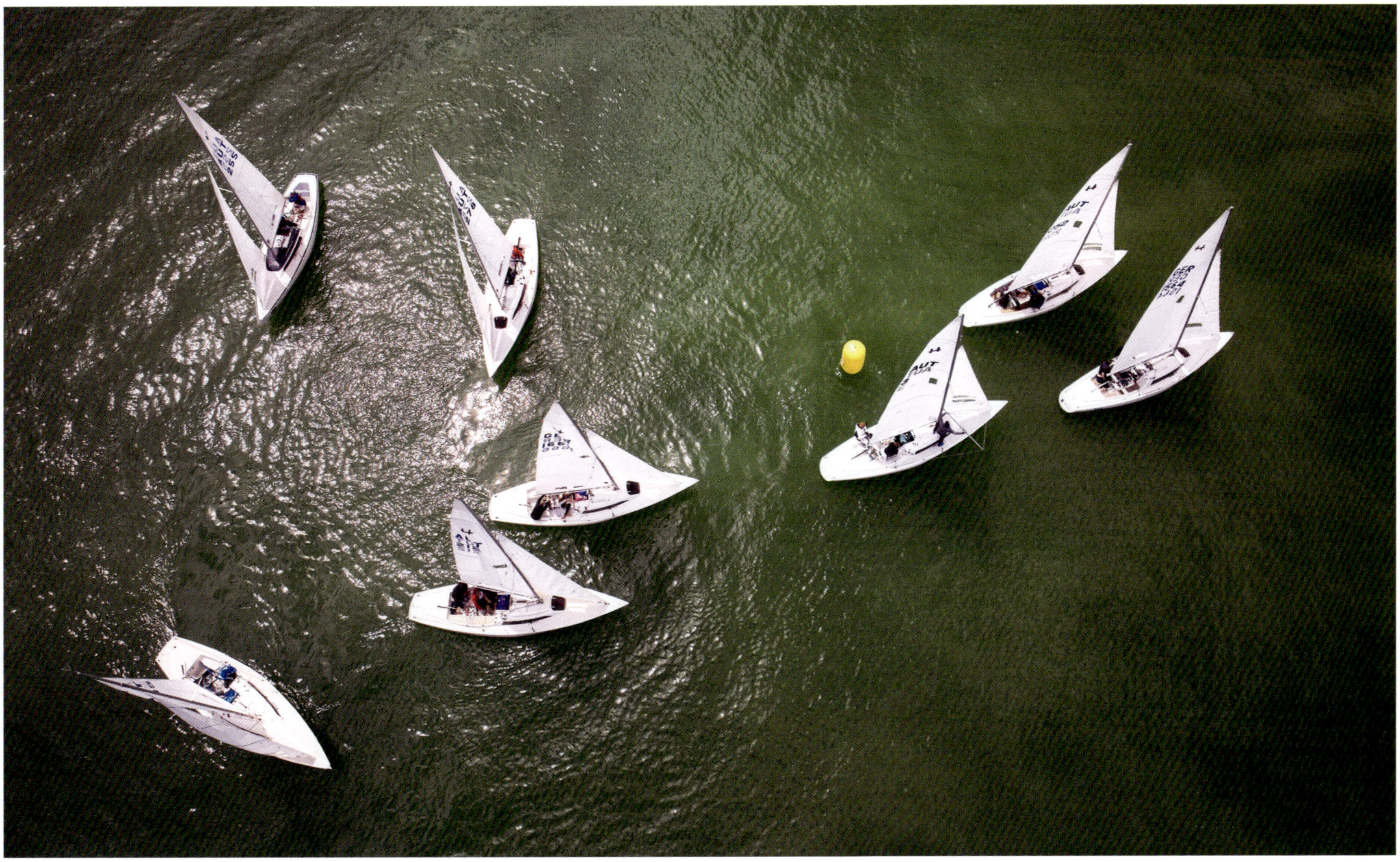

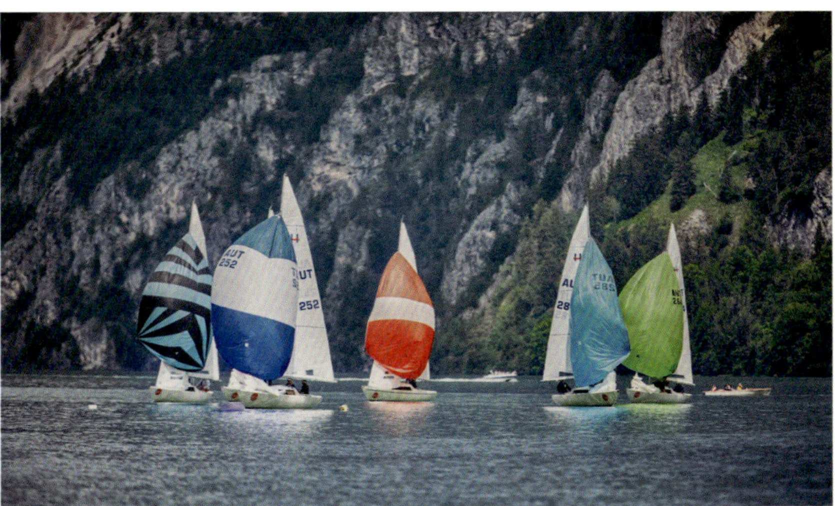

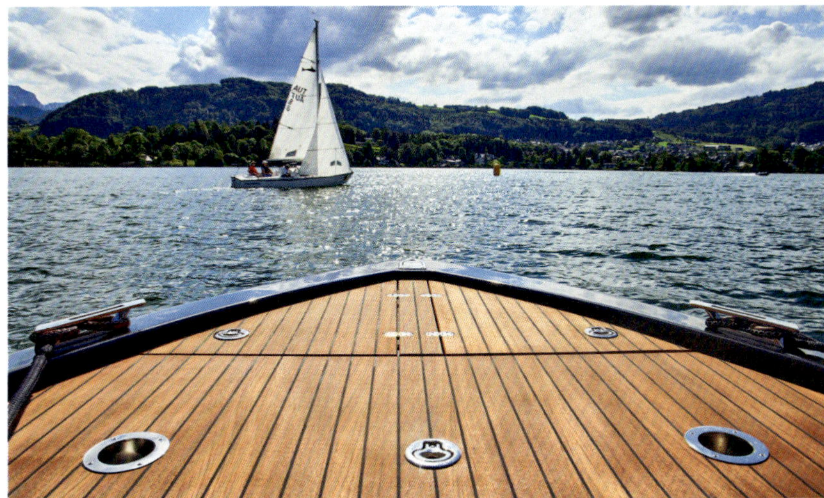

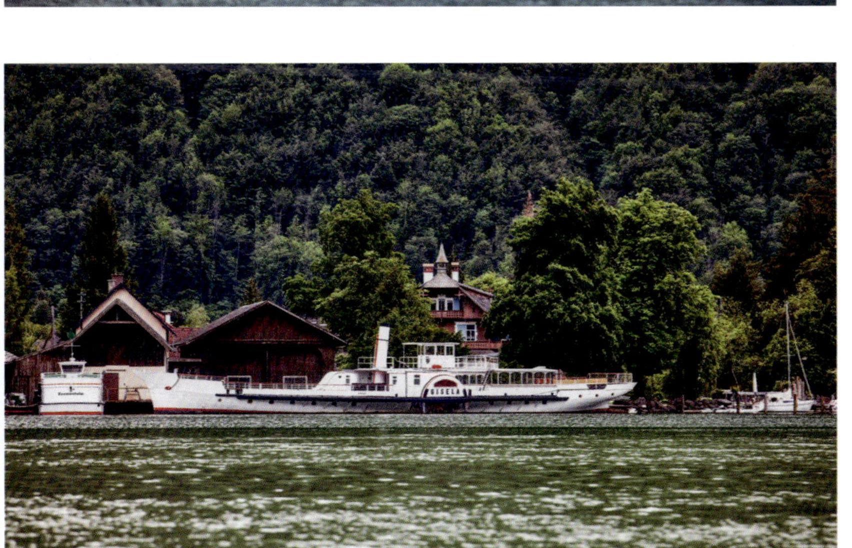

REGATTA ÜBER DEM ABGRUND

Die Traunseewoche lockt jedes Jahr im Frühsommer Hunderte Segler auf den tiefsten See der Alpenrepublik. Dabei kommen auch traditionell viele H-Boote. Einige von ihnen wurden einstmals bei der am See ansässigen renommierten Frauscher-Werft in Gmunden auf Kiel gelegt, jetzt berühmt für edle Motorboote.

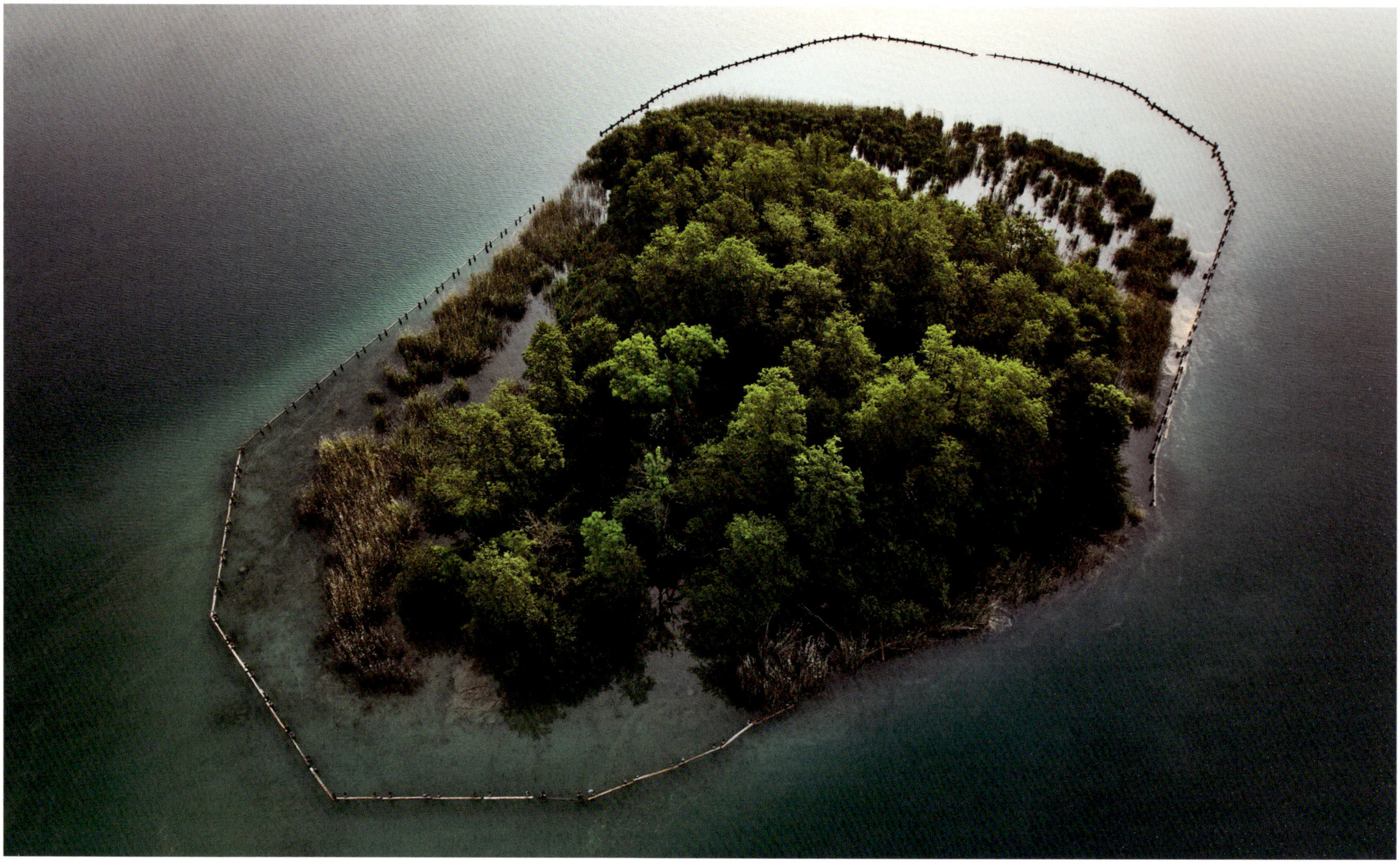

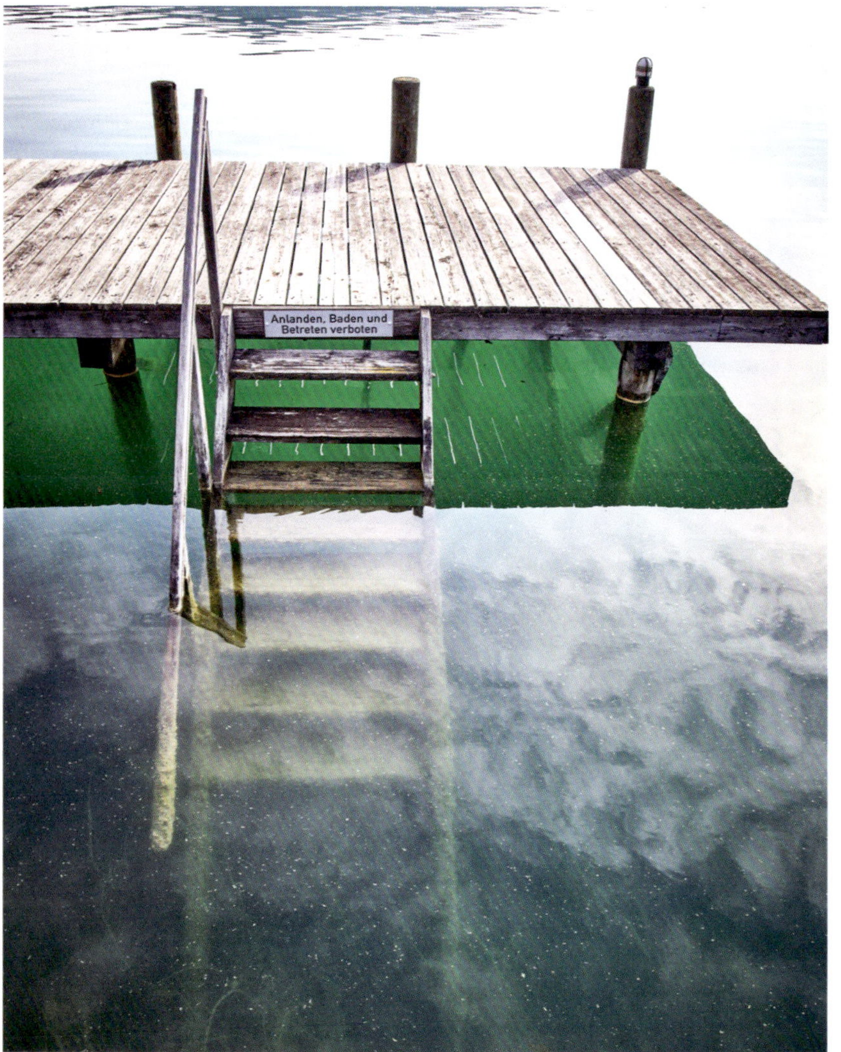

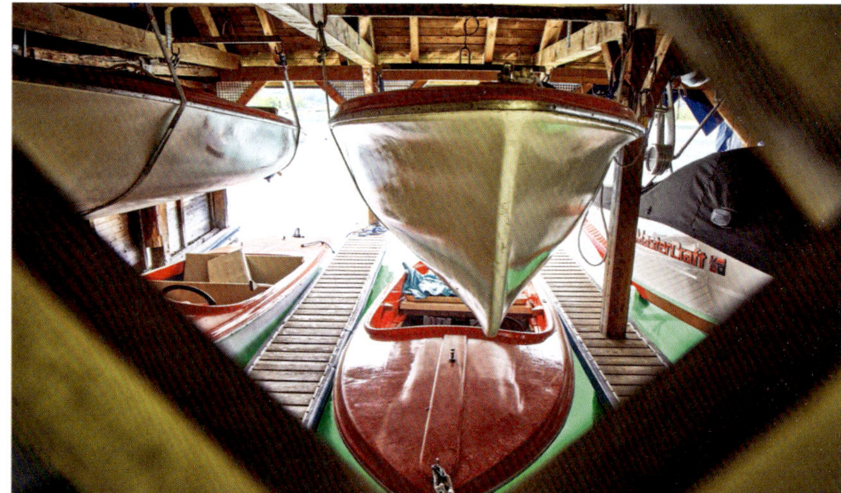

WARMWASSERPOOL MIT BERGIDYLLE

Weniger als Segelhotspot denn als Ort der Erholung, Inspiration und zum Feiern präsentiert sich der idyllische See. Doch zu viele Besucher schaden dem sensiblen Ökosystem, einige Uferzonen sind deshalb vor dem menschlichen Bewegungsdrang geschützt.

WÖRTHERSEE
STILLE WASSER, LAUE NÄCHTE, GROSSE FESTE

Stolz und strahlend liegt er da, in jener Senke des Mittelkärntner Berglandes, die er vor Jahrtausenden für sich erobert hat. Glasklares Wasser oszilliert zwischen Kobalt und Türkis – ein Stück Karibik unter den Karawanken. Am Südufer dichter, gesunder Wald, dahinter schroffe Kalkfelsen. Noble Ruhe, wobei die Betonung auf nobel liegt. Schwerreiche Familien wie Horten, Flick oder Porsche ziehen sich hier in ihre prunkvollen Parkanlagen und luxuriösen Villen zurück, wenn sie den Mühen des Milliardär-Daseins entfliehen und ganz für sich sein wollen, in den dazugehörigen Bootshäusern warten Boesch, Pedrazzini & Co. auf eine Ausfahrt.

Im Norden, wo sich die Ausläufer der Ossiacher Tauern wie kunstvoll bemalte Kulissen hintereinander staffeln, erlebt man das Kontrastprogramm. Laut, lustbetont, lebensfroh. Im Sommer wohlgemerkt, denn abseits der Saison heißt das Motto eher Provinz statt Prominenz, aber mit den Temperaturen steigt zwischen Pörtschach und Velden auch die Jetset-Dichte. Dann ist Party bis zum Morgengrauen angesagt, die Schickeria gibt sich ein Stelldichein und lässt sich dabei nur zu gern fotografieren. Ein Prinzip, das seit über 200 Jahren funktioniert. Schon im 19. Jahrhundert war der Wörthersee Refugium für gut situierte Erholungssuchende, Treffpunkt für die europäische Aristokratie sowie Stars aus Kunst und Kultur. Nur dass damals nicht Schlagersänger oder Schauspielerinnen anreisten und vor Ort angehimmelt wurden, sondern Alban Berg, Johannes Brahms oder Gustav Mahler. Letzterer soll übrigens gesagt haben: »Am Wörthersee komponiert man nicht, man wird komponiert.« Mahlers Villa, die am steilen Südufer zwischen Wald und See erbaut wurde und als typisches Beispiel der sogenannten Wörthersee-Architektur gilt (einem eigenwilligen, mit regionalen Elementen versehenen Mix aus Jugendstil, Barock und englischem Landhaus), ist bis heute erhalten und lässt sich am besten vom Wasser aus entdecken.

In der Regattaszene wird der Wörthersee eher geächtet als geachtet: Zum Um-die-Wette-Segeln gibt es in den Alpen mit Sicherheit bessere Reviere, mit verlässlicherem Wind, mehr Fläche oder beidem. Genießer und Gourmets sind im Süden Österreichs hingegen bestens aufgehoben. Die Vielfalt und Fülle an attraktiven Restaurants und Bars, die man am Wörthersee unter Segeln oder per Motorboot anlaufen kann, ist einzigartig, wobei sich der Bogen von mondän bis modern, von gutbürgerlich bis ultraschick spannt.

3

BERG SE(H)EN

WEIT ÜBER NORMALNULL – DIE SCHWEIZER SEEN ZWISCHEN GENF UND BODENSEE

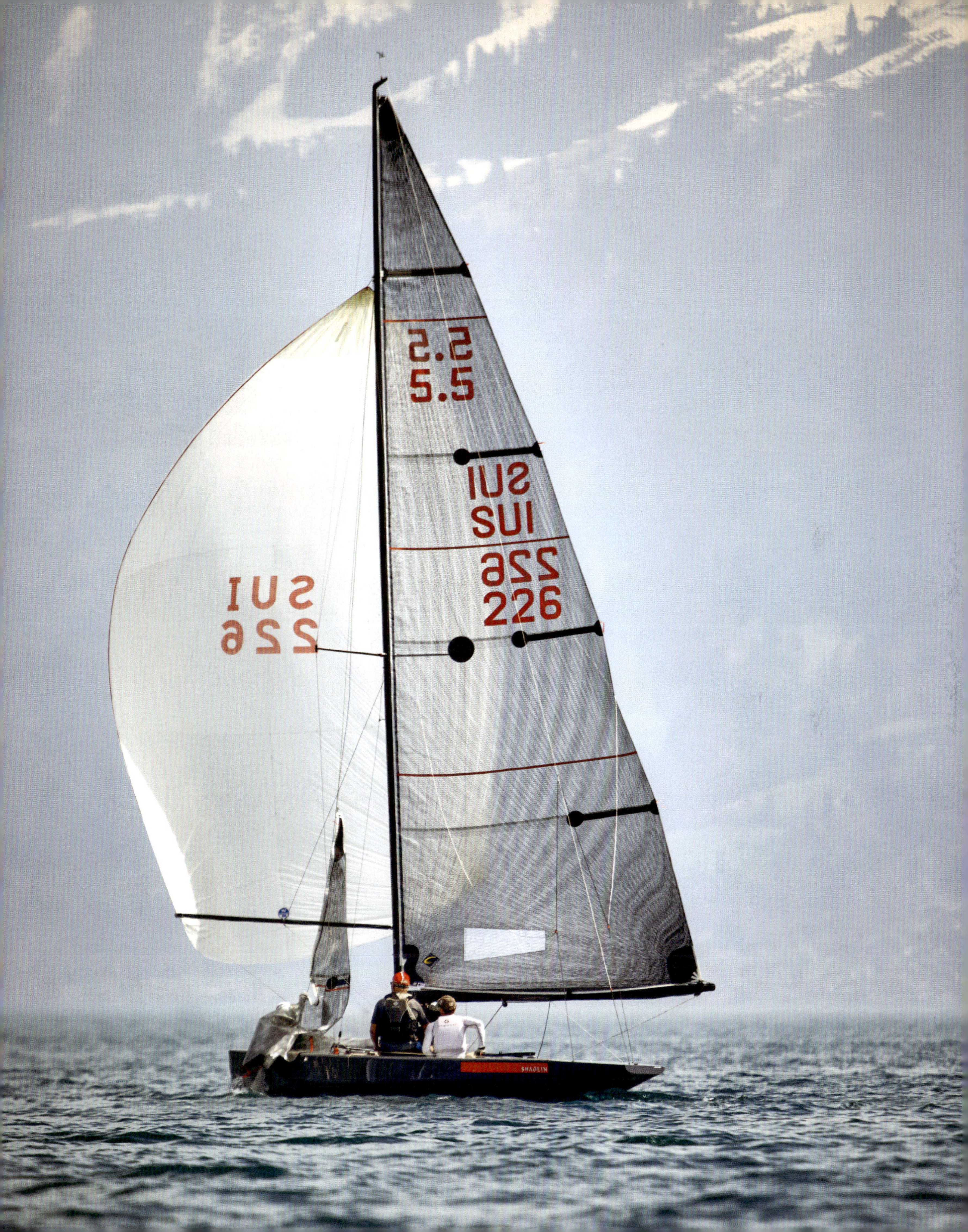
5.5
SUI
226
SUI
226
SHAOLIN

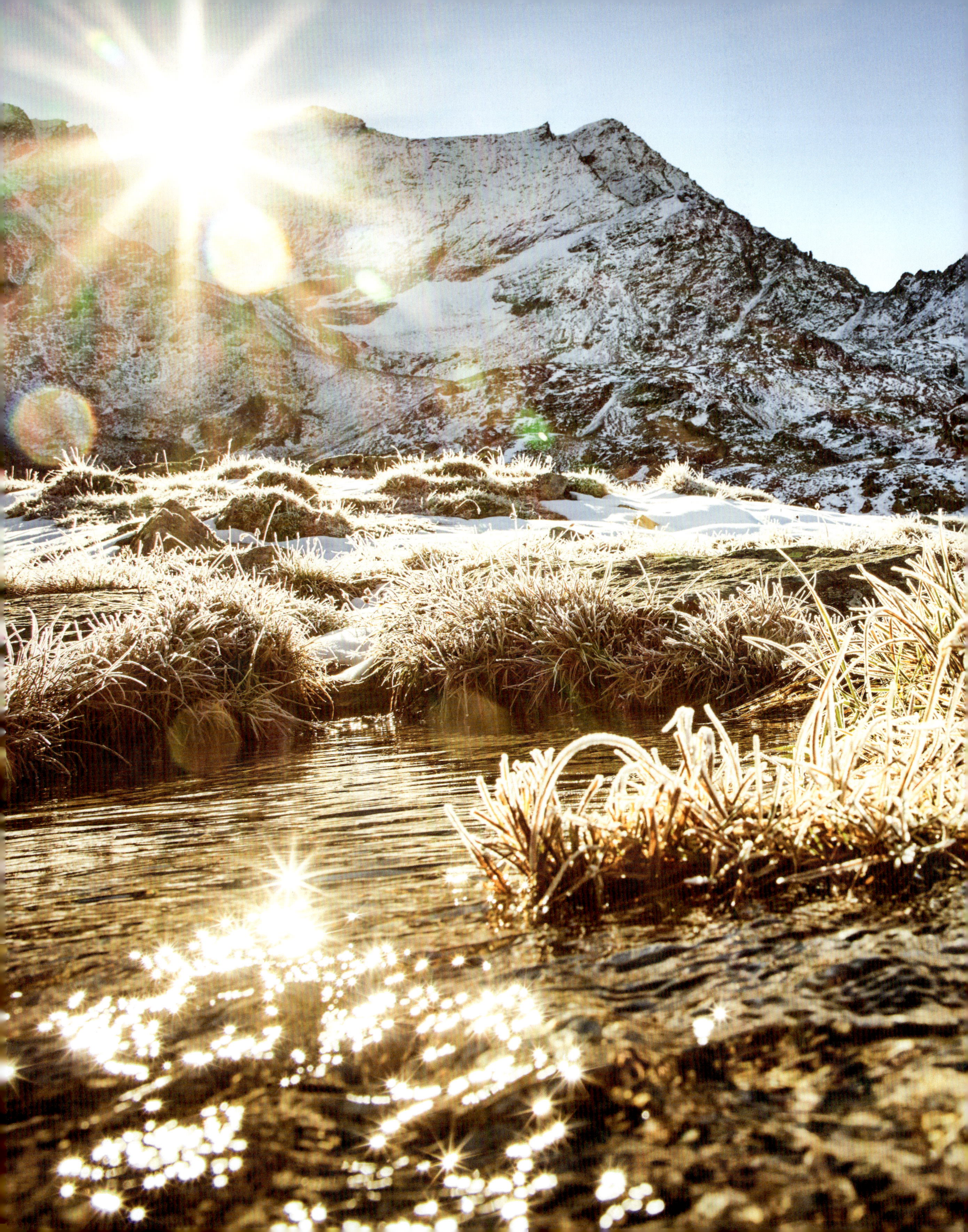

DEM HIMMEL NAH – DER WELT ENTRÜCKT
DIE SCHWEIZER ALPENSEEN

Wer Schweiz hört, denkt gern in Klischees. Hohe Gipfel, gutes Geld. Feinste Schokolade, geschmolzener, geruchsintensiver Käse. Präzise Uhren und ebensolche Messer. Saftige Almen, auf denen ein tapferes kleines Mädchen mit Ziegen Freundschaft schließt. An Wind und Wasser denkt man eher nicht, an Küsten und hohe See schon gar nicht. Gibt es schließlich nicht. Und doch ist ausgerechnet die Schweiz das einzige europäische Land, das den berühmtesten Pokal des Segelsports und zugleich die älteste Sporttrophäe der Welt beherbergen durfte; über die erstaunliche Beziehung zwischen der Schweiz und dem America's Cup wird später noch ausführlich zu lesen sein. Mindestens ebenso erstaunlich ist, dass das kleine, bergige Binnenland Hochseeskipper von großem Format hervorgebracht hat, die auf den größten internationalen Bühnen bemerkenswerte Erfolge feierten und Siege bei den wichtigsten Events einfuhren.

Erlernt – und das ist wirklich besonders bemerkenswert – haben diese Protagonisten das Segeln in ihrer Heimat, dabei bietet sie doch insgesamt nur drei Prozent ihrer Fläche dem offenen Wasser. Etwa 1.480 Seen liegen auf Schweizer Territorium, manche sind nicht einmal zehn Hektar groß, andere erstrecken sich über eine Fläche von mehr als 570 Quadratkilometern. Jene im Alpenraum – und das sind bei Weitem die meisten – sind in der letzten Eiszeit entstanden und hängen eng mit dem Phänomen der Gletscher zusammen. Diese modellierten vor rund 20.000 Jahren kesselförmige Vertiefungen in den Fels, als Reibematerial dienten mitgeführte Steine, Kies und Sand, als Schmiermittel Schmelz- oder Quellwasser. Die auf diese Weise gebildeten Mulden füllten sich nach und nach mit Wasser – fertig waren die Seen.

Fertig war damit auch die Spielwiese für Fehlmann, Bourgnon & Co., also Menschen, die sich in die Annalen des Hochseesegelsports eingeschrieben haben. Pierre Fehlmann, der aus Morges, einer Kleinstadt am Genfersee, stammt, gewann 1986 mit einer Crew aus mehrheitlich jungen Landsleuten das legendäre Whitbread Race, das in Etappen um die Welt führte. Bernard Stamm, der eigentlich Holzfäller hätte werden sollen, stellte 2001 einen Rekord für die schnellste Atlantiküberquerung auf und fuhr 2015 bei dem für Zweier-Teams ausgeschriebenen Barcelona World Race als Erster über die Linie. Eine lange Liste an Erfolgen kann Laurent Bourgnon vorweisen, der in Neuchâtel am gleichnamigen See aufwuchs. Er gewann zahlreiche Hochseeregatten, darunter das Solitaire du Figaro, die Transat Jacques Vabre oder die Route du Rhum, und stellte mehrere Bestzeiten auf. Bei seinen Segelabenteuern kam er immer mit heiler Haut davon, zum Verhängnis wurde ihm hingegen ein anderer Wassersport: Laurent Bourgnon kehrte im Juni 2015 von einem Solo-Tauchgang in Französisch-Polynesien nicht zurück und gilt seither als vermisst.

Zur Freizeitgestaltung bewusst genutzt wurden die Alpenseen erst ab dem 19. Jahrhundert, besiedelt hingegen bereits in prähistorischer Zeit. Aus gutem Grund: Die Gewässer waren sehr fischreich, das umgebende Ufergelände hielt Böden bereit, die sich für den Ackerbau nutzen ließen, Waren und Güter konnten per Boot relativ einfach transportiert werden. Frühe Siedlungsspuren datieren aus der Mittelsteinzeit, also aus dem Zeitraum von 9000 bis 5500 v. Chr., später entstanden an den Ufern regelrechte Dörfer, in denen sich niedrige Bauten aneinanderdrängten. Auch die Römer errichteten ihre Kolonien und

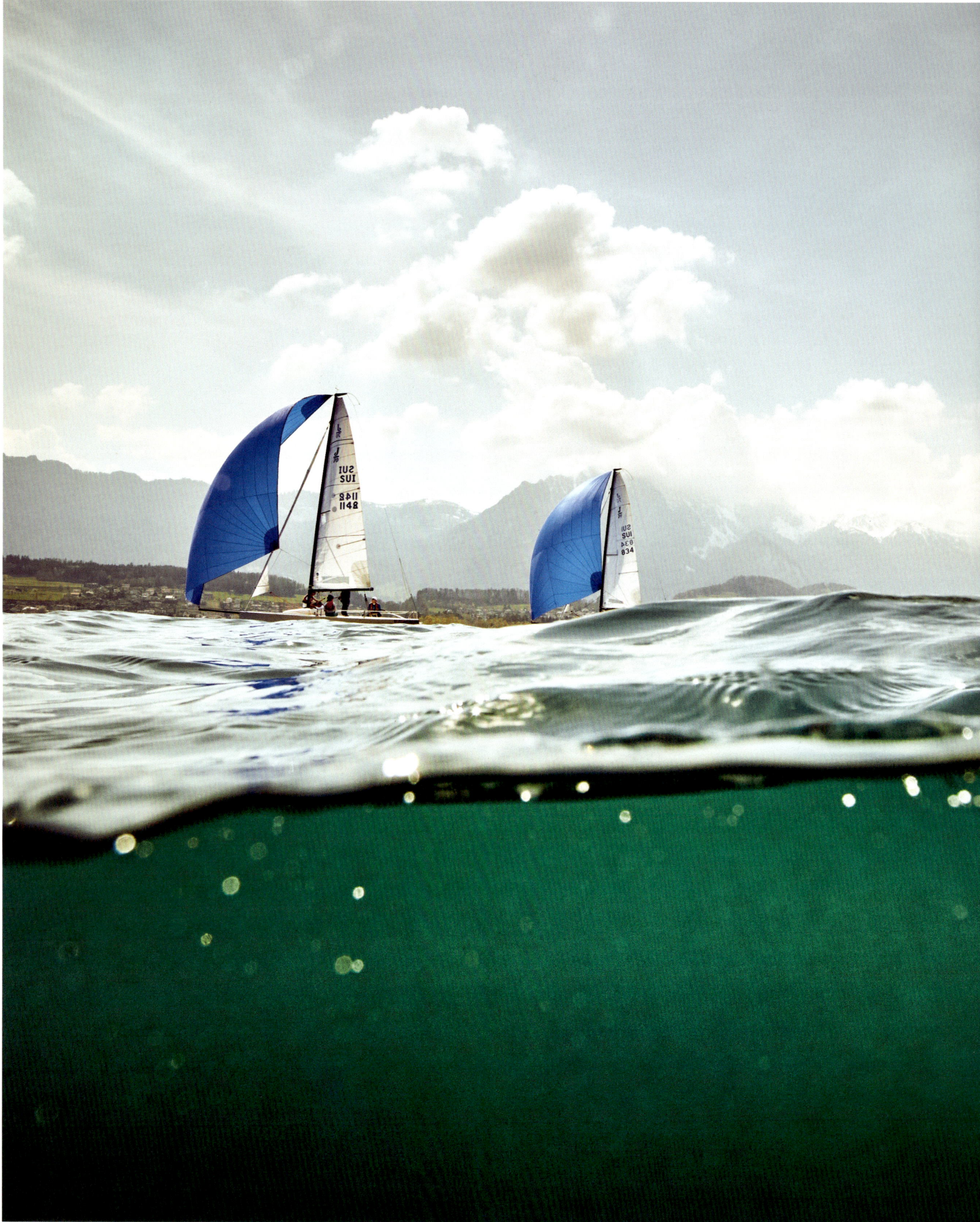
SUI
1148
SUI
834

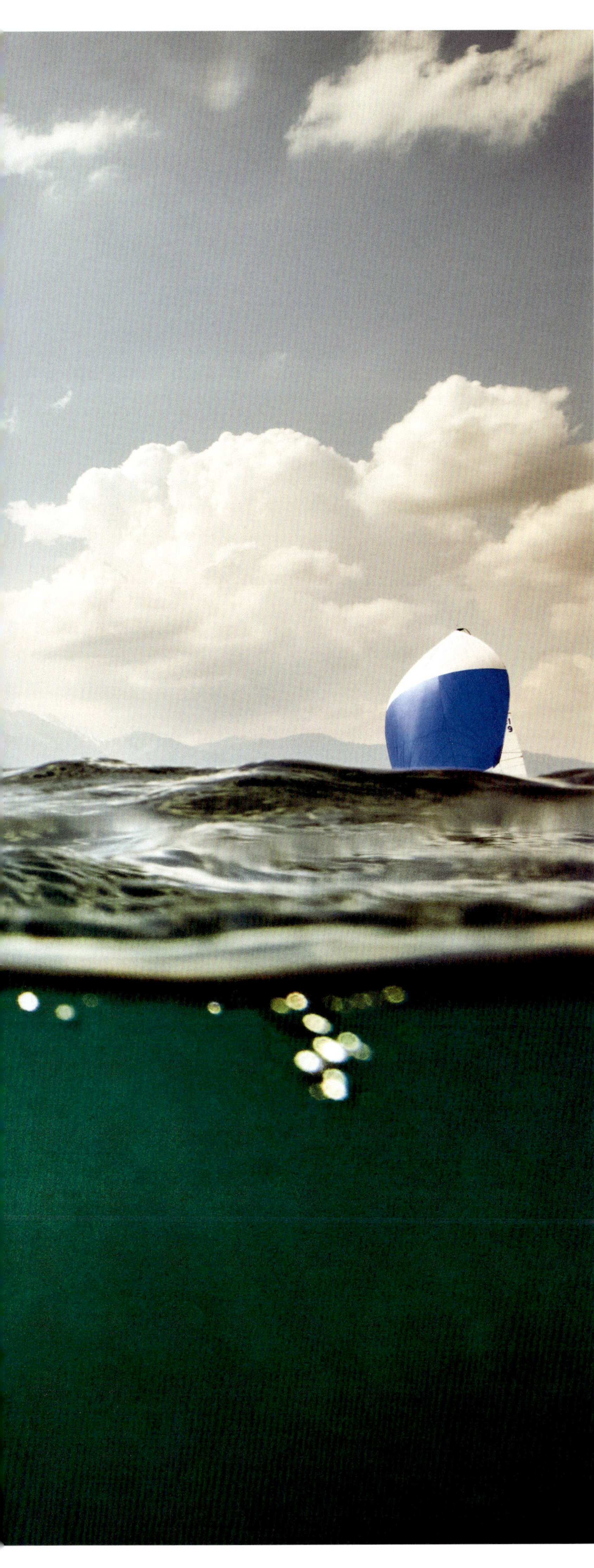

Städte bevorzugt an einem See; so waren der heutige Genfer- und der Bodensee wichtige Verkehrsknoten- und Orientierungspunkte im römischen Straßennetz. Das ist keine Vermutung, sondern lässt sich eindeutig aus der berühmten Peutingerschen Tafel herauslesen, der Abschrift einer spätantiken Rollkarte, die das Straßennetz der Römer zeigt.

Lange standen für Menschen die funktionalen Vorteile der Gewässer im Vordergrund. Sie gingen aufs Wasser, um zu arbeiten und ihren Lebensunterhalt zu sichern, nicht um sich zu vergnügen. Dieser Aspekt kam erst im 19. Jahrhundert auf, als die Seen zunehmend als Erholungsgebiet entdeckt und für Freizeitaktivitäten genutzt wurden.

Und so kommt es, dass Hunderte Jahre später ein Alan Roura, vielversprechender Vertreter der jungen Schweizer Hochsee-Generation, am Genfersee seine Leidenschaft für das Segeln entdecken und entwickeln konnte. Er kann zwar noch keinen Sieg bei einem der berühmten Rennen vorweisen, hat sich aber in der Szene als großer Kämpfer mit kleinem Budget einen Namen gemacht. Mit 23 Jahren nahm er erstmals an der Vendée Globe teil, bei der nonstop und solo um die Welt gesegelt wird, und musste mitten im Pazifik während eines schweren Sturms im Alleingang sein defektes Ruder reparieren. Das Kunststück gelang, was ihm bei seinen Kollegen den Spitzamen MacGyver einbrachte. Ob ein Schweizer Messer an der Aktion beteiligt war, ist nicht überliefert.

BERG- UND WELLENTÄLER
Die J70 steht für großen Segelspaß bei jedem Wind.
Zudem sind sie ein Anblick, der aus jeder Perspektive lohnt.

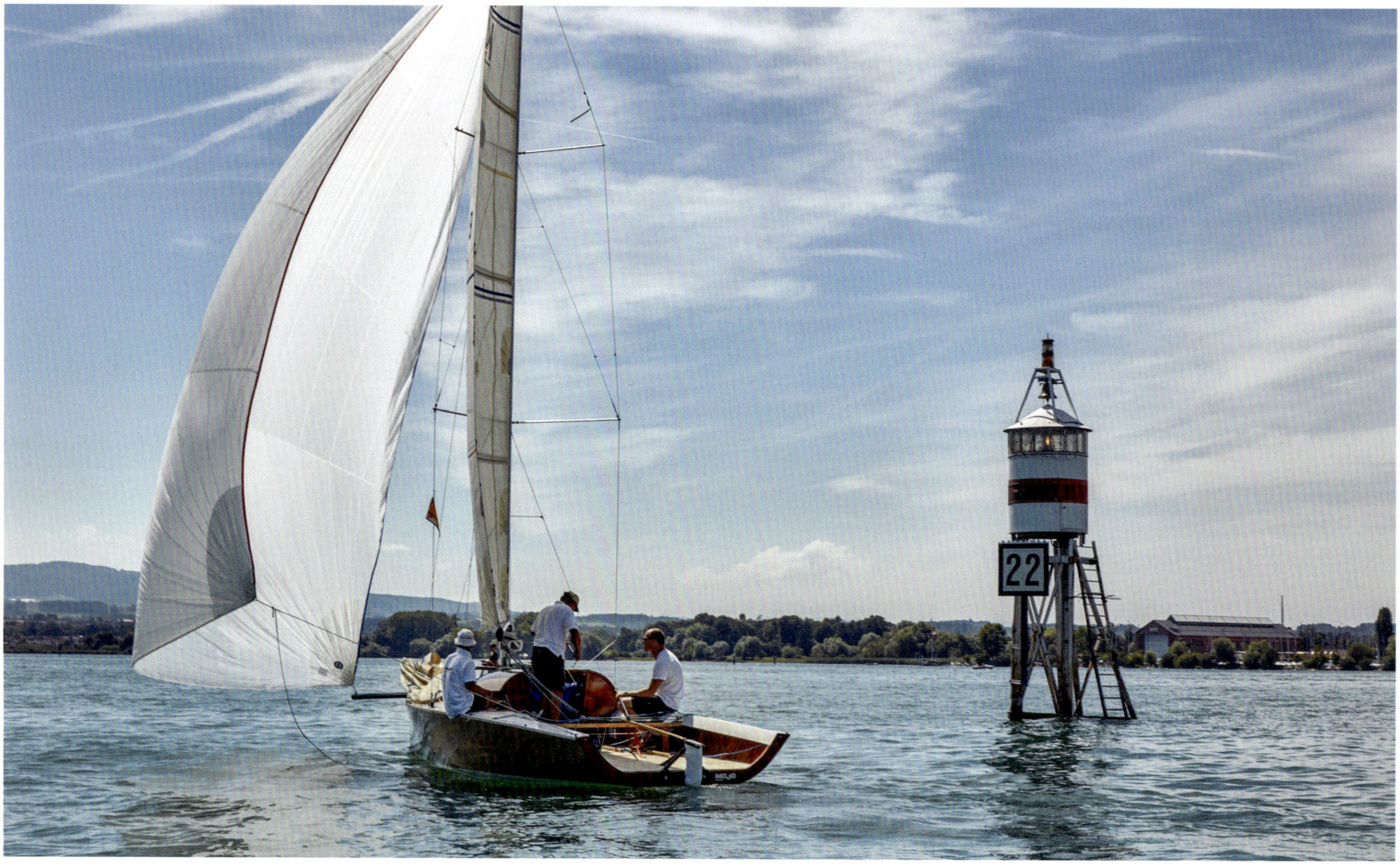

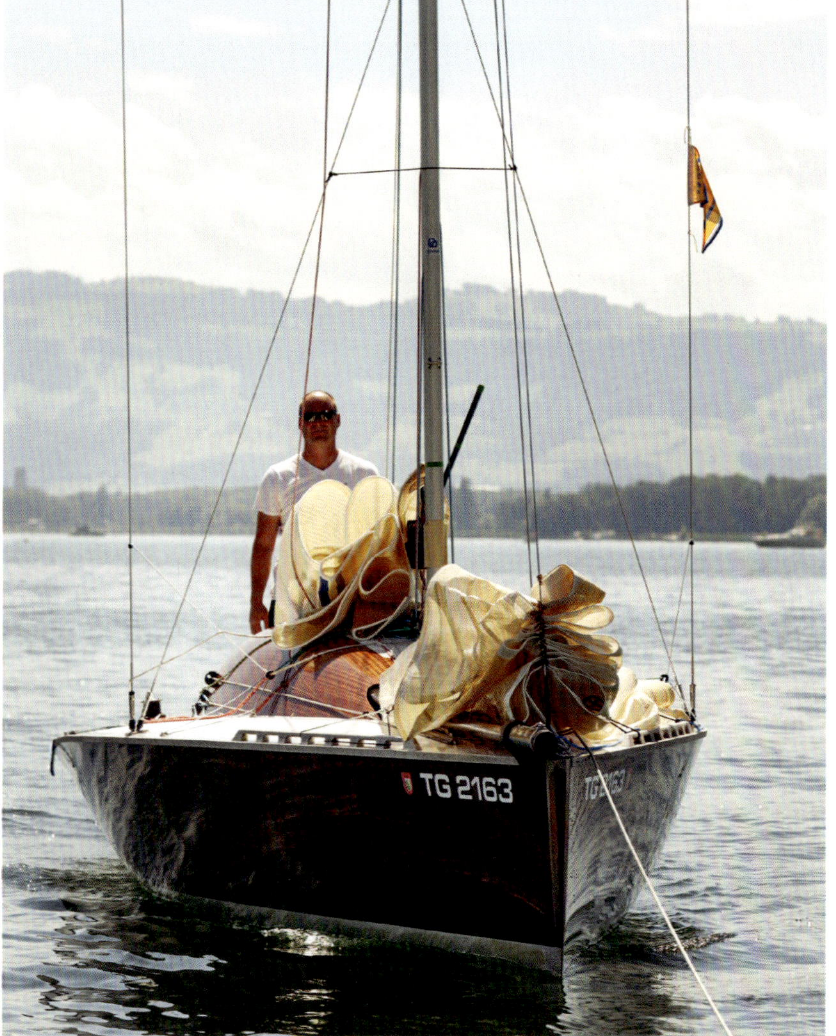

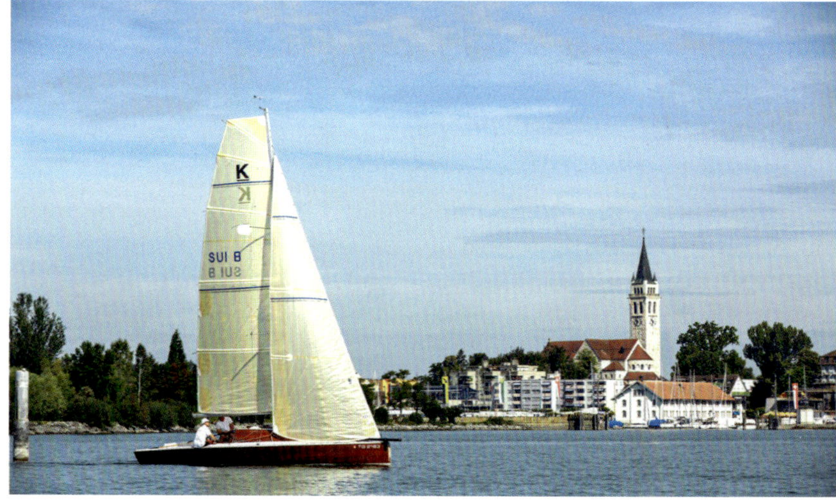

GROSSER SEE FÜR KLEINE YACHTEN
Der Bodensee ist ideal für schnelle Yachtkonstruktionen und Leichtwindambitionen. Ein Jollenkreuzer segelt in leichter Brise vor Romanshorn, mit 400 Liegeplätzen ein wichtiges Segelzentrum für die Anrainer des Südufers.

BODENSEE
WETTERTECHNISCHE SUPERLATIVE

Wie eingangs erwähnt: Ein Gletscher ist schuld. In diesem Fall wand er sich in der Würm-Eiszeit aus dem Rheintal und schuf zwischen sich erhebenden, mächtigen Gipfeln jenen Trog, der heute den Bodensee fasst. Vor 14.000 Jahren war er noch doppelt so groß, seither verlandet er und wird in weiteren 19.000 Jahren, das sagen die Geografen zumindest voraus, durch Feinsand und Geröll aufgefüllt und damit verschwunden sein. Ehe es so weit ist, bleibt aber zum Glück noch reichlich Zeit, sich an seinen Vorzügen zu erfreuen …

Der überwiegende Teil des Bodensees gehört zu Deutschland, an seiner Südwestseite grenzt er über eine Länge von rund 70 Kilometern an die Schweizer Kantone St. Gallen, Thurgau und Schaffhausen. Von seiner Gesamtfläche entfällt etwa ein Drittel auf Schweizer Hoheitsgebiet, und im Bodensee-Segler-Verband, der seit 1911 die Interessen der Segelsportler aus den drei Anrainerstaaten vertritt, sind 20 aktive Segelvereine mit Sitz am Schweizer Ufer verzeichnet. Ihre Mitglieder schätzen – wie die Kolleginnen und Kollegen aus den Nachbarländern auch – das Revier wegen seiner abwechslungsreichen Bedingungen. Der Nordwind, der meist im Gefolge eines Italientiefs daherkommt, verspricht wunderbares Segelvergnügen, bei Schlechtwetter stellt sich der Westwind ein, bei Schönwetter kann man ab etwa 11 Uhr mit moderatem thermischem Wind rechnen, der zuerst aus nordwestlicher Richtung kommt und im Lauf des Tages auf Südwest dreht. Schwer zu durchschauen ist der sogenannte Rhitäler, eine aus dem Rheintal kommende, typischerweise frühmorgens einsetzende Thermik. Wann, wie lange und warum genau sie weht, ist ein Rätsel, an dem sich die Bodensee-Segler seit Generationen die Zähne ausbeißen; selbst die kundigsten Meteorologen vor Ort haben bis dato keine schlüssige Erklärung dafür parat. Macht nichts – schließlich gibt es kaum etwas Reizvolleres, als ein ungelüftetes Geheimnis.

Von der lieblichen Anmutung des Bodensees und der unverdorbenen Schönheit der zahlreichen Naturschutzgebiete, in denen unter anderem 330 verschiedene Vogelarten ihre Nist- und Rastplätze finden, sollten sich die Segler aber nicht täuschen lassen. Das Gewässer hat nämlich auch eine andere, dunkle Seite und kann diese mitunter ganz unvermittelt zeigen. Zieht ein Frontgewitter aus Westen heran, fegen die ersten Böen nicht selten mit einer Stärke bis 10 Beaufort über das Wasser – wehe dem, der die Vorzeichen nicht zu deuten weiß. Gefährlich kann auch der Föhn werden, der als unberechenbarster Wind des Reviers gilt. Er überschreitet vom Süden her die Alpen, stürzt wütend aufs Wasser und breitet sich dort fächerförmig aus. Meist geht es Schlag auf Schlag, dann wird der See innerhalb kürzester Zeit zum Hexenkessel mit giftigen Böen und ruppiger See. Ein Frühwarnsystem soll die Wassersportler vor derlei Unheil schützen. Ist Starkwind zu erwarten, blitzen die mehr als 60 rund um den Bodensee montierten orangefarbenen Leuchtfeuer 40-mal pro Minute, droht Sturm blitzt es 90-mal pro Minute. Dann gibt es nur eine Alternative: ab in den nächsten Hafen.

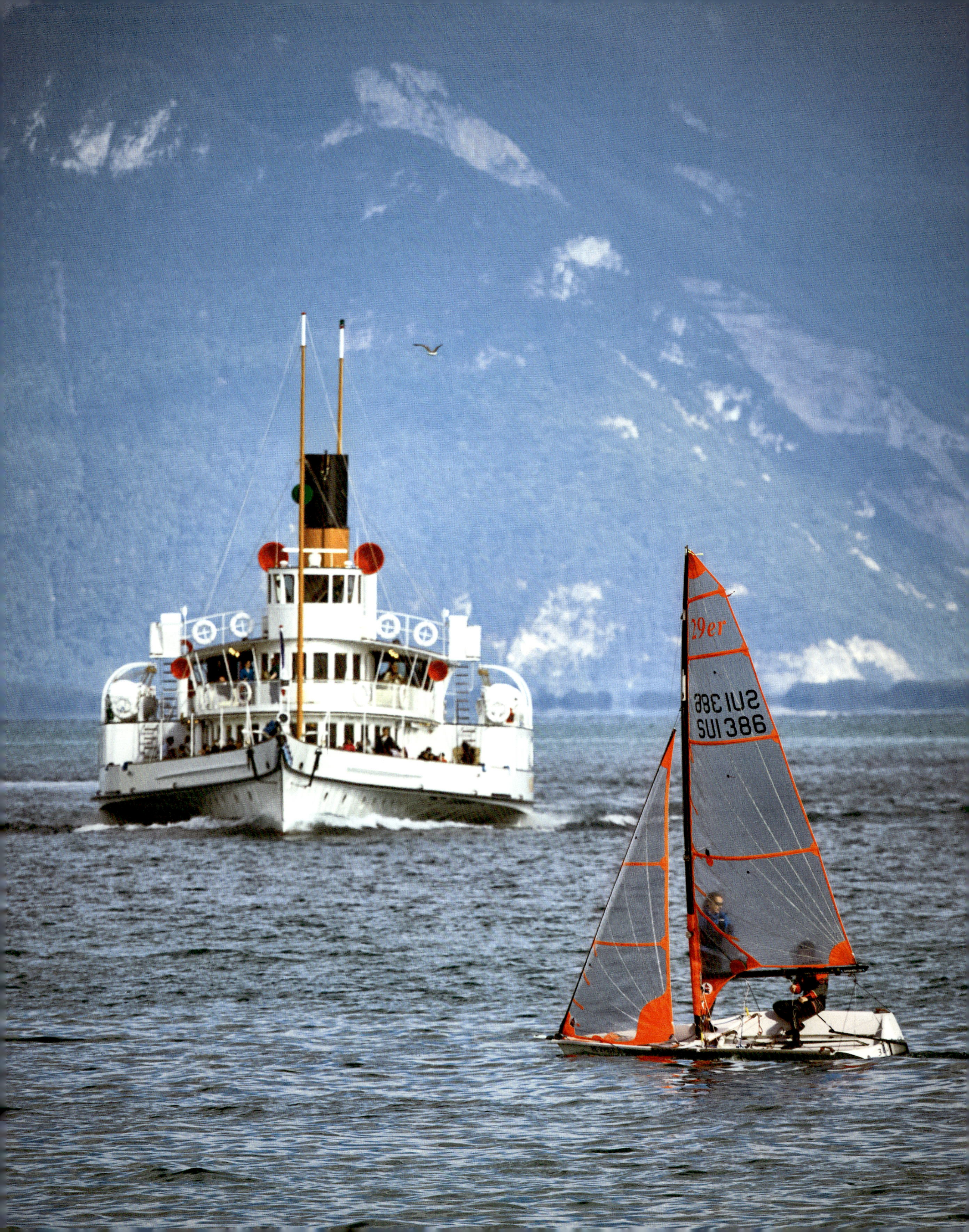
29er
SUI 386

GENFERSEE
SEGELN WIE GOTT (FAST) IN FRANKREICH

Ja, er ist groß. Der größte französisch-schweizerische See, der zweitgrößte und wasserreichste in Mitteleuropa. In Zahlen: 582 Quadratkilometer Fläche, wovon 348 Quadratkilometer auf die Schweiz entfallen, maximal 310 Meter tief, 156 Kilometer Seeumfang, wobei 113 Kilometer im Staatsgebiet der Eidgenossen verlaufen. Seine wahre Größe wird aber von der außergewöhnlichen Rolle begründet, die der Yachtclub an seinem Südufer, die Société Nautique de Genève (kurz SNG), im internationalen Segelsport spielt. Gegründet 1872 von reichen Genfer Bürgern und ausländischen Aristokraten, die es im Sommer an den See zog, ist er nicht nur der größte Yachtclub der Schweiz, er schrieb vor allem im America's Cup, der ältesten Segelregatta der Welt, Geschichte. 2003 schlug das für die SNG startende Team Alinghi vor Auckland die neuseeländischen Konkurrenten vernichtend mit 5:0 und holte den legendären silbernen Pokal damit nach über 150 Jahren erstmals nach Europa. 2007 lautete die finale Paarung erneut Schweiz gegen Neuseeland, gesegelt wurde vor Valencia, und Alinghi gelang es, den Cup mit einem Score von 5:2 erfolgreich zu verteidigen. Das nächste Duell fand 2010 statt, erneut vor Valencia, aber gegen das US-Team BMW Oracle Racing und auf Mehrrumpf-Booten. Die Amerikaner gingen auf einem Trimaran ins Rennen, Alinghi setzte auf einen Katamaran. Der fast 30 Meter lange, in Villeneuve gebaute Gigant namens ALINGHI 5 absolvierte seine Jungfernfahrt auf dem Genfersee und wurde per Luftweg dorthin verfrachtet. Eine russische Mi-26, der größte Helikopter der Welt, erledigte den Transport von der Fertigungshalle zu dem etwa 20 Kilometer entfernten Hafen von Le Bouveret. Zehn Tage lang kreuzte der Katamaran, dessen Großsegel 1.000 Quadratmeter maß, über den Genfersee und ließ alle anderen Yachten wie Nussschalen aussehen, dann hob er erneut zu einem Flug unter dem Helikopter ab, querte die Alpen und stach im Mittelmeer in See. Im entscheidenden Kampf gegen BMW Oracle Racing musste sich Alinghi allerdings geschlagen geben; seither stand der America's Cup nie wieder auf europäischem Boden.

Der Mann hinter Alinghi heißt Ernesto Bertarelli und ist mit dem Genfersee auf das Engste verbunden. 1965 in Rom als Sohn einer äußerst wohlhabenden Familie geboren, wuchs er in der Schweiz auf und lebte am Genfersee seine Leidenschaft für den Segelsport auf unterschiedliche Weise aus. Eine ganz besondere Beziehung hat er zur Bol d'Or, die seit 1939 von der SNG organisiert wird und als eine der wichtigsten Binnensee-Veranstaltungen Europas gilt. Sie findet jährlich im Juni statt. Stets sind mehr als 500 Boote am Start; die größte Flotte sammelte sich 1990 mit 684 registrierten Teilnehmern. Wie viele es auch immer sind, sie müssen einen etwa 125 Kilometer langen Kurs absegeln, der in einer Schleife über den gesamten See führt und vor dem Hafengelände der Société Nautique de Genève endet. Bei dieser Regatta als Erster über die Ziellinie zu gehen, ist mehr als ein Sieg bei einem Wettkampf, es kommt einem Ritterschlag gleich.

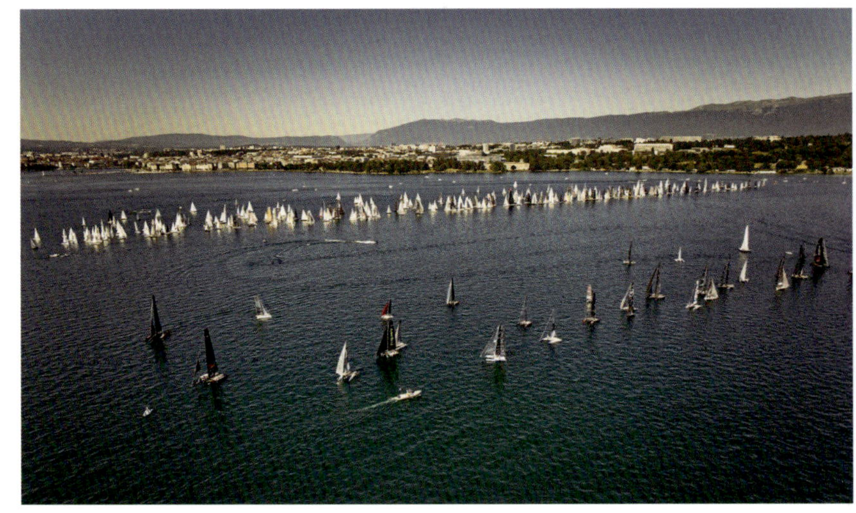

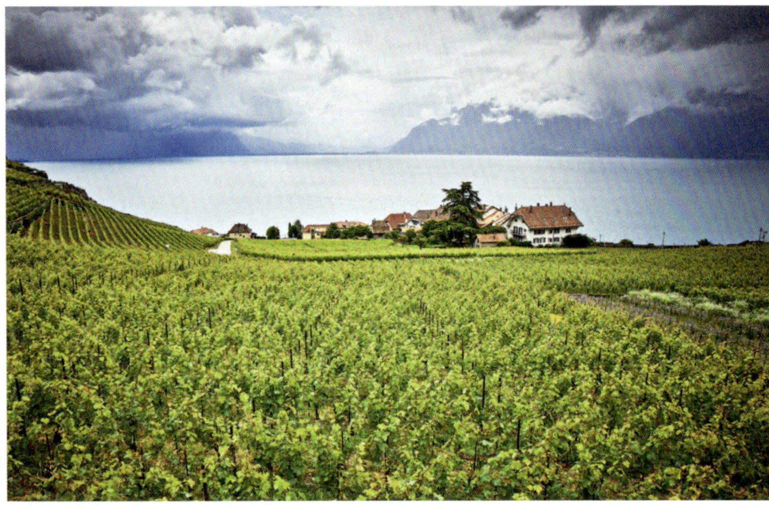

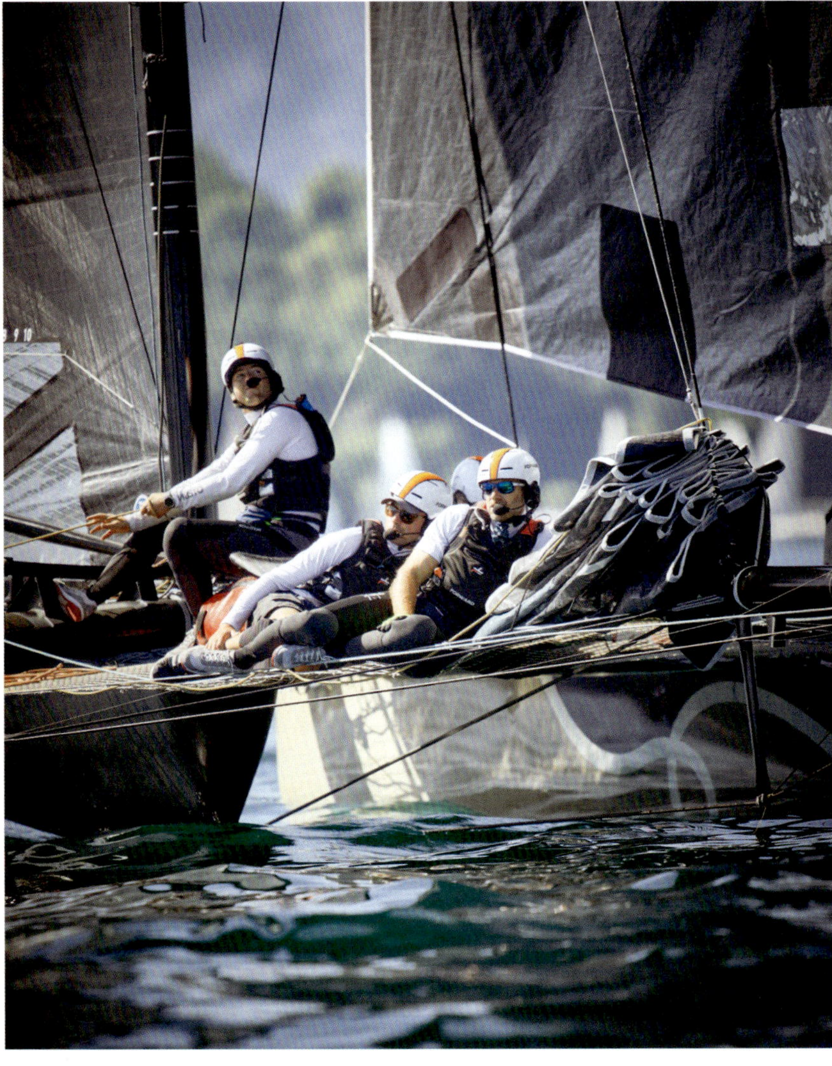

Ernesto Bertarelli nahm seit den frühen 1990er-Jahren regelmäßig an der Bol d'Or teil und hat diese Regatta bislang nur ein einziges Mal versäumt. Das war 2007 und aus gutem Grund: America's Cup, siehe oben … 1997 gewann er das Langstreckenrennen erstmals, drei Jahre später lief sein ganz auf Speed designter, 41 Fuß langer Karbon-Katamaran THE BLACK vom Stapel, der sich in Folge als unschlagbar bei der Bol d'Or erwies. Bertarelli siegte damit vier Mal in Serie – ein Kunststück, das niemand zuvor und auch niemand mehr danach zuwege gebracht hat. Da ein Wettkampf, bei dem der Sieger schon von vornherein feststeht, langweilig ist, zog Bertarelli diese Kampfmaschine aus der Bol d'Or zurück und ging seither stattdessen in der Einheitsklasse Decision 35 an den Start. 2011 sackte er damit seinen sechsten Sieg ein; aber wer weiß, möglicherweise ist das letzte Wort ist in dieser Sache noch nicht gesprochen.

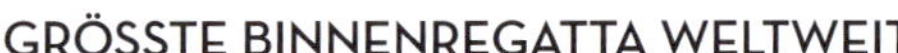

GRÖSSTE BINNENREGATTA WELTWEIT

Während der Bol d'Or Mirabaud sind mehr als 500 Boote am Start, eine Langstreckenregatta vom Feinsten. Dazu die traumhafte Kulisse aus See und Weinbergterrassen des Lavaux, dem größten zusammenhängenden Weinbaugebiet der Schweiz und UNESCO-Kulturerbe.

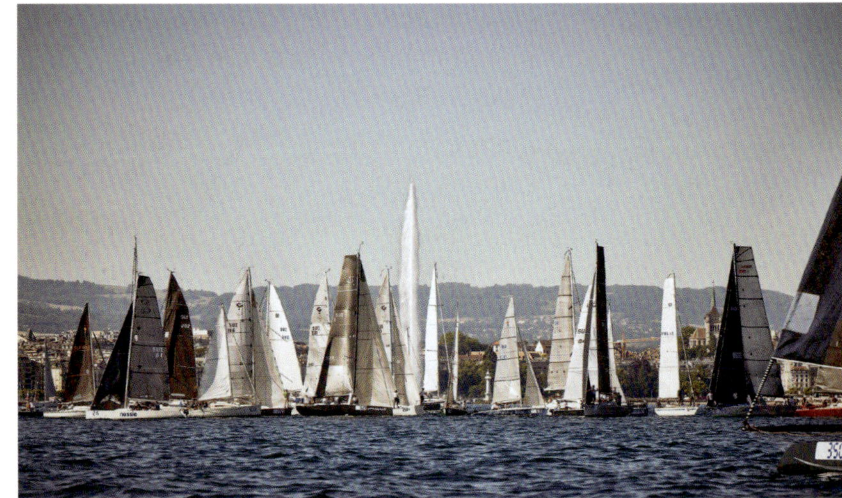

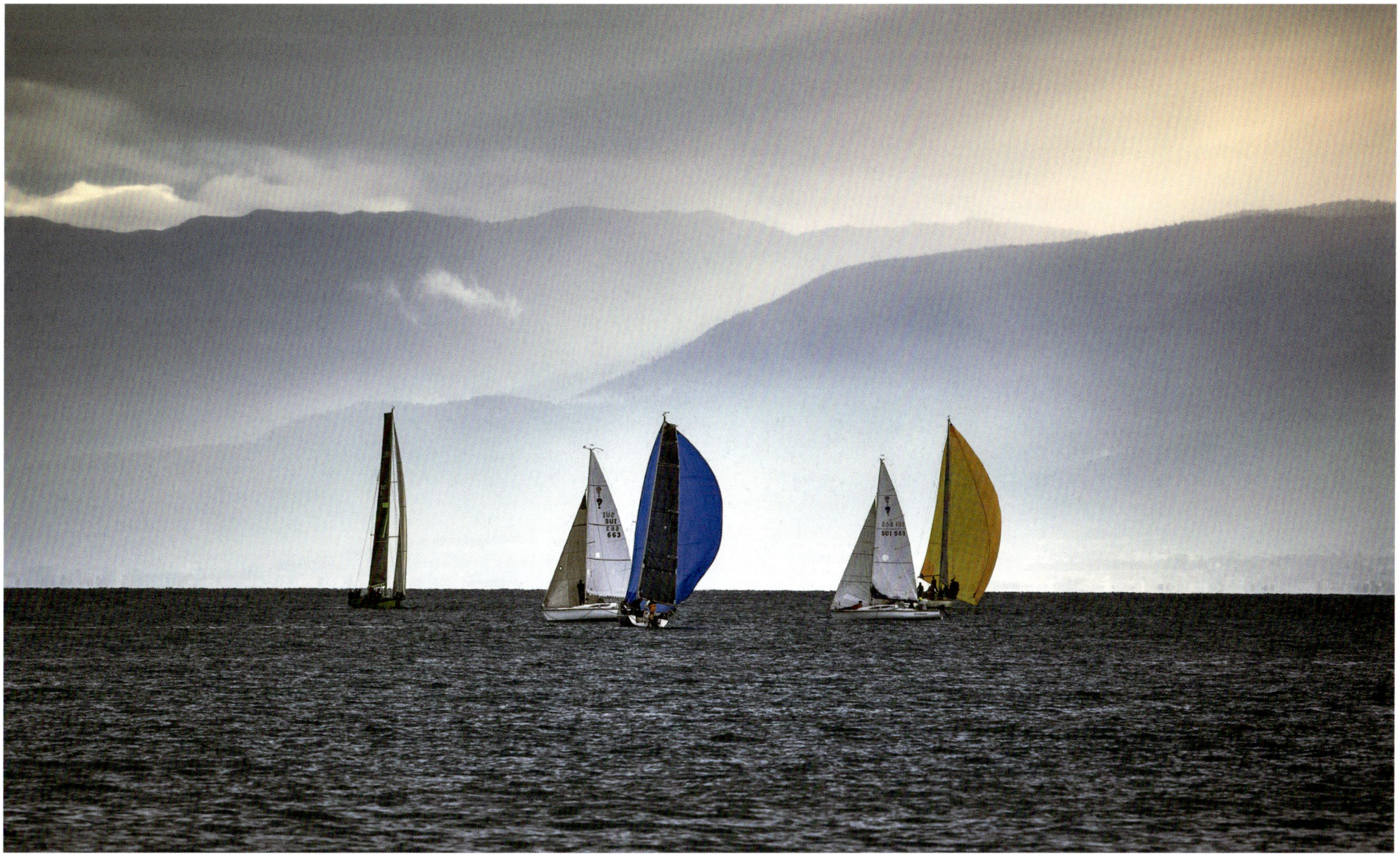

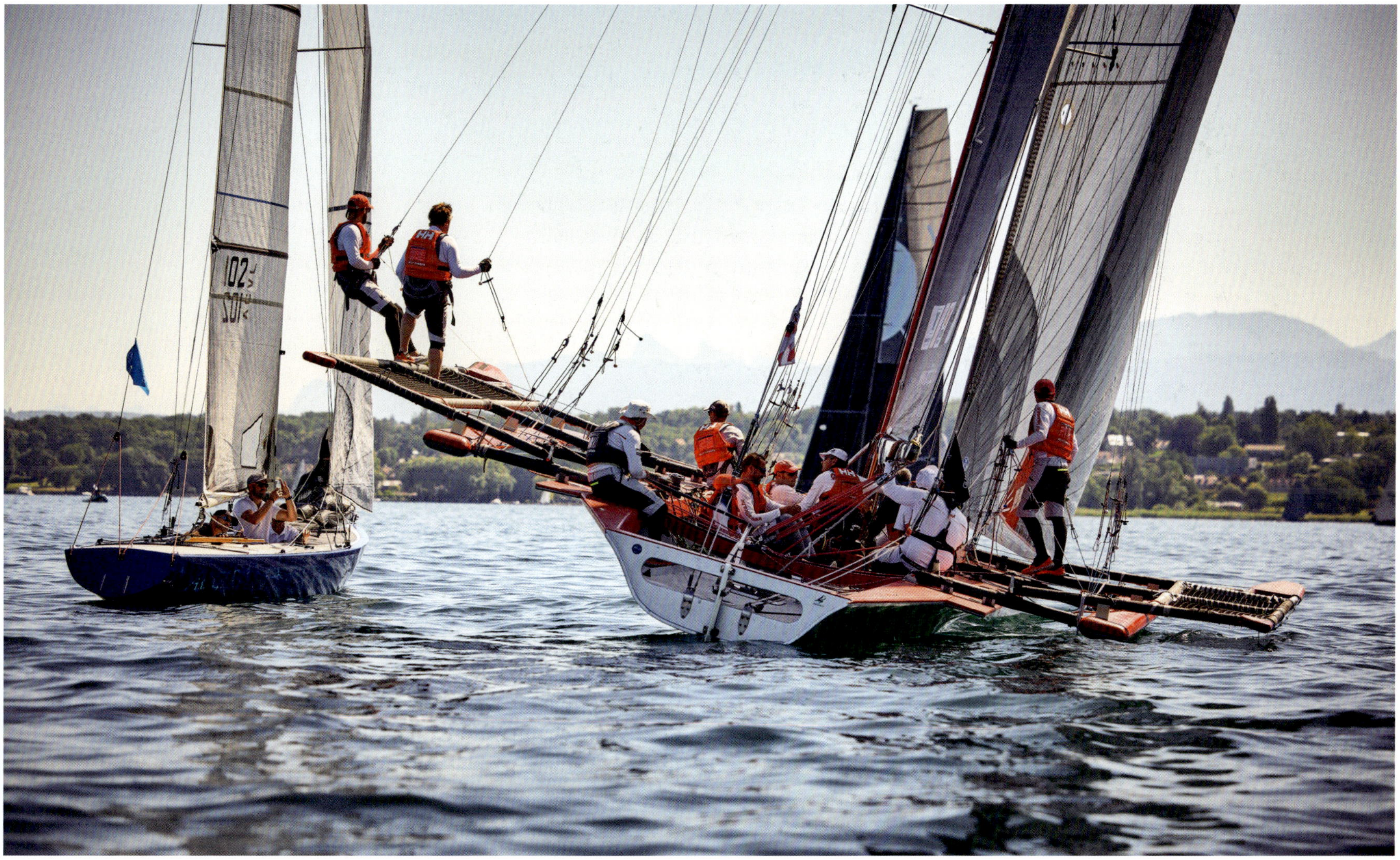

LACUSTRE

DAS SCHWEIZER ORIGINAL

Er ist ein echter Alleskönner: Schnell bei wenig Wind und gut beherrschbar bei Sturm, im Solo-Modus problemlos zu segeln, aber auch familientauglich, für harten Wettkampf ebenso gerüstet wie für das süße Nichtstun beim Wasserwandern. Gezeichnet wurde der Lacustre im Jahr 1938 vom Schweizer Henri Copponex als klassischer, reiner Binnenracer. Die Initiative dafür ging von Pierre Bonnet aus, Präsident des renommierten Yacht Club de Genève und offensichtlich ein ehrgeiziger Mann. Er hatte es sich in den Kopf gesetzt, die erste, für das Jahr darauf angesetzte Auflage der Bol d'Or zu gewinnen und den legendären Yachtkonstrukteur damit beauftragt, für ihn ein entsprechendes Kampfgerät zu entwerfen. Ergebnis war der Lacustre, eine 9,50 Meter lange und 1,81 Meter breite Einheitsklasse, die irgendwo zwischen 30er-Schärenkreuzer und Drachen angesiedelt ist und die Seglergemeinde damals mit geringen Überhängen, einem scharf geschnittenen Bug und hohem Rigg beeindruckte. Eine 22 Quadratmeter große Genua bringt auf dem Kreuzkurs ordentlich Druck (und sollte bei zunehmendem Wind rechtzeitig gegen die Fock getauscht werden), vor dem Wind sorgt ein 65 Quadratmeter großer Spinnaker für Speed und Spaß.

Ob es an den ausgezeichneten Segeleigenschaften oder seiner zeitlosen Schönheit liegt – der Lacustre, der ein dreiblättriges Kleeblatt als Klassenzeichen im Segel führt, hat sich bis heute seinen Platz an der Sonne bewahrt und wird nach wie vor sowohl bei Regatten als auch zum puren Vergnügen gesegelt. Etwas mehr als 270 Boote wurden seit dem Stapellauf des ersten Modells gebaut, viele davon sind immer noch und vornehmlich auf den Alpenseen unterwegs, darunter liebevoll gepflegte Schmuckstücke aus den 1940er- oder 50er-Jahren mit ursprünglicher Holzbeplankung und originalen Beschlägen. Jährlich werden rund 20 Regatten zwischen Genfersee und Attersee veranstaltet, bei denen sich nicht selten Felder mit mehr als 50 Teilnehmern einfinden. Das liegt auch daran, dass die Klassenvereinigung bewusst darauf achtet, dass auch ältere Boote konkurrenzfähig bleiben: Die Bauvorschriften sind streng, Änderungen und Anpassungen – etwa Rümpfe aus GfK oder Masten aus Aluminium – wurden stets behutsam eingeführt und waren von entsprechendem Regelwerk begleitet. Das seglerische Niveau der Flotte ist hoch, und man schenkt sich auf der Regattabahn nichts, dennoch wird innerhalb der Lacustre-Gemeinde auf Zusammenhalt und Geselligkeit großen Wert gelegt. So organisiert die Klassenvereinigung nicht nur Regatten und Trainings, sondern auch Ski- oder Wanderausflüge – ein weitere Zutat, die den langfristigen Erfolg dieser Klasse erklären kann.

Als Fahrtenboot taugt der Lacustre nur bedingt. Zwar kann man es sich auf dem Achterschiff sowie unter Deck auf einer 1,70 Meter breiten Liegefläche gemütlich machen, doch die Kajüte bietet weder Stehhöhe noch Pantry oder Einbau-Toilette. Alles Einstellungssache, finden Hardcore-Fans und nehmen mit Begeisterung an diversen Stern- und Etappenfahrten teil. Legendär in diesem Zusammenhang ist die Far Niente am Bodensee, die seit mehr als einem halben Jahrhundert ausgetragen wird und die bestens gelaunten Teilnehmer eine Woche lang in alle drei Anrainerstaaten des Gewässers führt.

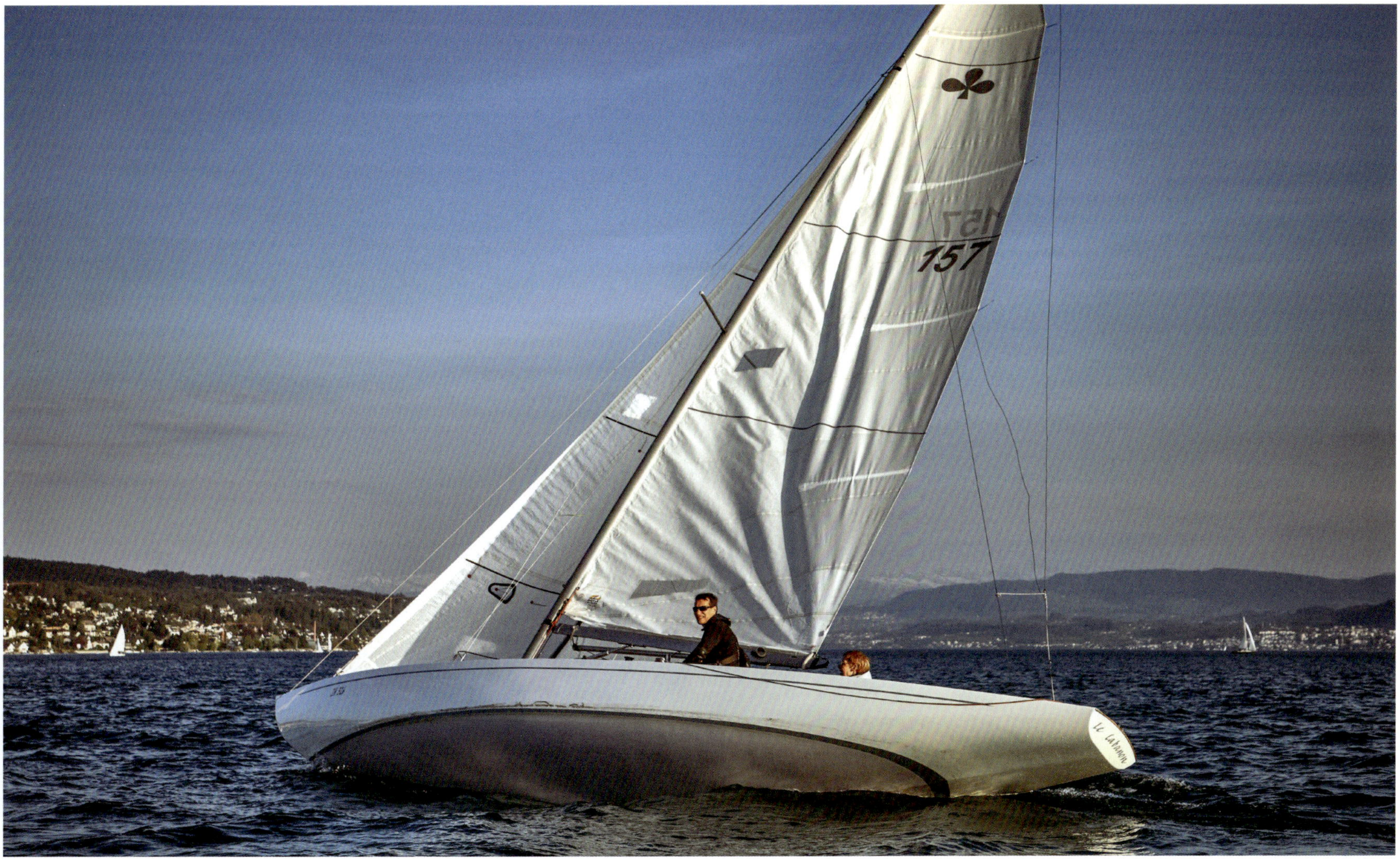

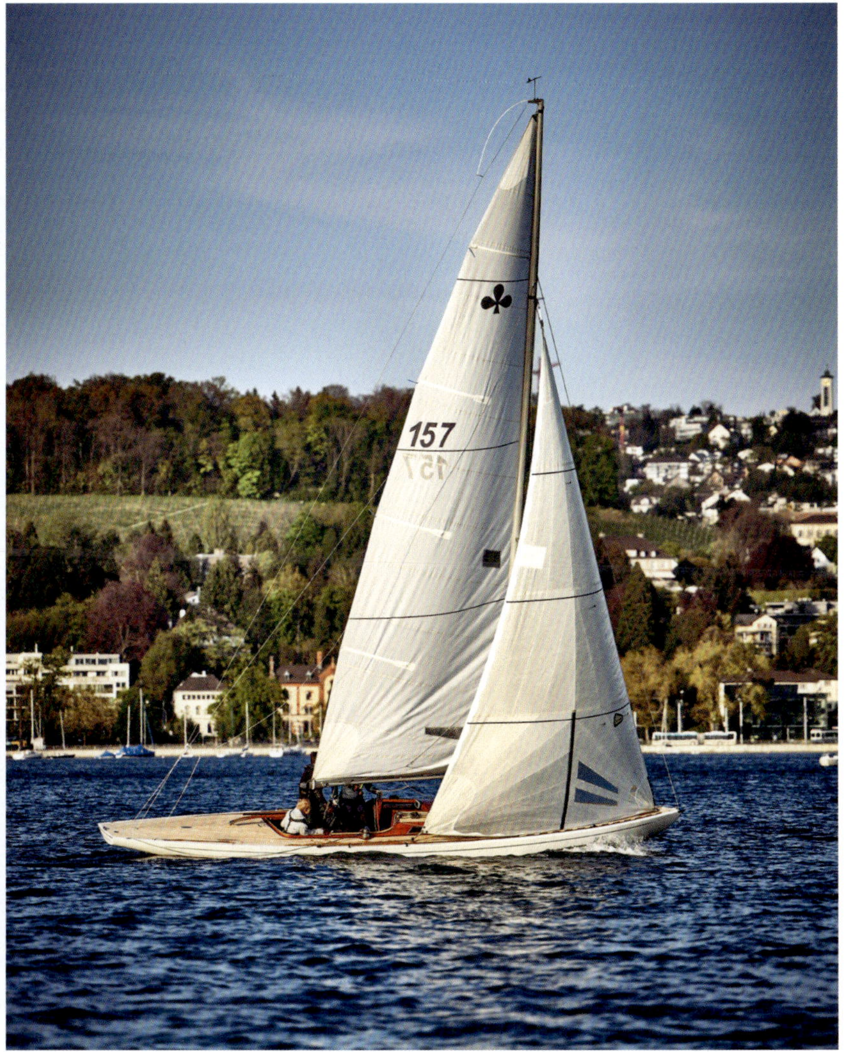

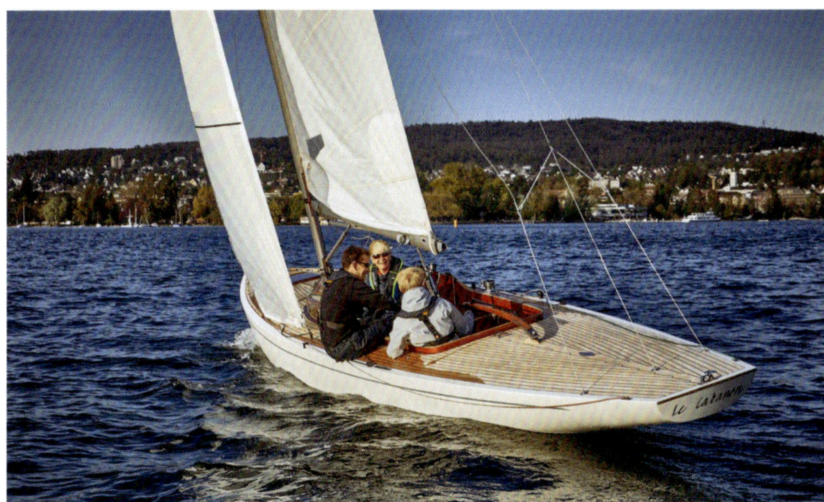

FEIERABEND IN ZÜRICH
Zum 7 O'Clock Race treffen sich mittwochs die Segler zum Regattieren. Die Lacustre-Segler haben auf den Alpenseen ein reichhaltiges Regattaangebot. Doch auch für eine kurze Spritztour ist die schöne Yacht ideal einsetzbar.

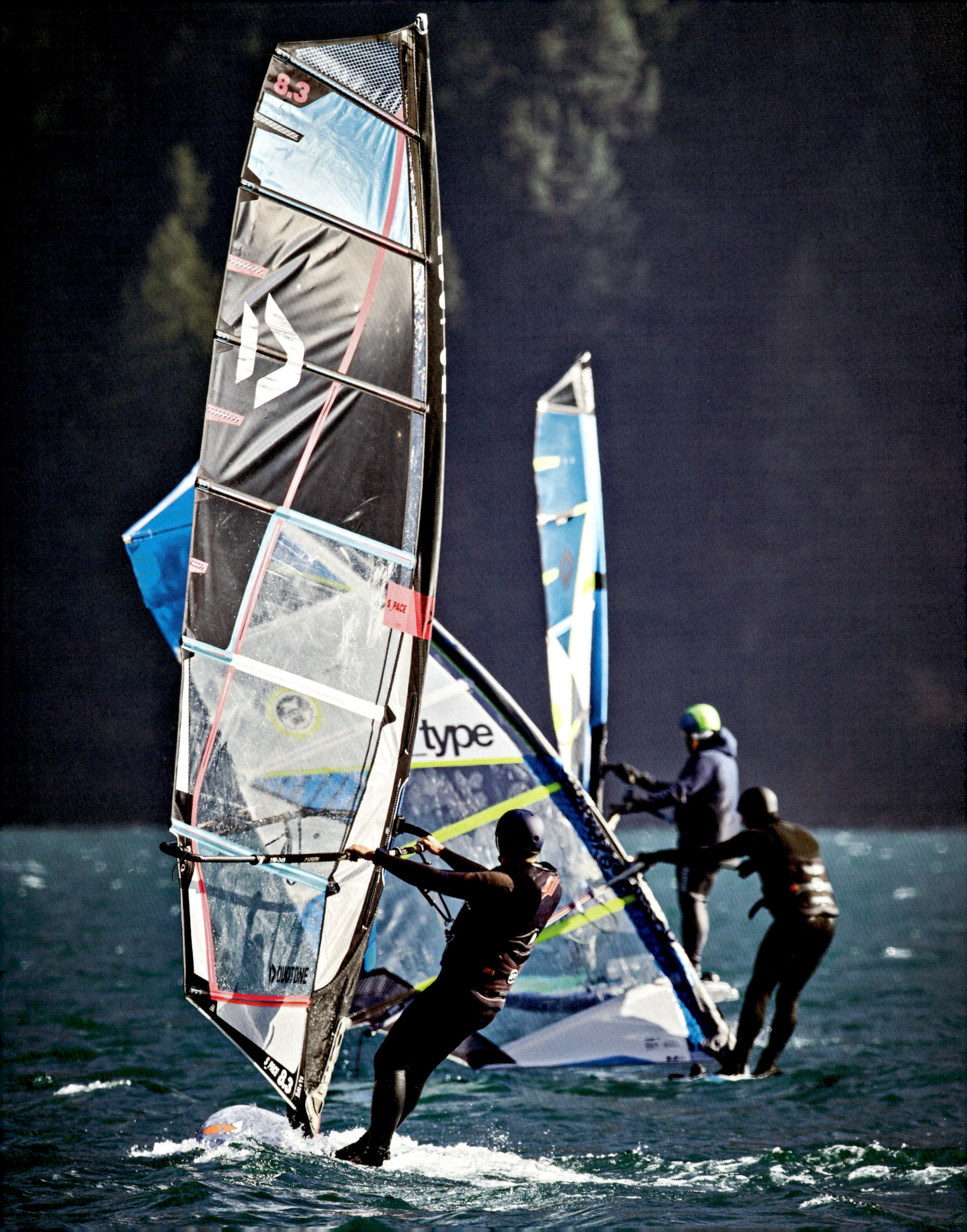

8.3
type
DUOTONE

SILVAPLANERSEE
HOCHALPINES WASSERSPORTREVIER

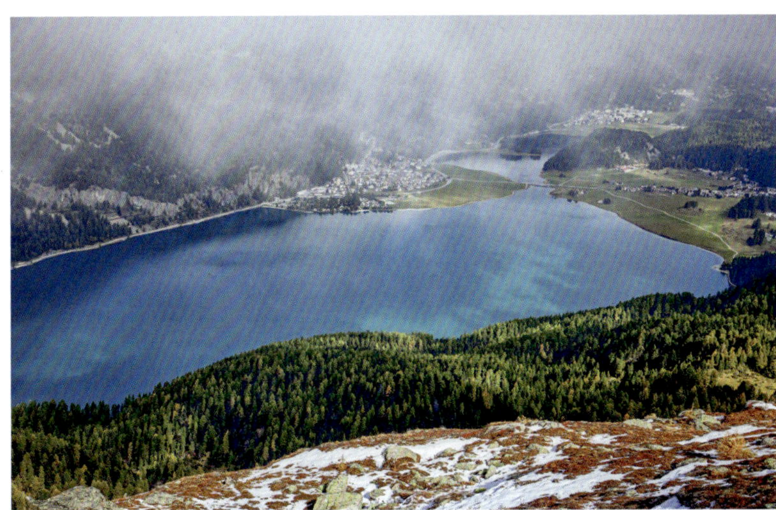

Maloja heißt der thermische Wind, der diesem See den Lebensatem gibt, benannt nach dem Pass zwischen dem Oberengadin und dem Bergell in Graubünden. Geboren zwischen steilen Berghängen und tief eingeschnittenen Tälern, kommt er verlässlich bei Sonnenschein und flacher Druckverteilung auf, weht aus südwestlicher Richtung von etwa 11 Uhr bis Sonnenuntergang und kann eine Stärke von 5 Beaufort oder mehr erreichen. Ihm ist es zu verdanken, dass sich der Silvaplanersee bereits in den 1970ern zu einer Hochburg der Windsurf-Szene entwickelte und als einer der windsichersten Spots Europas internationale Stars in die Schweiz auf eine Seehöhe von fast 1.800 Metern lockte. 1999 wurde hier das Engadinwind ins Leben gerufen, eine Kombination aus Wettkämpfen auf Weltklasse-Niveau und ausgelassenen Partys, die sich rasch zum Kult-Event entwickelte. Auch der Engadin Surf Marathon – Kurslänge natürlich 42 Kilometer – wurde vom nahen Silsersee nach Silvaplana verlegt und ins Programm des Engadinwind integriert. Die Premiere dieses Langstreckenrennens war bereits 1978 über die Bühne gegangen, gewonnen hat sie ein gewisser Robby Naish. Der Jungstar aus Hawaii war damals gerade mal 15 Jahre alt, aber bereits mit zwei Weltmeistertiteln ausgezeichnet; 22 weitere sollten in seiner Karriere noch folgen. Der Engadin Surf Marathon ist seither ohne Unterbrechung jedes Jahr ausgetragen worden und stellt damit die älteste Regatta der Welt in dieser Sportart dar. Im Lauf der Zeit sollte sich eine Reihe von Sportlern aus anderen Disziplinen in dem Langstreckenrennen dazugesellen, die allesamt versuchten, den Windsurfern den Rang abzulaufen, etwa Kiter, Moth-Segler oder Wingfoiler. So entwickelte sich der Marathon zu einem spannenden Experimentierfeld für alle möglichen Varianten windbetriebener Wasserfahrzeuge.

Die Veranstalter des Engadinwind, die sich bis heute über stetig wachsende Teilnehmerzahlen freuen können, boten immer wieder neuen, interessanten Klassen eine Bühne und griffen auch den Foil-Trend früh auf. Im August 2021 fand im Rahmen dieser Veranstaltung die erste WM in der neuen olympischen Surf-Klasse IQFoil statt, die mehr als 300 Athletinnen und Athleten aus 42 Nationen an den Start lockte. Manchmal sieht man im Trubel des Engadinwind einen 1,91 Meter großen Hünen durch die Menge schlendern, den jeder zu kennen scheint – Surflegende Björn Dunkerbeck. Der gebürtige Däne, der in allen Disziplinen Weltmeister wurde, insgesamt 42 WM-Titel hält und zahlreiche Geschwindigkeitsrekorde brach, hat seit 2007 einen Wohnsitz in Silvaplana. Die Besten wissen halt, wo es am schönsten ist.

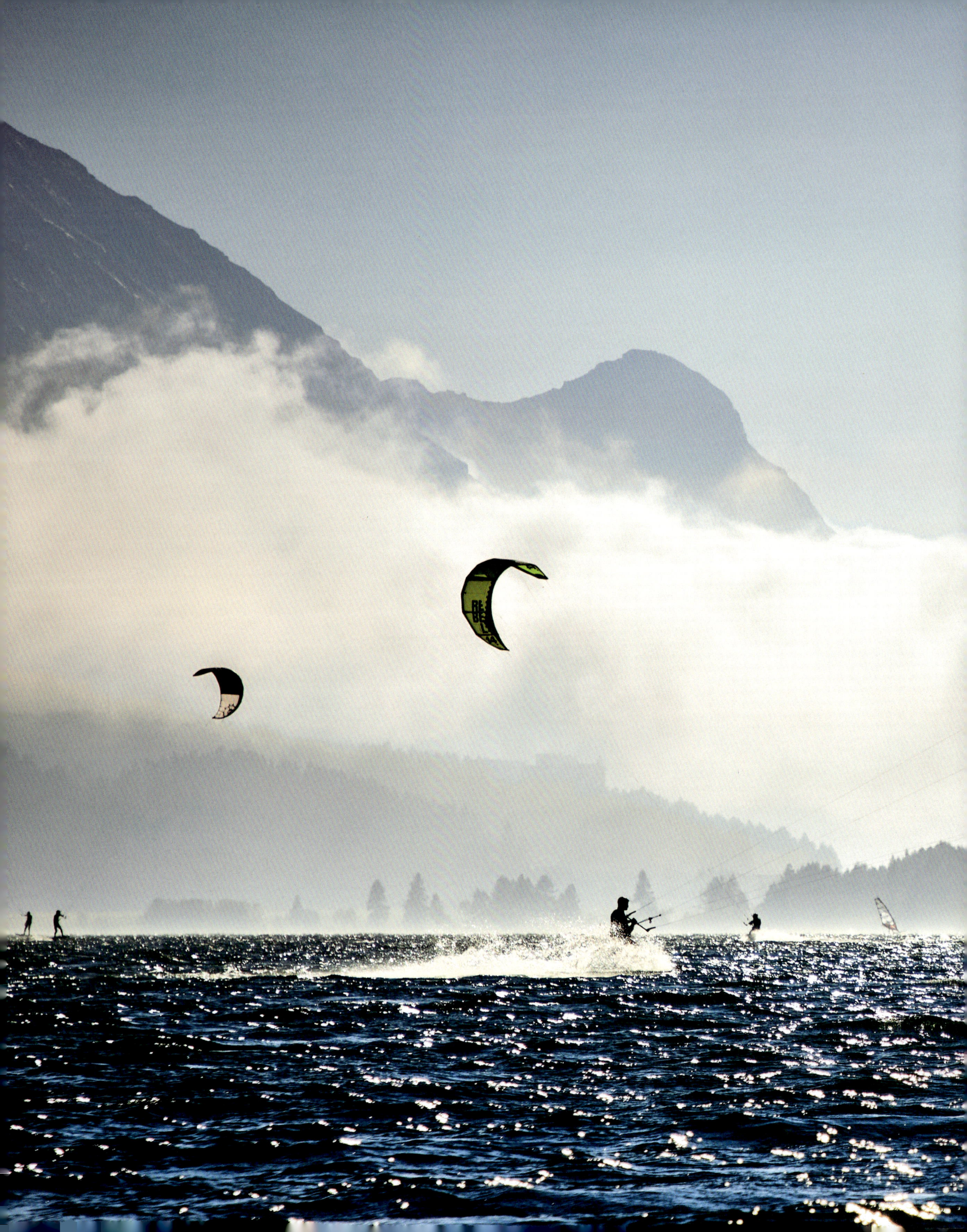

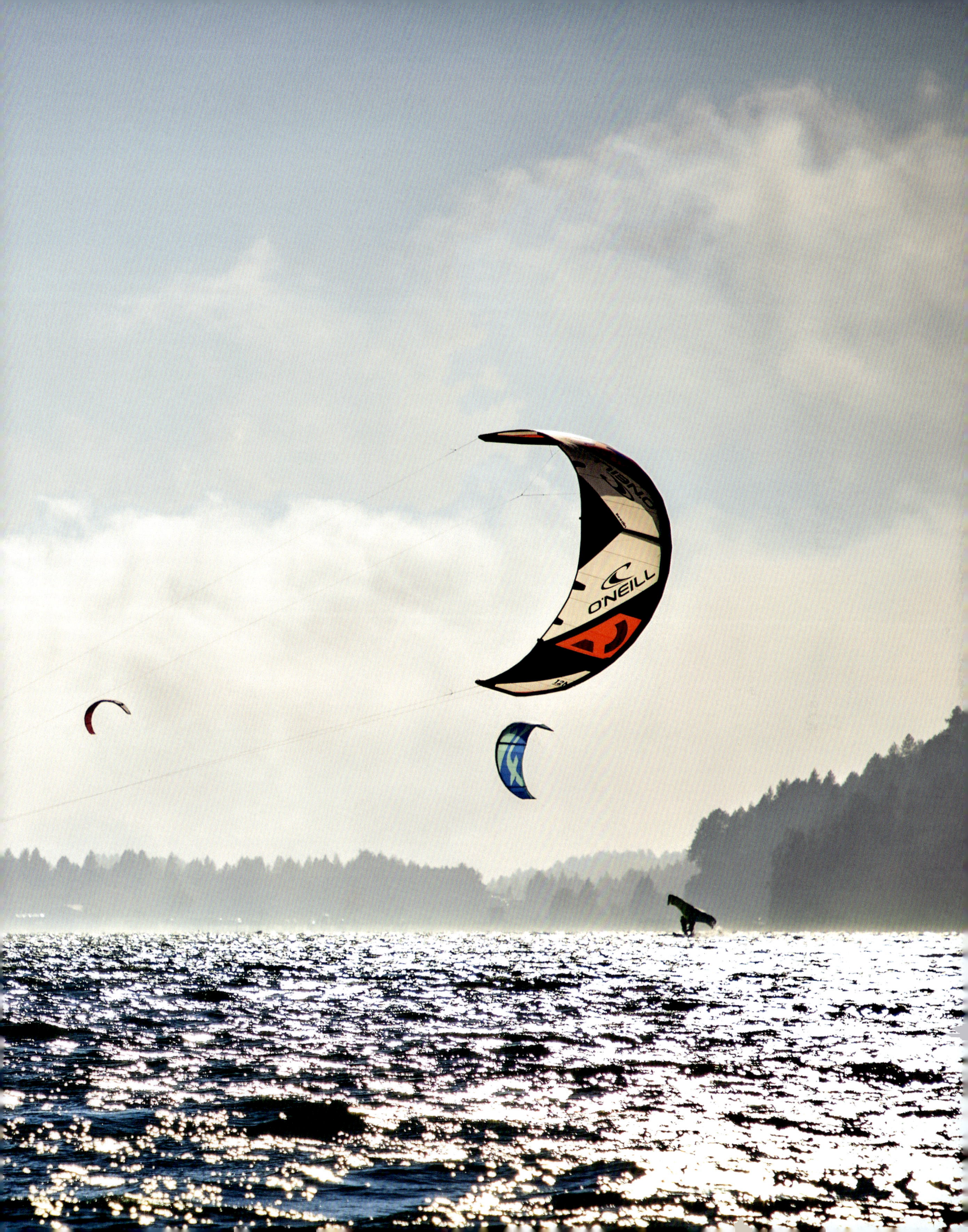
O'NEILL

ERIC MONNIN

DER »MATCH RACER«

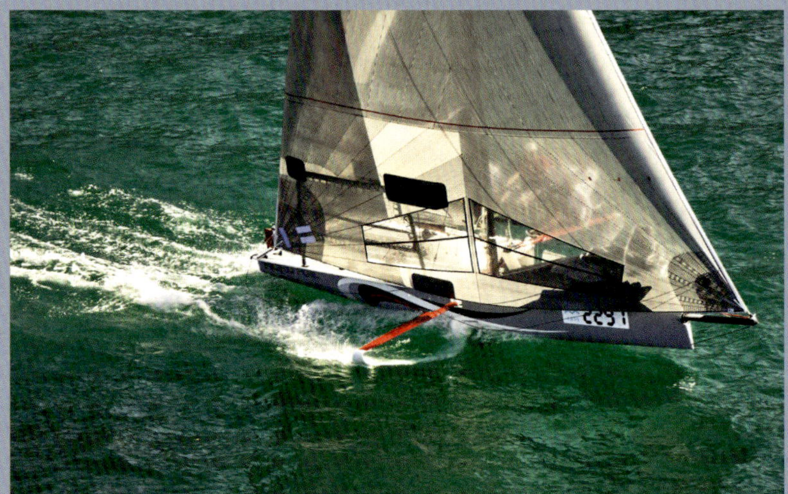

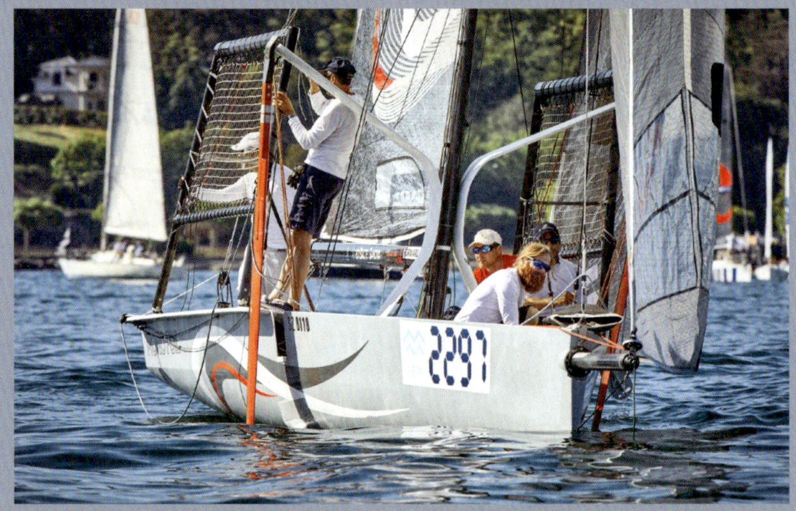

Führender der Match-Race-Weltrangliste, mehrfacher Welt- und Europameister – da meint man, es mit einem Vollprofi zu tun zu haben. Doch Eric Monnin agiert zwar höchst professionell am Steuer diverser Boote, geht aber sehr wohl einem zivilen Brotberuf nach. Der promovierte Doktor der Physik arbeitet als Projektmanager bei Gonet, der mit seinen völlig neu konzipierten Dreiecks-Tragflügeln für Aufsehen in der Fachwelt sorgte. Ein blitzgescheiter Tausendsassa also, der in allen Bereichen des Segelsports zu Hause ist und nicht umsonst als einer der talentiertesten Segler der Schweiz gilt.

Seine Verbindung zu den Schweizer Alpenseen ist vielfältig. »Ich bin am Zugersee aufgewachsen und habe dort das Segeln erlernt«, erzählt Monnin, »heute lebe ich in Stäfa am Zürichsee, der für seinen launischen und anspruchsvollen Wind bekannt ist. Besonders gute Erinnerungen habe ich an den St. Moritzer See, wo ich das Match Racen auf höchstem Niveau für mich entdeckt habe.« Als König der Schweizer Seen bezeichnet er den Genfersee: »Wunderschön, abwechslungsreich und mit unglaublich vielen Aktivitäten. Dort wurzelt meine Leidenschaft für das Regattasegeln.«

Eine Leidenschaft, die er gern mit seinen Brüdern teilt: Jean-Claude und Marc Monnin sind oft mit an Bord, wenn am Wasser um Punkte und Plätze gekämpft wird, Gleiches lässt sich von seiner Frau Ute Wagner sagen, einer Tirolerin, die er – wo sonst – bei einem Match Race-Event am Bodensee kennengelernt hat. Seit 2021 sind die beiden verheiratet, seit 2022 Eltern eines Sohnes – das nennt man aktive Nachwuchsarbeit, von der sowohl Österreich als auch die Schweiz profitieren könnten …

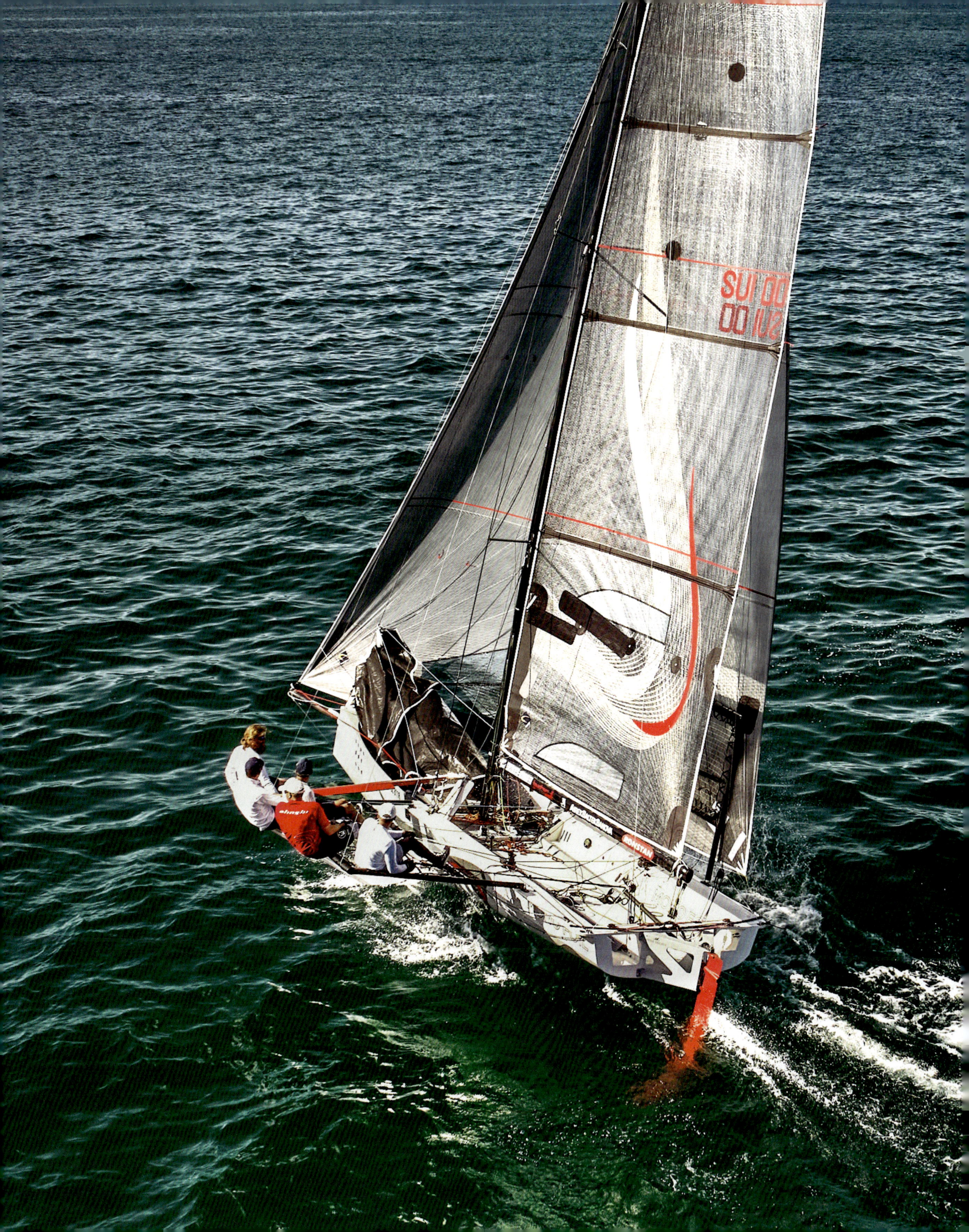
SUI 00

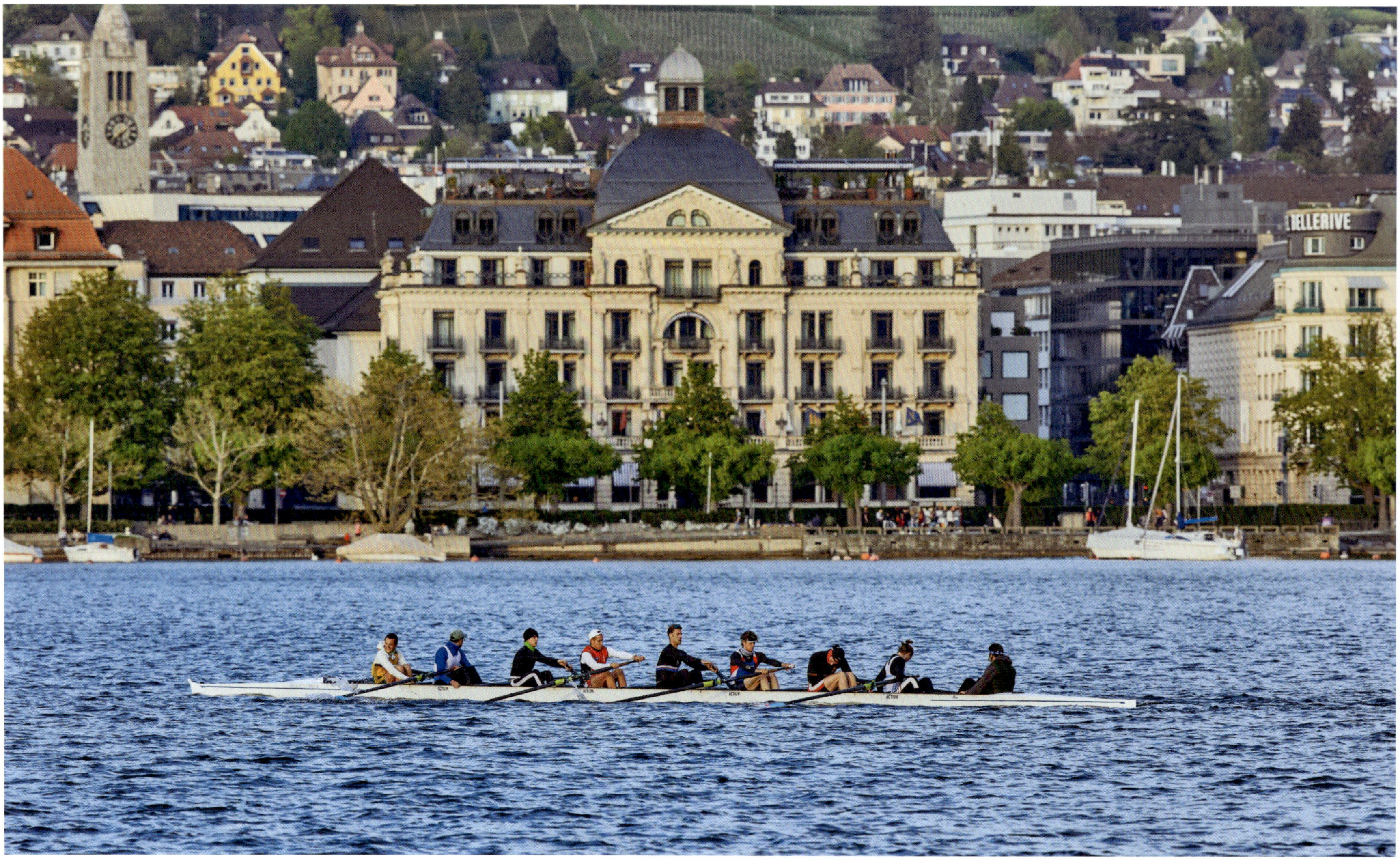

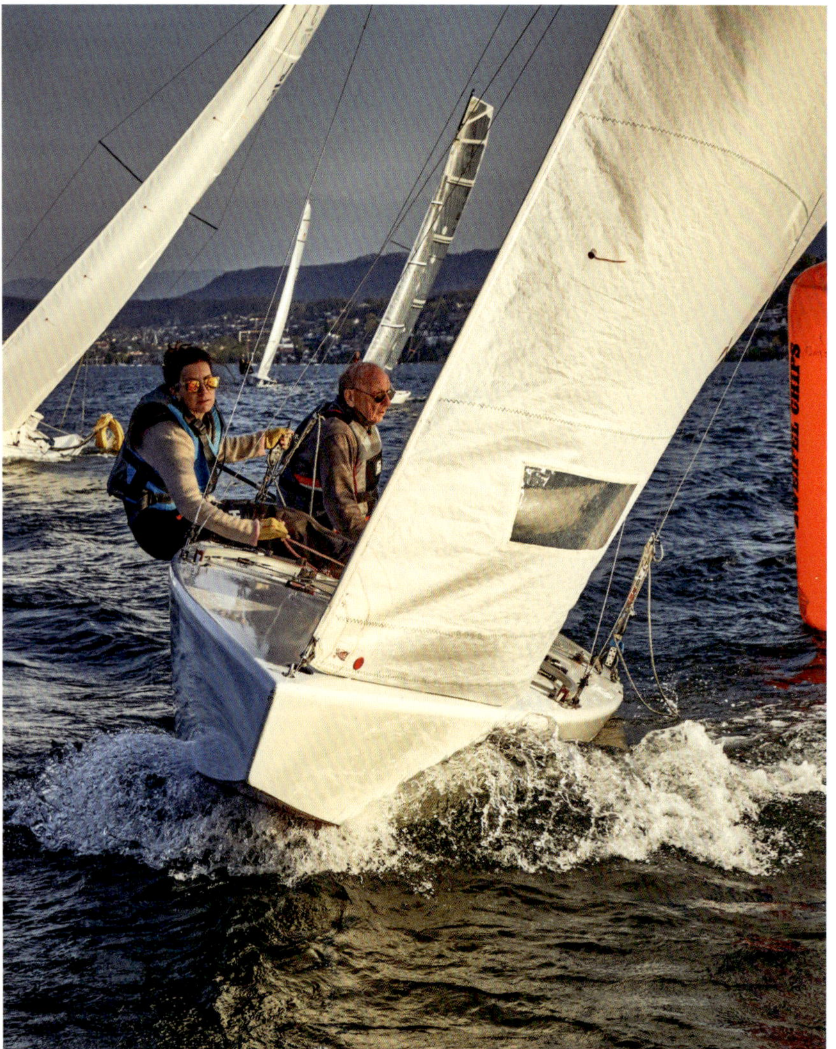

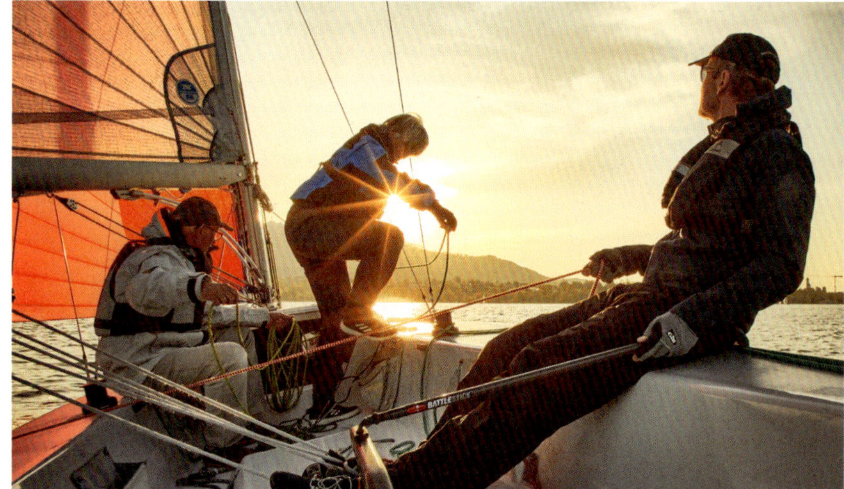

EINE STADT MIT VIELEN MÖGLICHKEITEN

Zürich ist jahrelang die Stadt mit der höchster Lebensqualität weltweit gewesen. Dazu trägt natürlich die Lage direkt am See bei, auf dem die Bevölkerung der größten Metropole der Schweiz gern die Freizeit verbringt. Schulen und Universitäten haben ihre eigenen Flotten, es gehört zum guten Stil der Firmen, eigene Boote fürs Personal zu bereedern.

ZÜRICHSEE
FRISCHES SÜSSWASSER ENTLANG DER GOLDKÜSTE

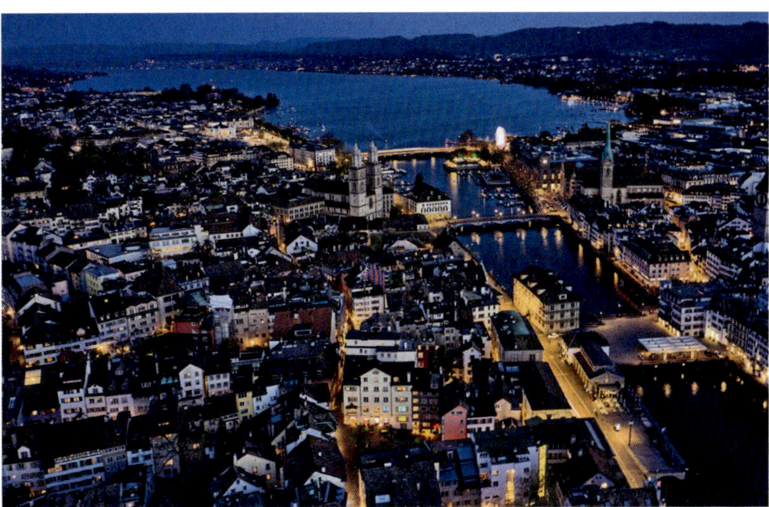

Er schaut aus wie eine Banane, erstreckt sich über drei Kantone und kann mit zwei Inseln aufwarten. Sein südlicher Zipfel heißt Obersee und kommt vergleichsweise naturbelassen daher, der nördliche Teil, an dessen Spitze sich der namensgebende Verkehrsknotenpunkt Zürich ausbreitet, wird Untersee genannt, ist städtisch geprägt und beinahe zur Gänze verbaut. Goldküste lautet die gängige Bezeichnung für das rechte Ufer des Zürichsees, und das macht doppelt Sinn: Erstens wird sie des Abends von der untergehenden Sonne in goldenen Glanz getaucht, zweitens so gut wie ausschließlich von wohlhabenden Menschen bewohnt, darunter Prominente wie Sängerin Tina Turner, die anlässlich ihrer Hochzeit den See in der Nähe ihrer Villa für den Bootsverkehr sperren ließ, oder Tennisstar Roger Federer, der in Rapperswil ein 65-Millionen-Anwesen mit Blick auf den See baute. Aber ob berühmt oder »nur« begütert, wer auf das Wasser schaut, will sich auch auf dem Wasser bewegen. Weit über 10.000 Boote sind im Kanton Zürich registriert und mehr als 30 Wassersportvereine am Zürichsee angesiedelt, darunter reine Motorboot- und Surfclubs sowie so spezialisierte Gemeinschaften wie das Dampfbootzentrum oder der Oldtimer Boot Club.

Einer davon, der Zürcher Segel Club, richtet seit 1928 mit der Pfingstregatta die größte Segelveranstaltung des Reviers aus. Sie führt von Zürich bis Rapperswil, verbindet damit die beiden Pole des Sees und stellt weniger den Hochleistungssport als Geselligkeit in den Vordergrund. »Melden. Segeln. Feiern.« lautet das Motto, von dem sich rund 300 Menschen zum Mitmachen motivieren lassen. Um speziell die junge Generation anzusprechen, gibt es eine eigene Wertung für Teams, in denen kein Crew-Mitglied älter als 25 Jahre ist. Man wolle das Teilnehmen über das Siegen stellen, einen gesunden Wettstreit zwischen Vertretern aus allen Lagern fördern und auch jene ansprechen, denen die Handicap-Systeme weniger wichtig sind, als ein paar Stunden mit Gleichgesinnten zu verbringen und danach ein Bier zu trinken, heißt es auf der Website des Vereins. Bravo – Breitensport im besten Sinne.

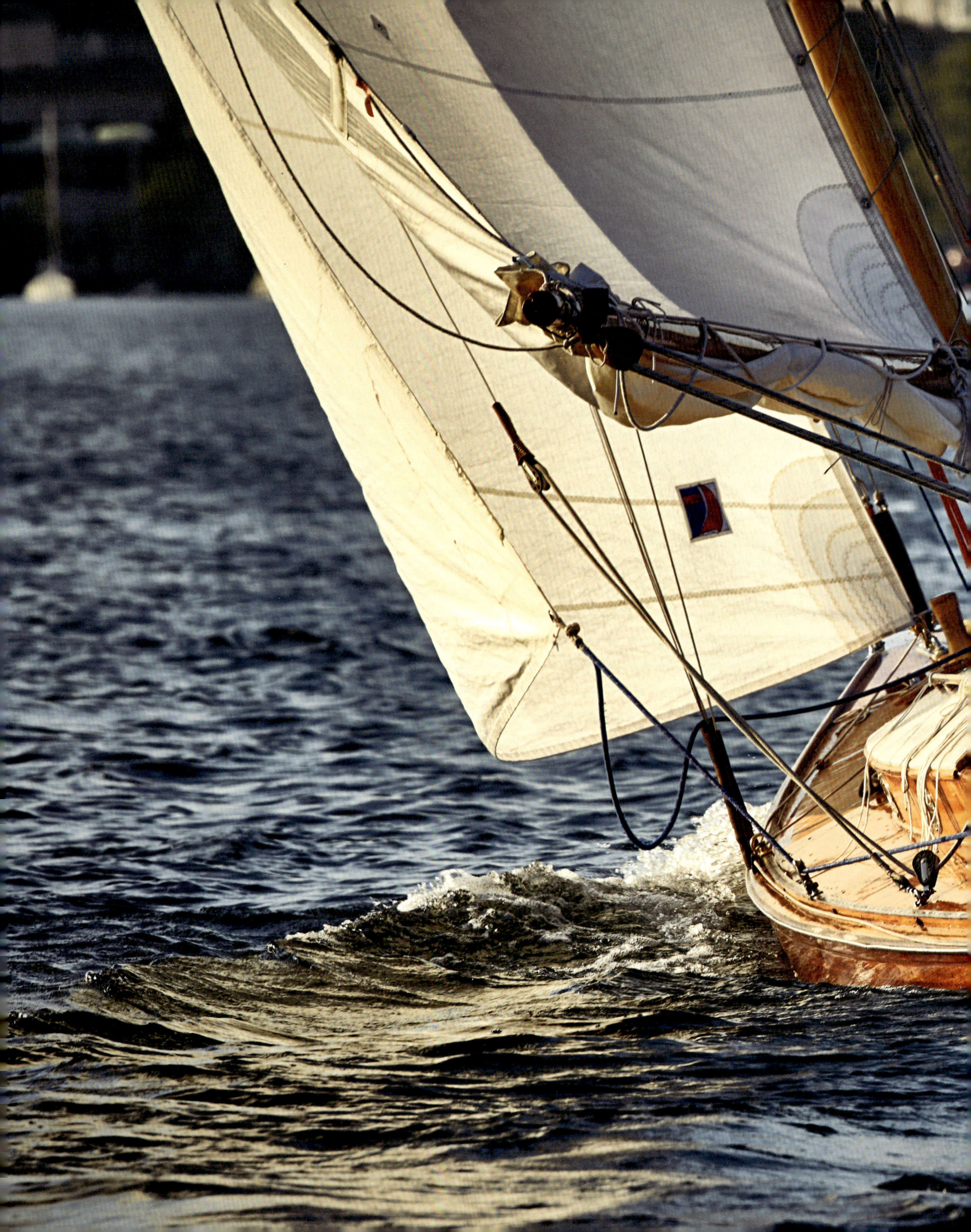

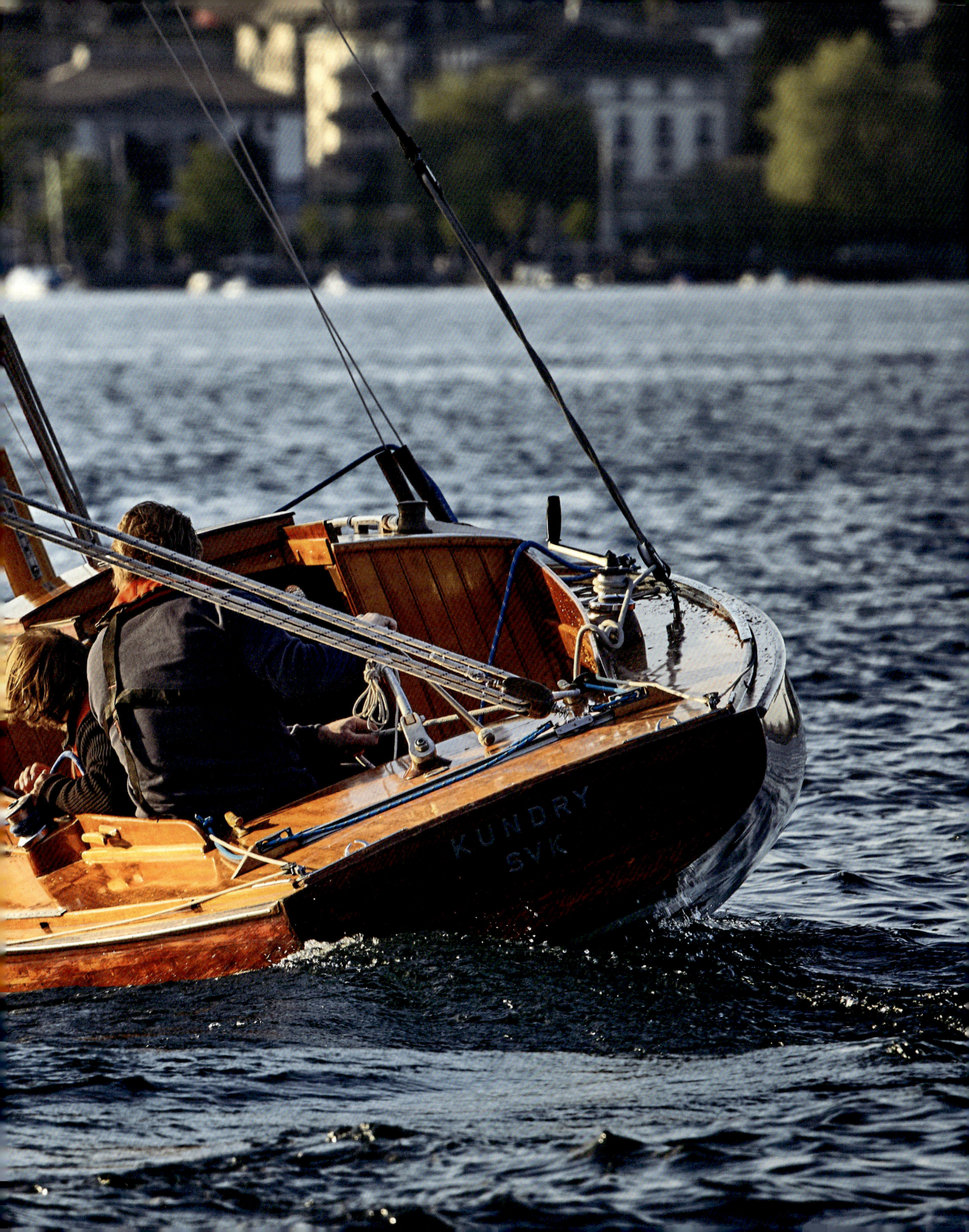
KUNDRY
SVK

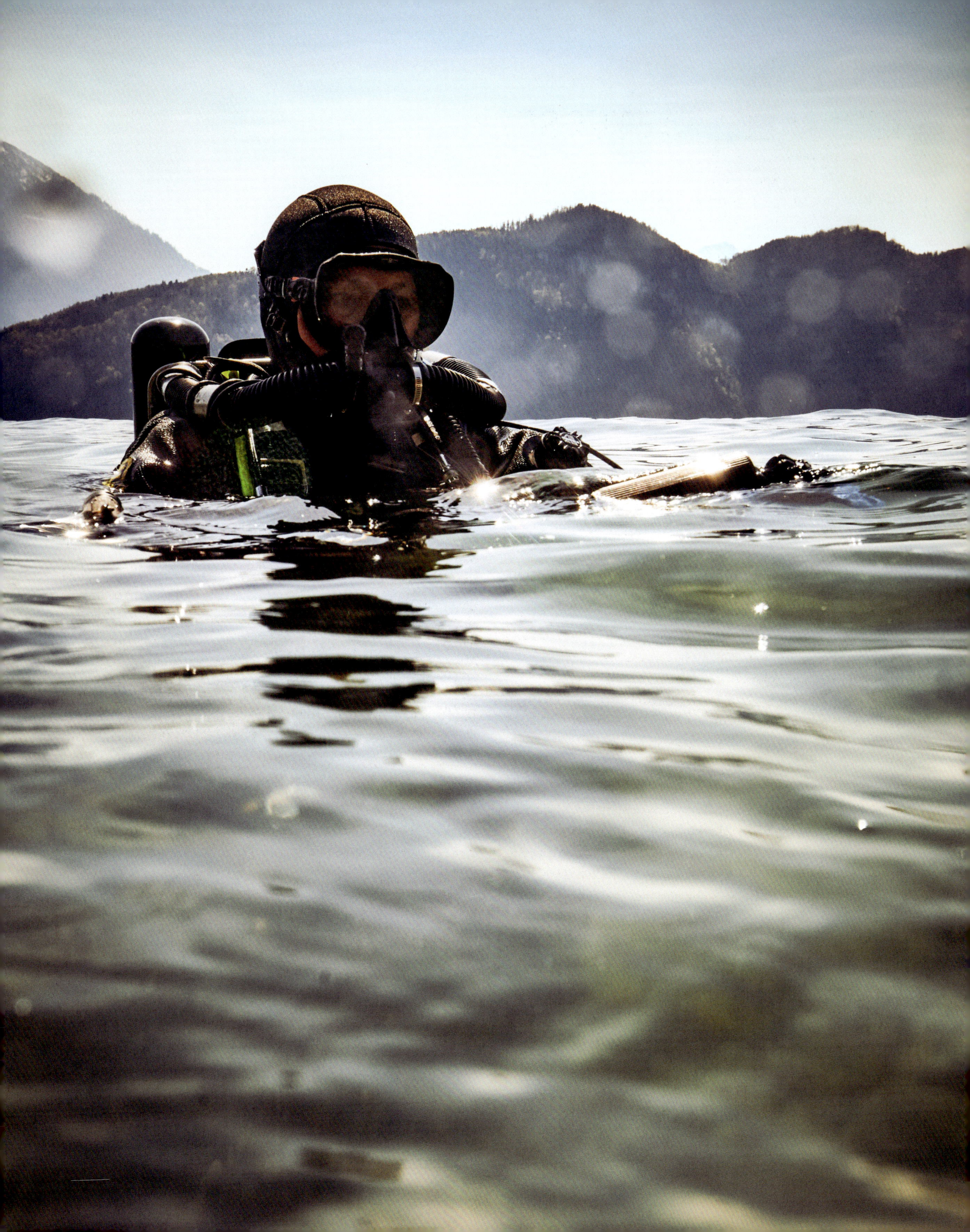

VIERWALDSTÄTTERSEE/ THUNERSEE
EINTAUCHEN IN EINE WUNDERWELT

Weiße Gletscher, grüne Wälder, blaues Wasser. Dazu eine ungewöhnliche, besonders reizvolle Vegetation: Neben Edelkastanien und Walnussbäumen wachsen an den Ufern und Hängen rund um den Vierwaldstättersee auch Hanfpalmen, Feigen, Zypressen und andere südländische Pflanzen. Klare Sache: Der kann was, der See. Und er ist in jeder Hinsicht besonders abwechslungsreich. Im Herzen der Schweiz gelegen, hat er einen eigentümlichen, kreuzförmig-verwinkelten Umriss und besteht aus mehreren Becken, Armen und Trichtern. Jeder Abschnitt hat seinen eigenen Charakter und ein typisches Windsystem – langweilig wird das Segeln hier also bestimmt nicht. Die besten Bedingungen finden sich im östlichsten Teil, dem Urnersee, der nicht umsonst »Windmühle der Schweiz« genannt wird und mit konstanter Thermik von Mai bis Ende September aufwarten kann.

Rund 100 Kilometer im Südwesten des Vierwaldstättersees liegt der deutlich kleinere, aber ebenfalls sehr windsichere Thunersee. Hier hat Anja von Allmen das Segeln erlernt – eine junge Frau, deren Namen man sich merken sollte. Die Gymnasiastin gewann 2018 bei der Optimist-Weltmeisterschaft die Bronzemedaille in der Mädchenwertung, 2019 und 2020 jeweils Gold bei der Laser 4.7-WM und 2021 bei den Juniorenweltmeisterschaften des Weltsegelverbands Silber im ILCA6 (früher Laser Radial). Nun hat die Spiezerin Olympia im Visier, und man darf darauf wetten, dass sie auch dieses Ziel erreichen wird.

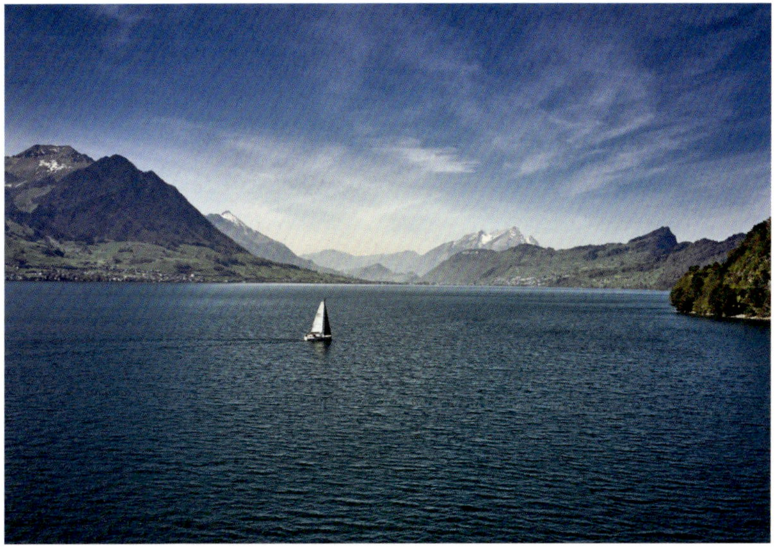

KLISCHEE WIRD WIRKLICHKEIT
Überdacht von weißen Wolken, Eingerahmt von schroffen Bergen, umgeben von Wanderwegen sowie Skipisten und gesäumt von kleinen Dörfern und saftigen Weiden: Dieser See vereint alles, was die Schweiz zu bieten hat. Für Taucher geht es an speziellen Einstiegen in die nasse Unterwelt.

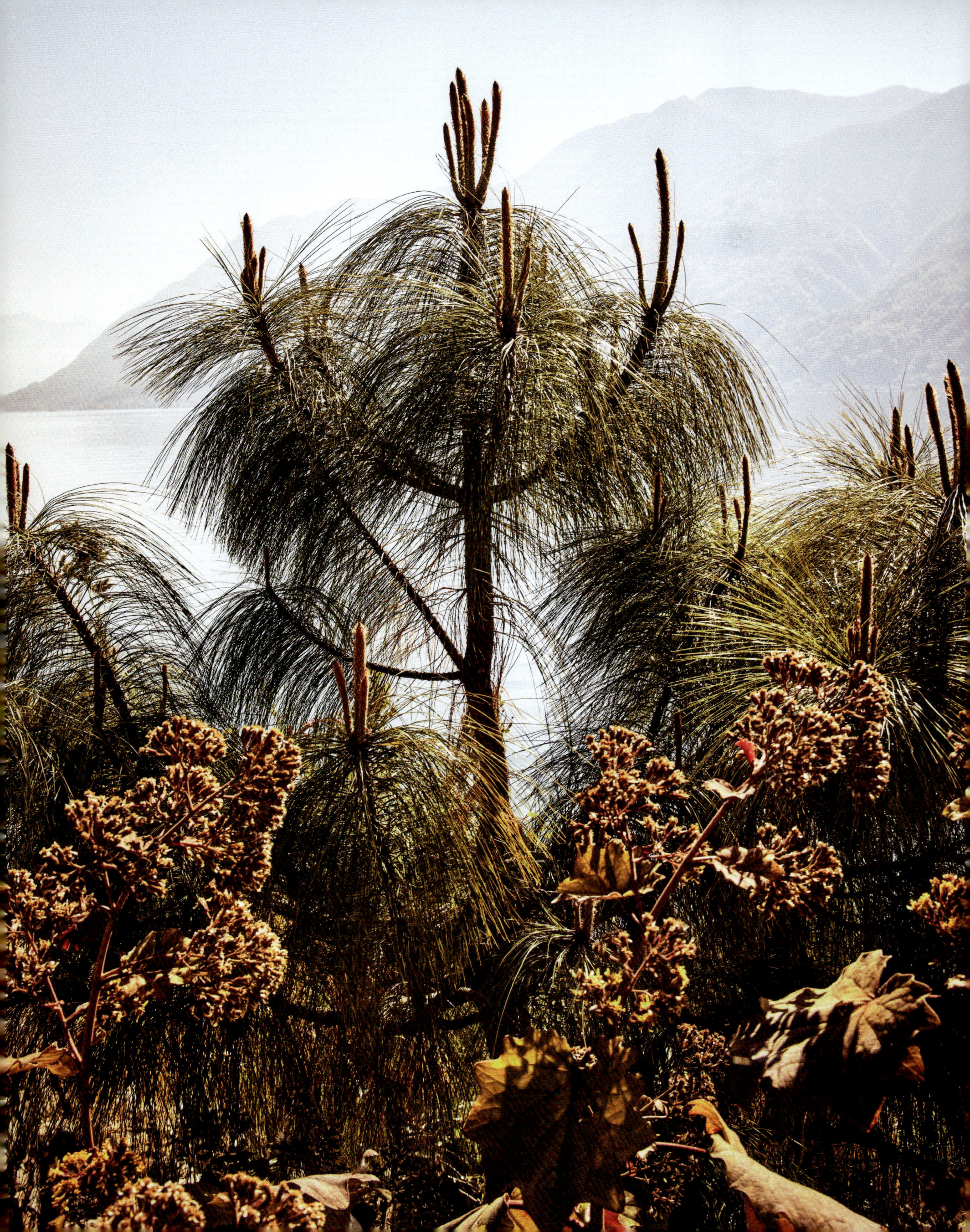

LAGO MAGGIORE
EXOTISCHER EXKURS

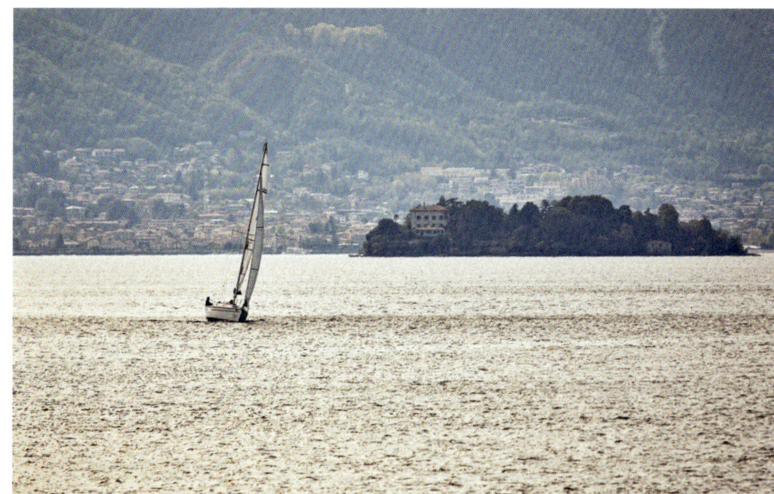

Er ist ein Wanderer zwischen den Welten. Hier die Po-Ebene, da die Alpen. Hier italienische Lässigkeit in Piemont und Lombardei, da eidgnössische Akkuratesse im Tessin. Nur 20 Prozent des insgesamt über 200 Quadratkilometer großen Lago Maggiore, nämlich der Nordzipfel, gehören zur Schweiz, doch dort finden sich für Segler die besten Bedingungen. Im Frühjahr und Herbst werden die umliegenden Berghänge von der Sonne erwärmt, dann setzt ab dem späten Mittag von Süden her eine kräftige Thermik ein. Die kann man gleichermaßen zum sportlichen Segeln oder für entspannte Ausflüge nutzen. Attraktive Ziele, die sich per Boot erreichen lassen, gibt es viele, als ein Beispiel sei die größere der beiden Brissago-Inseln genannt, die Isola San Pancrazio, an deren Steganlagen auch private Besucher festmachen dürfen – die Insel ist für die Öffentlichkeit zugänglich. Sie beherbergt einen außergewöhnlichen, 25.000 Quadratmeter großen botanischen Garten. Auf den Brissago-Inseln herrscht nämlich das mit Abstand wärmste Klima der Schweiz, und so gedeihen hier Palmen und subtropische Pflanzen, die aus allen Teilen der Welt zusammengetragen wurden und die man auf diesem Breitengrad nicht vermuten würde. Im Zentrum all dieser vor mehr als 100 Jahren von einer deutsch-russischen Baronin angelegten Schönheit wartet ein prächtiger Palast im Florentiner Stil.

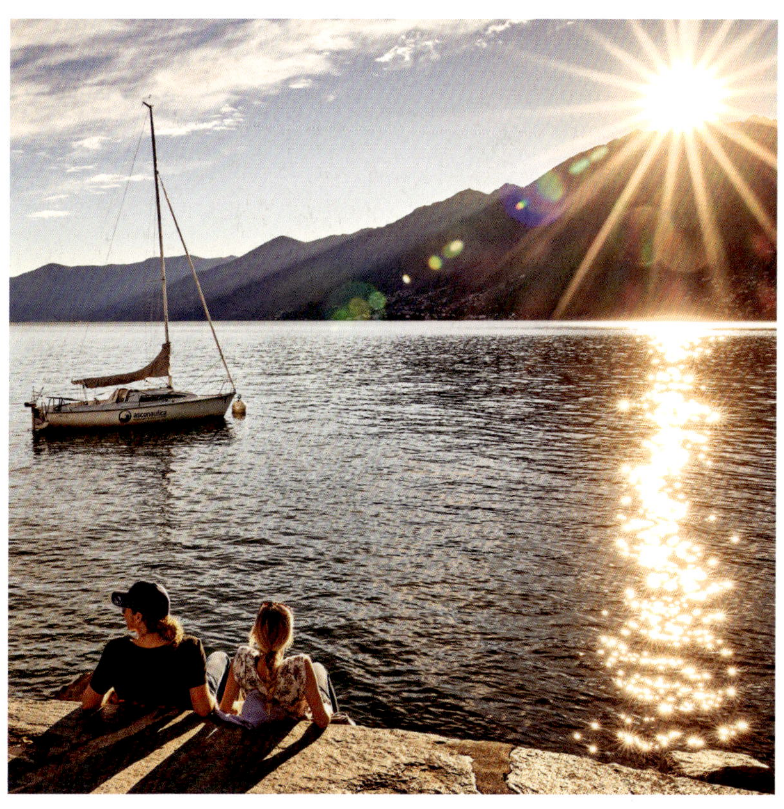

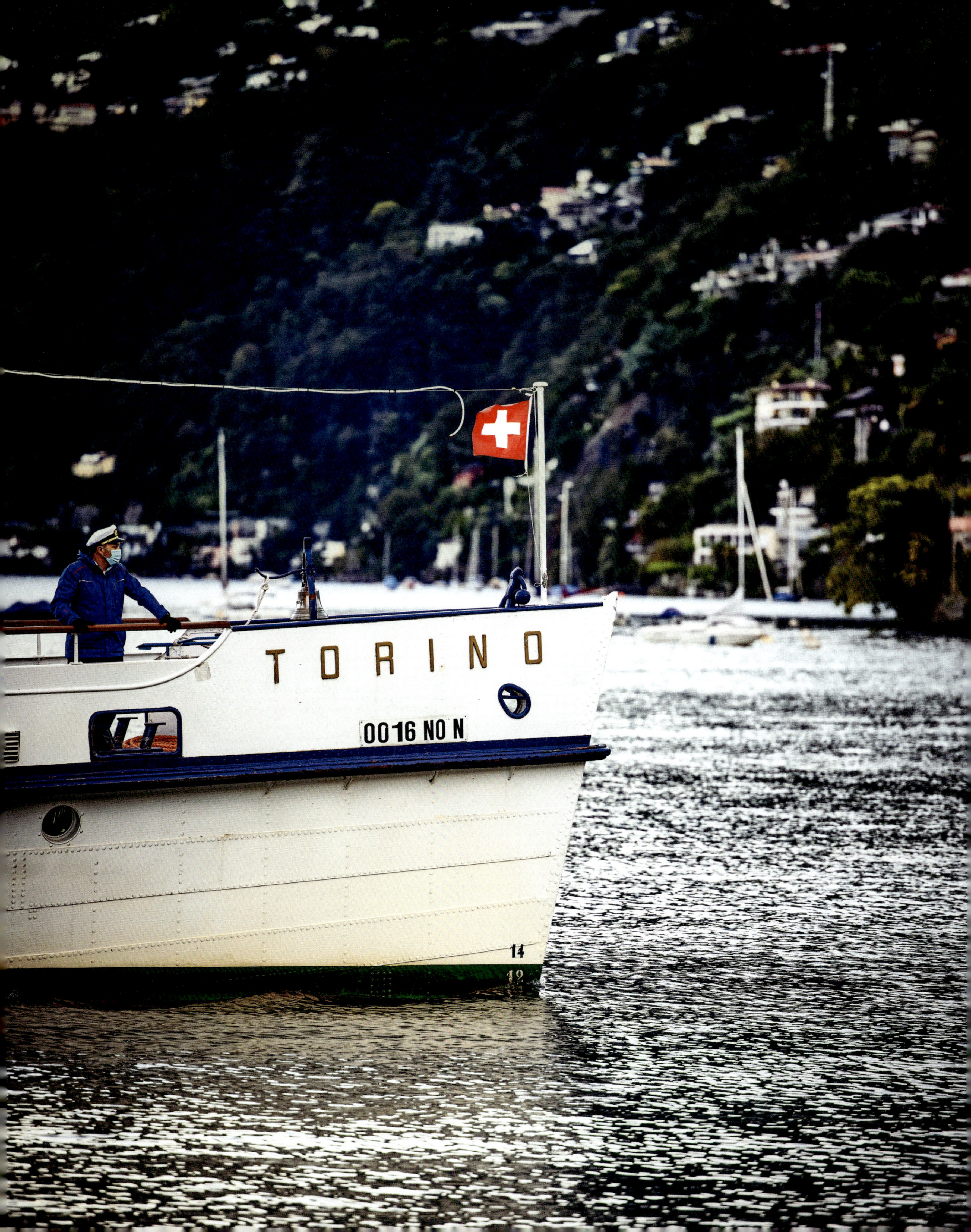
TORINO
0016 NO N
14

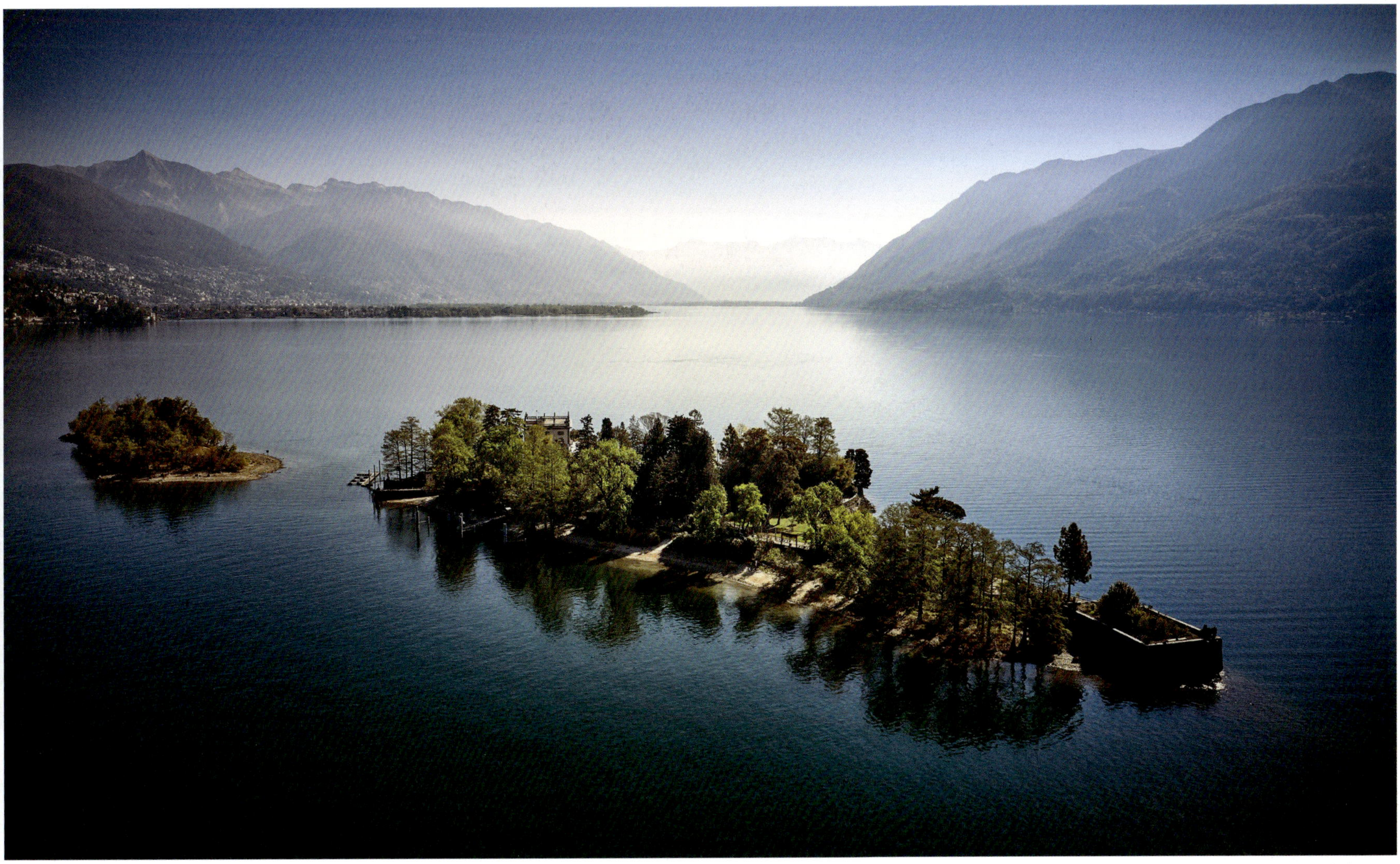

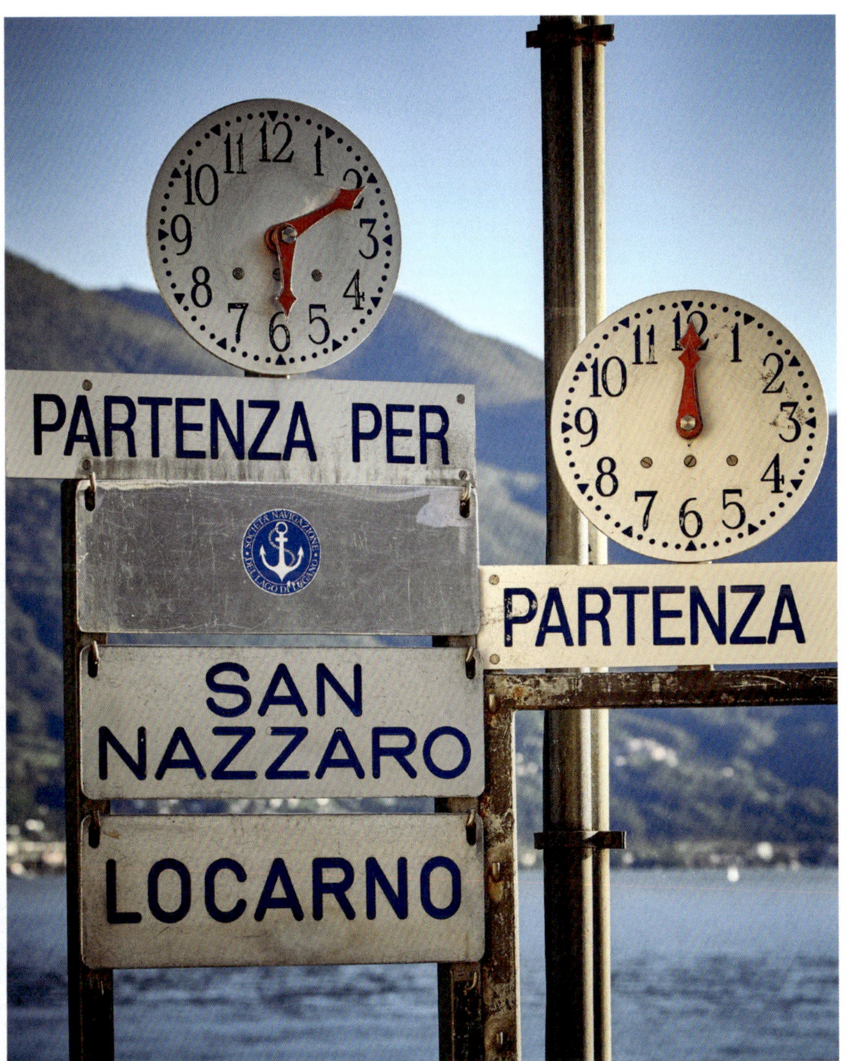

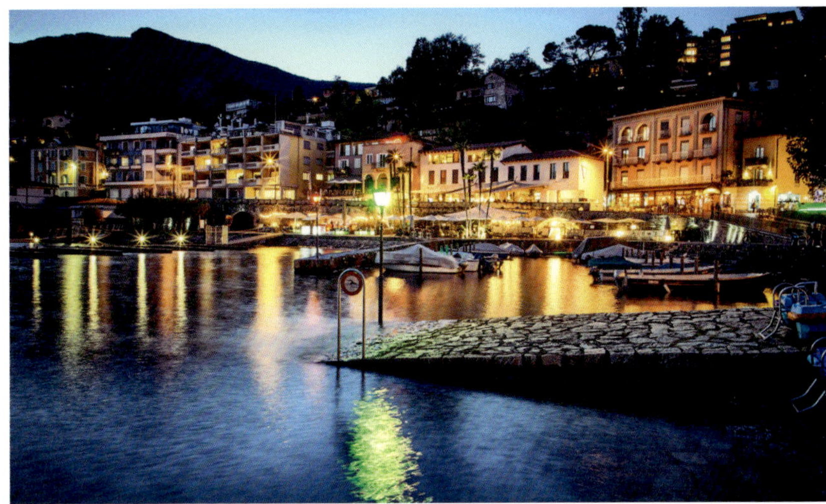

DAS BESTE AUS ZWEI KULTUREN
Hier ist man – wenngleich auf eidgenössischem Boden – schon fast in Italien. Das Klima ist mild, die Pflanzenwelt auf der Brissago-Insel exotisch. Es geht um pure Entspannung; ob bei thermischer Nachmittagsbrise auf dem See oder bei Sonnenuntergang auf der Promenade.

4
LAGHI ITALIANI

SONNIGES GEMÜT – DIE ITALIENISCHEN ALPENSEEN ZWISCHEN LAGO MAGGIORE UND GARDASEE

116

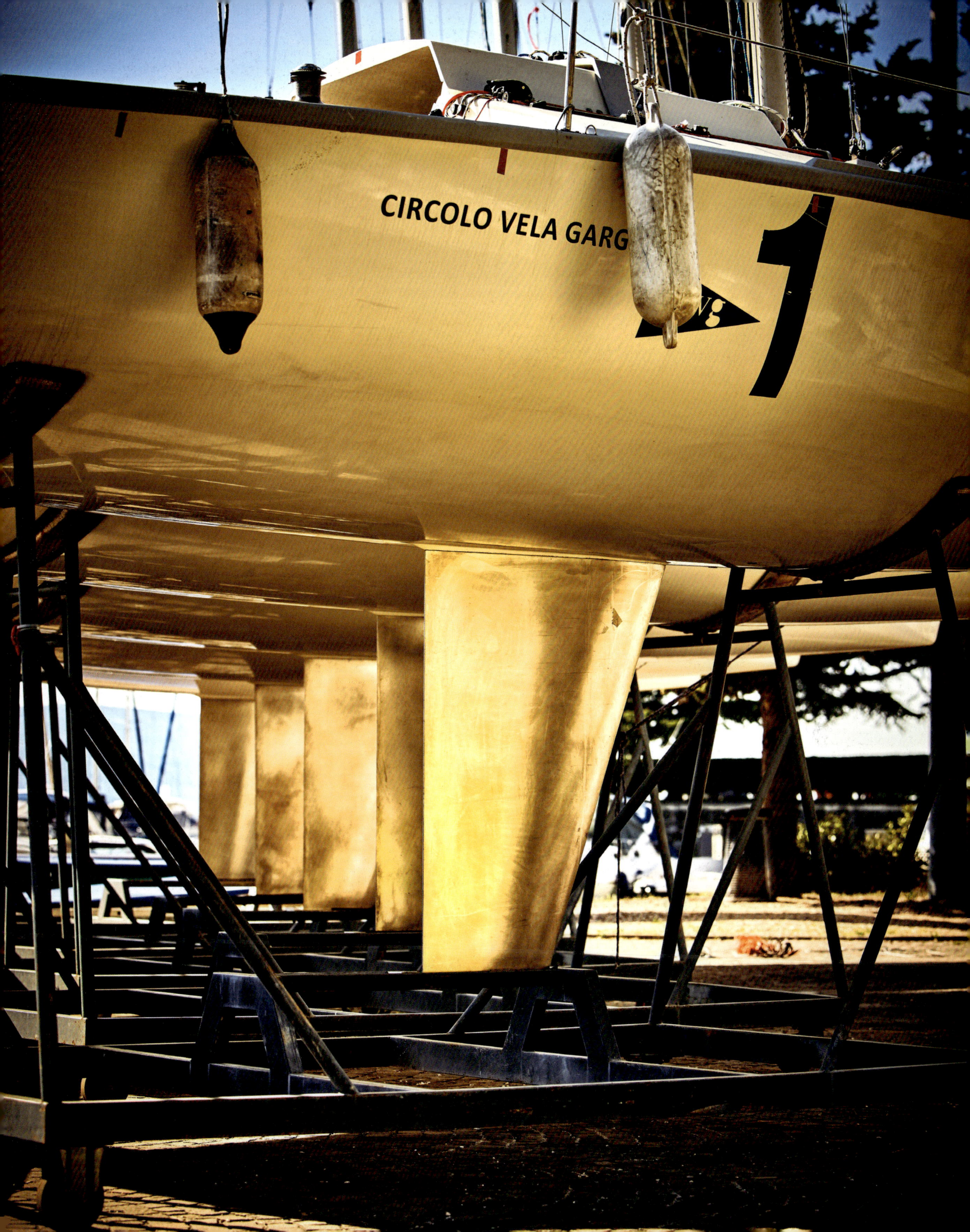

CIRCOLO VELA GARG
1

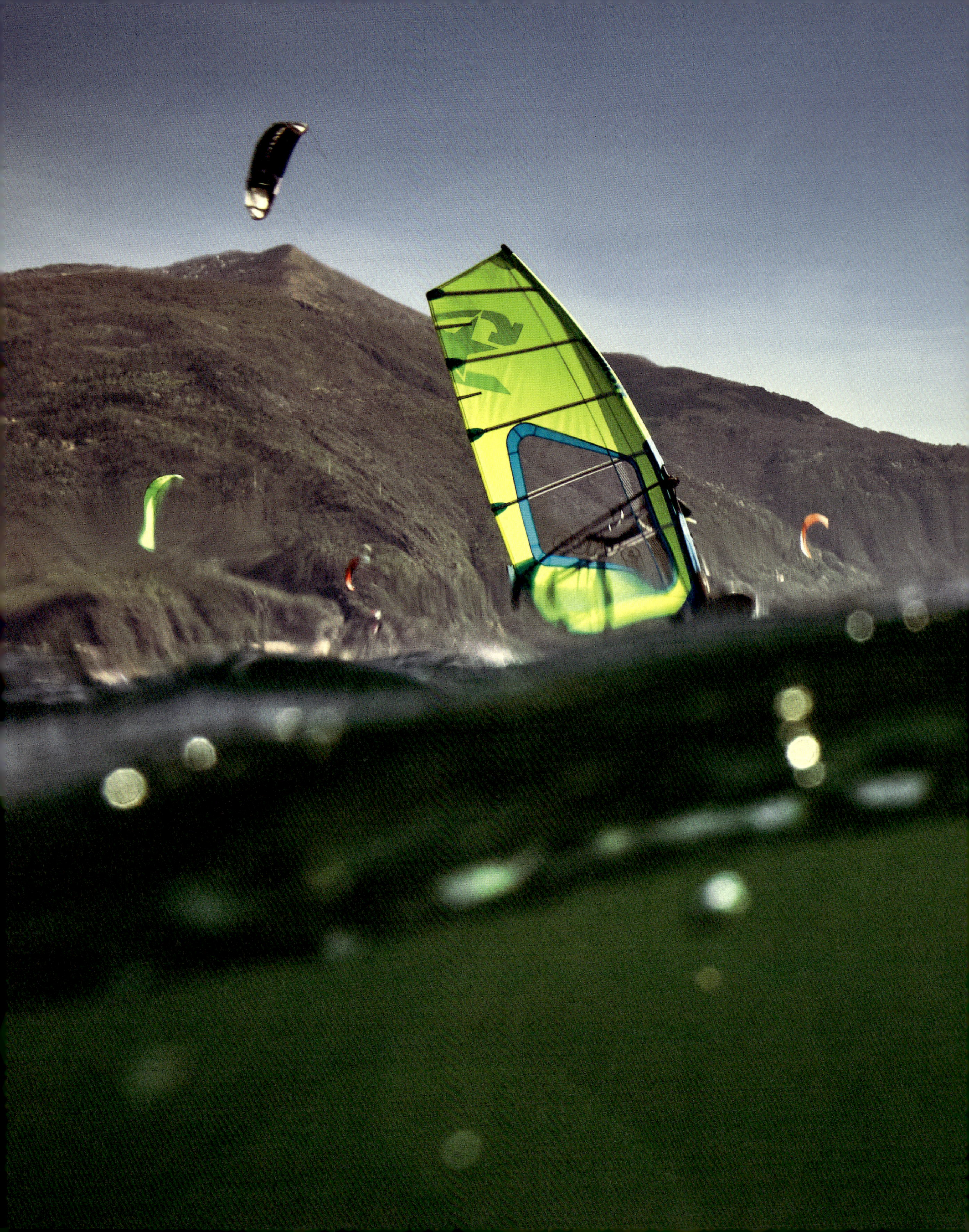

LA DOLCE AQUA
SONNIGE REVIERE SÜDLICH DER ALPEN

Was macht einen See attraktiv? Segler und andere Freizeitaktivisten mit Boot oder Board werden als Erstes die vorherrschenden Windbedingungen nennen. Nicht zu viel und nicht zu wenig soll es wehen, gleich- und regelmäßig, und wenn die Lufttemperaturen noch halbwegs passen, man also am Wasser weder friert noch schwitzt, dann ist das Glück perfekt. Okay, haben wir vermerkt. Die Schönheit der Landschaft kommt sicher auch rasch zur Sprache. Diese liegt zwar bekanntlich im Auge des Betrachters, aber wenn sich hohe Berge, die Gipfel womöglich schneebedeckt, saftige Wiesen und blaue Flächen zu einem stimmigen Bild fügen, geht jedem das Herz auf. Kulinarik, Kunst und Kultur, alles umstandslos an den Ufern zu genießen, wären auch nicht schlecht, freundliche, gern auch schrullige Einheimische das Tüpfelchen auf dem i. Alles klar. Aber: Eine mehr oder weniger ausgewogene Mischung aus alldem findet sich im Grunde auf sämtlichen Gewässern, die in diesem Buch ins rechte Licht gerückt werden – was also macht speziell die Oberitalienischen Seen für deutschsprachige Wassersportler so attraktiv? Vielleicht ist es die erfrischende Balance aus Fremdheit und Vertrautheit. Die Gewässer erinnern in vieler Hinsicht an heimische Reviere und sind doch reizvoll anders. Sprache, Küche, Klima, Mentalität – Italien lässt grüßen, und das schafft im Handumdrehen Urlaubsflair. Egal, an welchem Lago, es lebt und liebt (und segelt) sich besonders entspannt. Und gleichzeitig scheint man sich mühelos in eine bessere Version seiner selbst zu verwandeln, großzügiger, lässiger, offenherziger. Wer würde das nicht wollen.

Möglicherweise wussten diesen Effekt auch jene Besucher zu schätzen, die vor Hunderten Jahren hierherkamen. Die »Grand Tour« genannte Bildungsreise, auf die sich gehobene Schichten zwecks Horizonterweiterung zu begeben pflegten, erfreute sich ab dem 17. Jahrhundert beim europäischen Adel und dem wohlhabenden Bürgertum immer größerer Beliebtheit, und der Gardasee gehörte zu ihren Stationen. Johann Wolfgang von Goethe verbrachte etwa im Herbst 1786 mehrere Wochen in Torbole; das Tagebuch, das er in dieser Zeit verfasste, diente nachkommenden Generationen als eine Art Reiseführer für die Region. Als 1805 die von Napoleon in Auftrag gegebene Straße über den Simplonpass (heute zwischen der Schweiz und Italien gelegen) fertiggestellt wurde, waren die Oberitalienischen Seen leichter zu erreichen und gerieten damit noch mehr ins Visier der Reichen und Mächtigen, der Dichter und Denker. Auf den Borromäischen Inseln im Lago Maggiore machten Herr Bonaparte samt Gattin Joséphine Station, Aquarellist William Turner schwang seinen Pinsel, Romancier Gustav Flaubert den Federkiel. Friedrich Nietzsche philosophierte in Riva vor sich hin, Thomas Mann und Franz Kafka ließen sich ebendort zu literarischen Meisterwerken inspirieren. Eine Liste, die sich beliebig verlängern ließe.

In neuerer Zeit sind es vornehmlich VIPs aus anderen Lagern, die an einem der Seen urlauben oder sich einen Zweitwohnsitz zulegen, nämlich Schauspieler, Musiker, Modeschöpfer oder Sport-Ikonen. Unter Letzteren befinden sich auch hochdekorierte Segler (die allerdings selten in einer Prunkvilla leben): Der Brasilianer Marcelo Ferreira, seines Zeichens Doppelolympiasieger und mehrfacher Weltmeister, hat sich am Lago di Como niedergelassen, sein Landsmann Robert Scheidt, der fünf Olympiamedaillen in zwei Klassen holte, ist in Torbole am Garda-

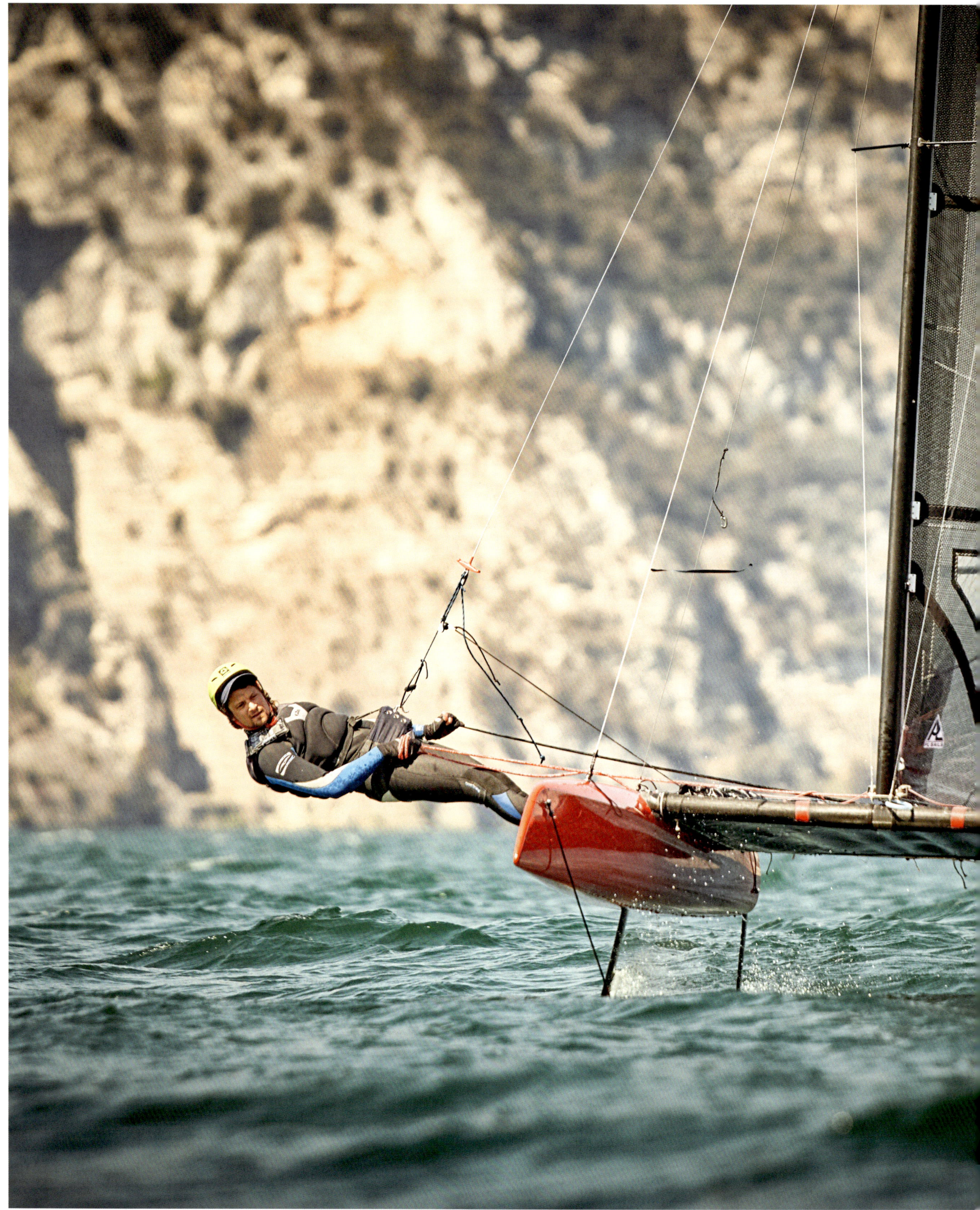

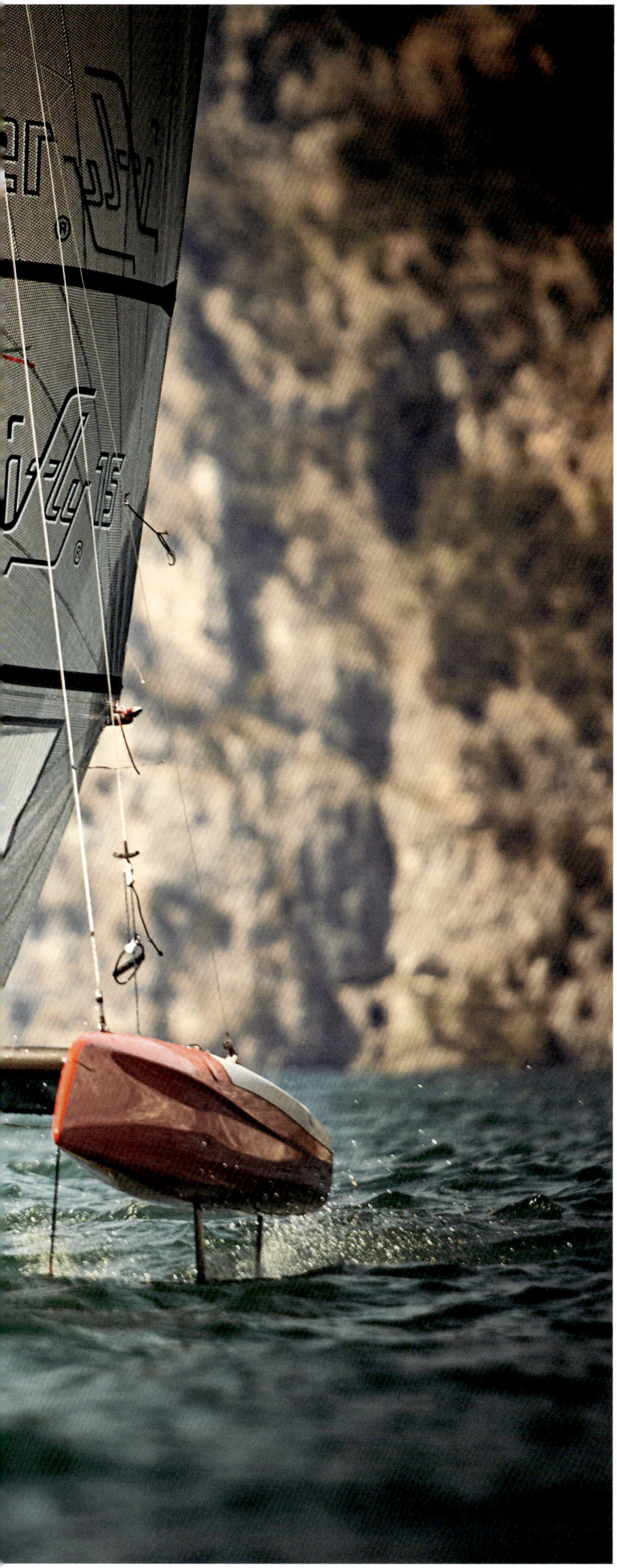

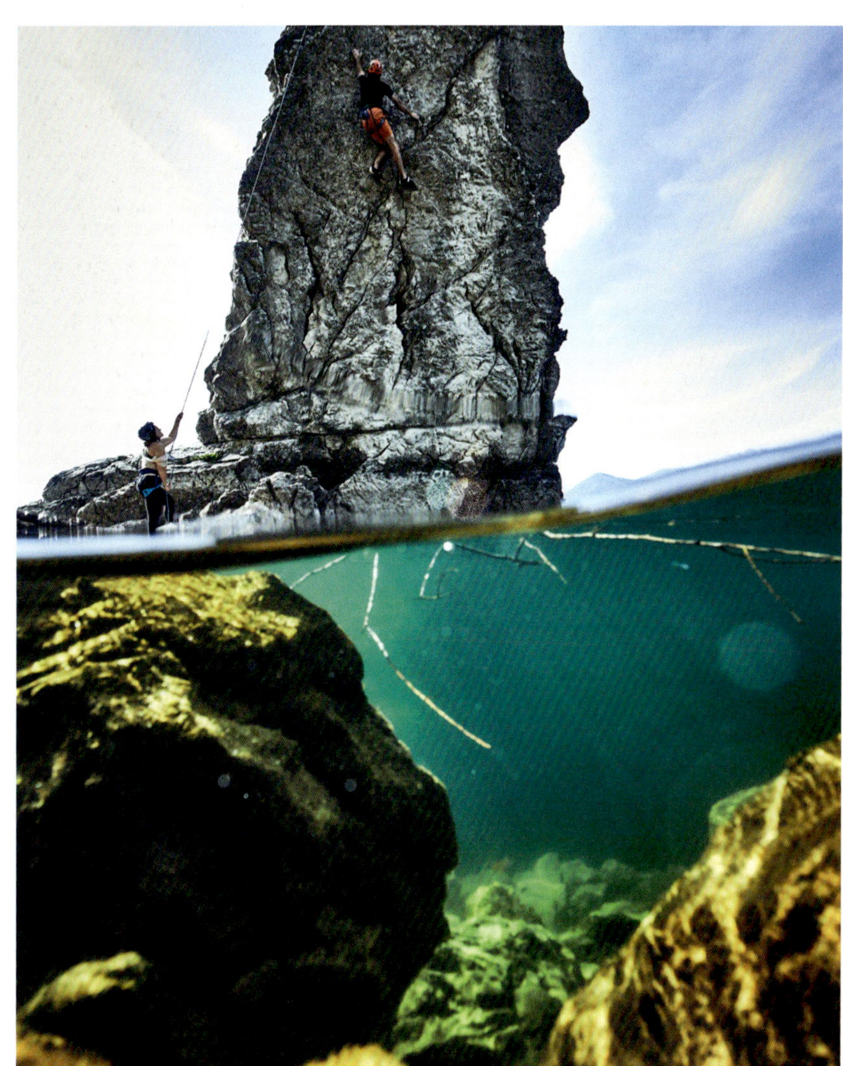

see daheim, Frithjof Kleen, Starboot-Segler und Swan-Weltmeister aus Berlin, lebt, arbeitet und trainiert im nahen Riva. Zumindest zu Gast waren am Lago di Garda (über dessen Vorzüge noch ausführlich zu lesen sein wird und der nicht umsonst ein Hotspot der internationalen Regattaszene ist) auch die absoluten Superstars des Segelsports, vom mehrfachen America's-Cup-Sieger Russell Coutts aus Neuseeland über den in jedem Genre höchst erfolgreichen US-Amerikaner Paul Cayard bis zum Briten Ben Ainslie, der so viele Olympiamedaillen beim Segeln gewonnen hat wie niemand sonst. Auch der »Sieger der Herzen« der letzt ausgetragenen Vendée Globe, der Deutsche Boris Herrmann, heizte hier mit seinem Kat während eines Rennens mit 39 Knoten über den See – und kenterte spektakulär über Kopf. Sie alle sind an einem Ozean aufgewachsen, waren sich aber nicht zu gut, um einen Alpensee als Spielwiese für Training und Wettkampf zu nutzen. Und ganz nebenbei genossen sie die Schönheit der Landschaft sowie die Freuden von Kulinarik, Kunst und Kultur – ganz wie wir Normalos auch.

IM FLOW
Ob auf Foils im Rausch der Geschwindigkeit oder an der Wand beim Bouldern: die Italienischen Seen halten für jeden Adrenalin pur bereit.

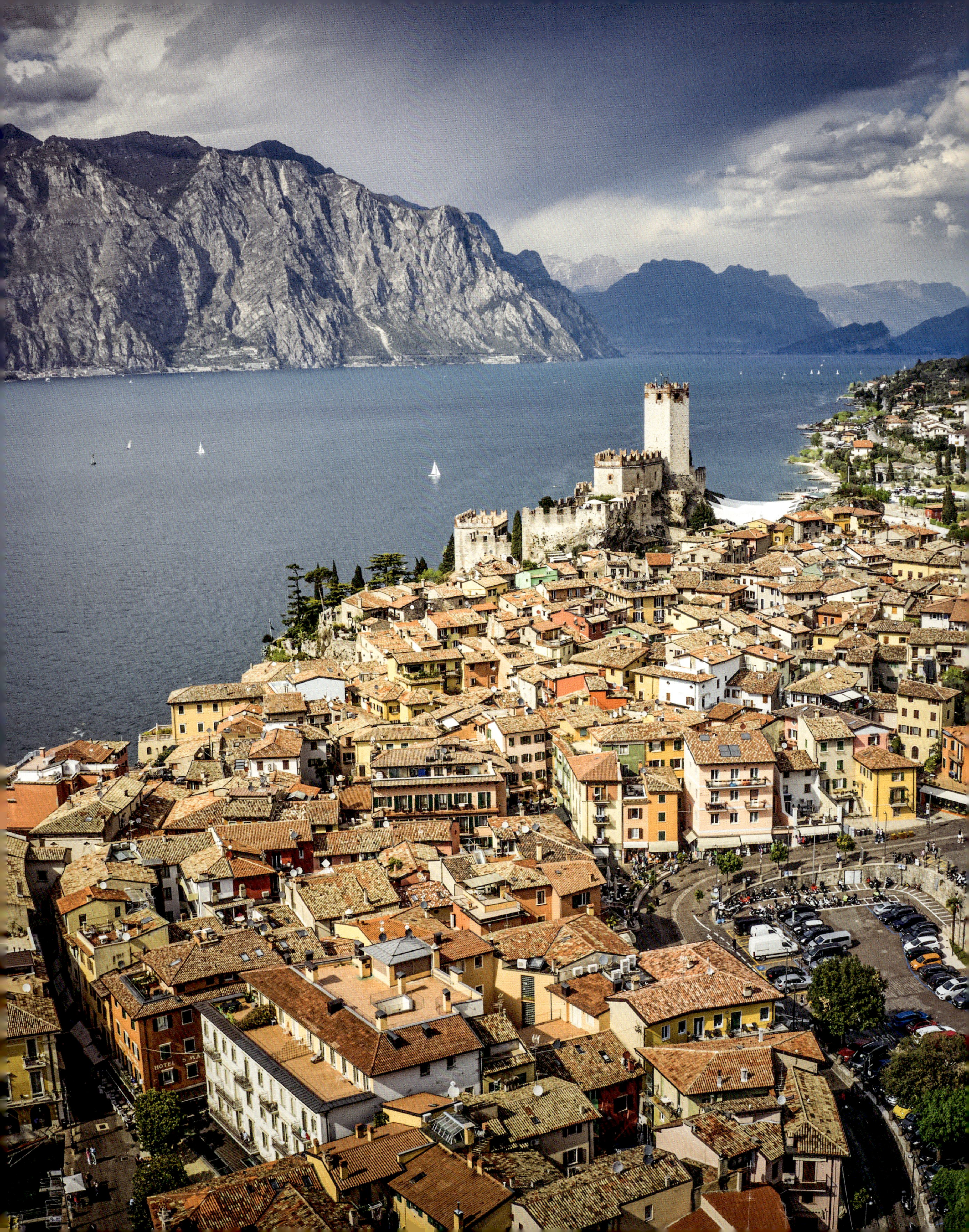

LAGO DI GARDA
SEHNSUCHTSORT MIT WINDGARANTIE

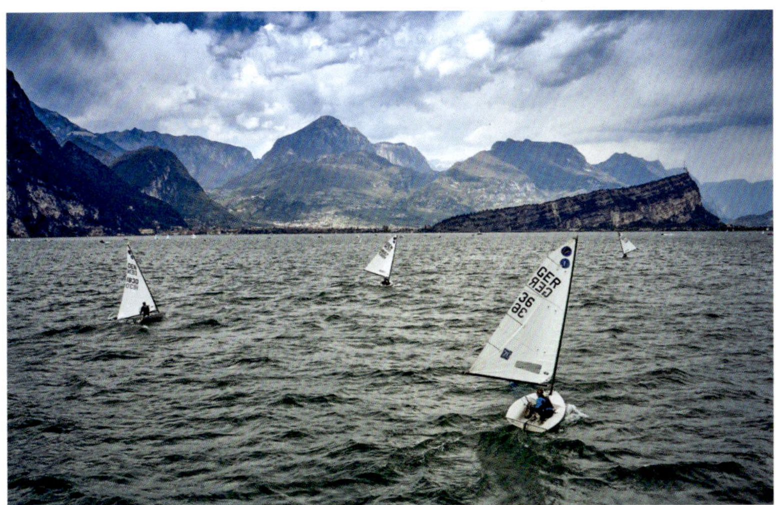

Er ist ein Sammler der Superlative. Der größte See Italiens. Der beliebteste bei jenen Wassersportlern, die den Wind für ihr Glück brauchen. Der belebteste, touristisch am stärksten erschlossene und abwechslungsreichste. Was gibt es an seinen Ufern nicht alles zu unternehmen und erleben: Die Bewegungshungrigen können zwischen Segeln, Surfen, Kiten, Wingen, Foilen, Wandern, Bergsteigen, Klettern, Radfahren, Mountainbiken und Paragliden wählen, die Erholungsbedürftigen sich am Strand aalen und die Kulturbeflissenen und Genussbetonten kommen ganz bestimmt auch nicht zu kurz.

Möglich ist diese Vielfalt, weil sich der Gardasee nicht nur über eine Länge von knapp über 50 Kilometern, sondern auch über drei ganz unterschiedliche Regionen erstreckt. Im windarmen Süden, also dort, wo sich das schuhlöffelförmige Gewässer weitet und die Landschaft mediterran wird, sind Badegäste bestens aufgehoben. An der Ostküste des Mittelteils prägen sanfte Hügel und Weingärten das Bild, gegenüber, an der Riviera Bresciana, erinnern elegante Villen und Hotels an die Zeit, als das Reiseziel Gardasee der besseren Gesellschaft vorbehalten war. Und der schmal zulaufende Norden ist weit über die Grenzen hinweg als Eldorado für Sportler aller Art bekannt. Zu verdanken ist dieser Ruf primär den fast senkrecht abfallenden, steil in den Himmel ragenden Felswänden. Die lassen sich nicht nur auf jede erdenkliche Weise erklimmen, sie leisten auch einen entscheidenden Beitrag für die berühmteste Thermik Europas – als kalter Gegenpol zur vor Hitze dampfenden Tiefebene im Süden und als über 2.000 Meter hohe Wand eines Kanals, der eine kolossal wirkungsvolle Düse bildet. Vento (manchmal auch Pelér, Sover oder Súer genannt) aus Nord am Vormittag, Flautenpause zu Mittag und ab 13 Uhr die Ora aus Süden – auf diesen Fahrplan freuen sich alle, die mit Boot oder Board aufs Wasser gehen. Und so gut wie jede Regattaseglerin, jeder Regattasegler aus der Alpenregion hat sich daran im Lauf ihres/seines Lebens bereits erfreut. Schon die Jüngsten kommen regelmäßig und gern, wie das für Optimisten ausgeschriebene

PERLE DES GARDASEES

So wird Malcesine im Norden des Sees genannt. Besonders beliebt bei Seglern, Kitern und Surfen aufgrund des zuverlässigen Windes, bieten die farbenfrohen Häuser und die Burg auch Landbesuchern einiges zum Entdecken.

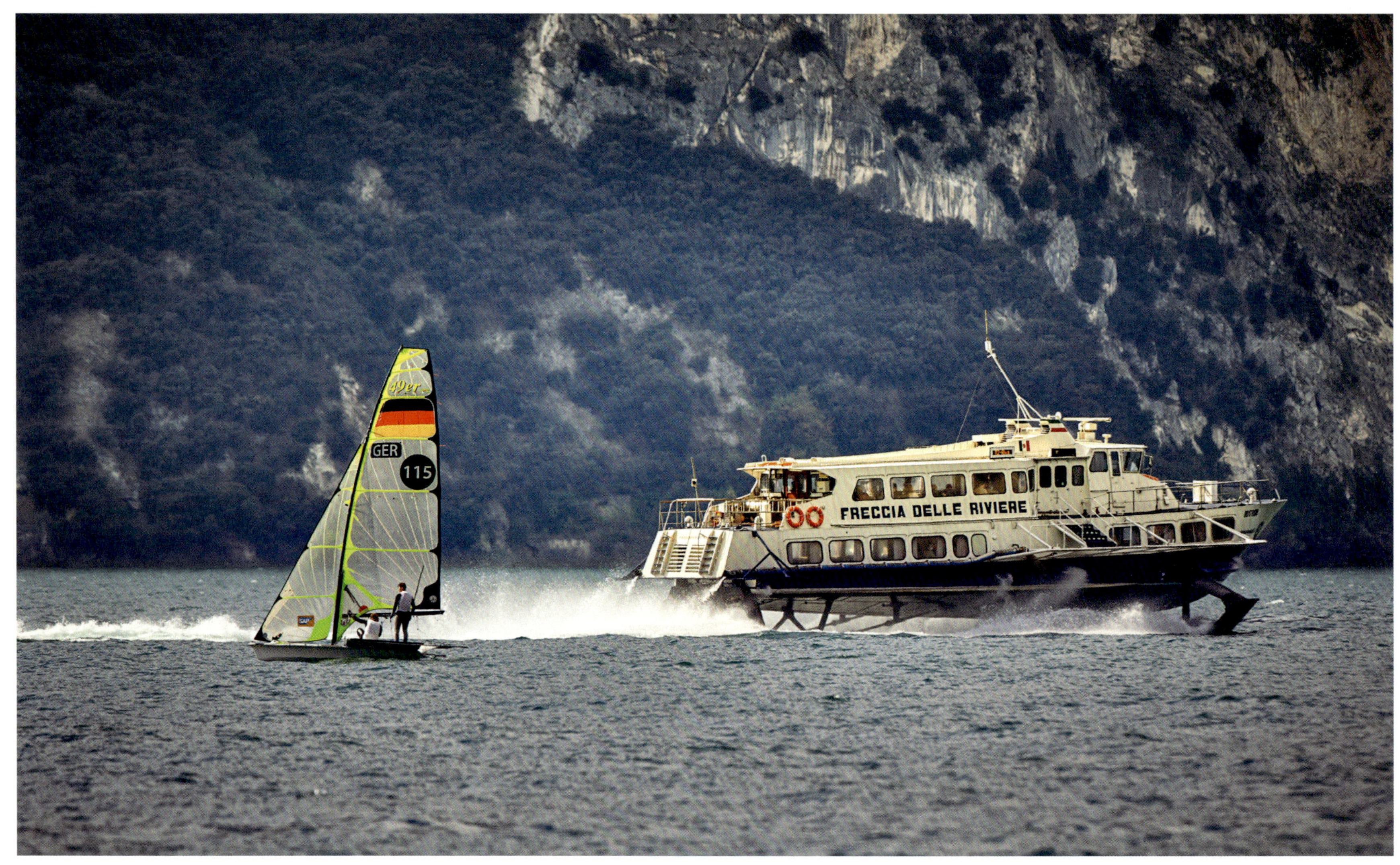

Lake Garda Meeting in Riva beweist. Es findet seit 40 Jahren zu Ostern statt und hält den Rekord für das weltweit größte Segelevent einer Klasse: 2012 gingen 1.055 Kinder an den Start, was dieser Regatta den Eintrag ins Guinessbuch bescherte. Über 1.000 aufgeregte Mädchen und Jungen plus deren Eltern, Geschwister, Trainer und andere Begleitpersonen auf einem Platz – das kann (und will) man sich kaum vorstellen …

Junge, im Sinn von neuen Disziplinen haben sich am Gardasee stets ihren Platz erobert. Nach den coolen Windsurfern in den späten 1970ern kamen die noch cooleren Kiter mit ihren bunten Lenkdrachen. Sie mussten sich wegen der massiven Unfallgefahr allerdings bald einem strengen Reglement unterwerfen: Im nördlichsten, zur Region Trentino zählenden Teil ist das Kiten komplett verboten, im Veneto zwar erlaubt, aber zeitlich strikt eingeschränkt. Zudem darf man nur an ganz wenigen, noch dazu gebührenpflichtigen Plätzen vom Ufer aus starten und landen, als Alternative bieten Schulen einen (natürlich ebenfalls kostenpflichtigen) Shuttle-Dienst per Boot an. Dass die Kiter den Gardasee trotz dieser Hürden lieben, spricht eindeutig für seine Vorzüge …

Ein ganz anderes Bild des Wassersports vermittelt die Langstreckenregatta Centomiglia, ein Klassiker, der seit 1951 immer am zweiten Sonntag im September stattfindet. Der Kurs führt über den gesamten See und ist, wie der Name schon sagt, 100 Meilen (cento miglia) lang, die Start- und Ziellinie liegt vor dem charmanten Hafenstädtchen Bogliaco am Westufer des Sees. Die Centomiglia ist die längste und größte Segelveranstaltung, die auf einem europäischen Binnengewässer ausgetragen wird. Eingebettet in eine Art Volksfest genießt sie längst Kultstatus. An die 2.000 Segler gehen jährlich auf rund 300 Yachten an den Start, gewertet wird in unterschiedlichen Kategorien, seit 2006 sind die Multihulls als eigene Klasse dabei. Die Monohulls werden seit vielen Jahren von den Liberas dominiert. Das Besondere an diesem hoch spezialisierten Bootstyp: Passend zur Bezeichnung »Libera« (= frei) sind lediglich Maxima bei Länge, Breite und aufrichtendem Moment vorgegeben, ansonsten ist bei der Konstruktion alles erlaubt. So wurden auf der Suche nach mehr Power die Masten immer höher, die Segel immer größer – und die Menschen, die im Trapez für ausgleichendes Gewicht sorgen müssen, immer mehr. Bis zu zwölf Personen turnen auf den beidseitigen Auslegern – so erkennt selbst ein Laie eine Libera auf den ersten Blick.

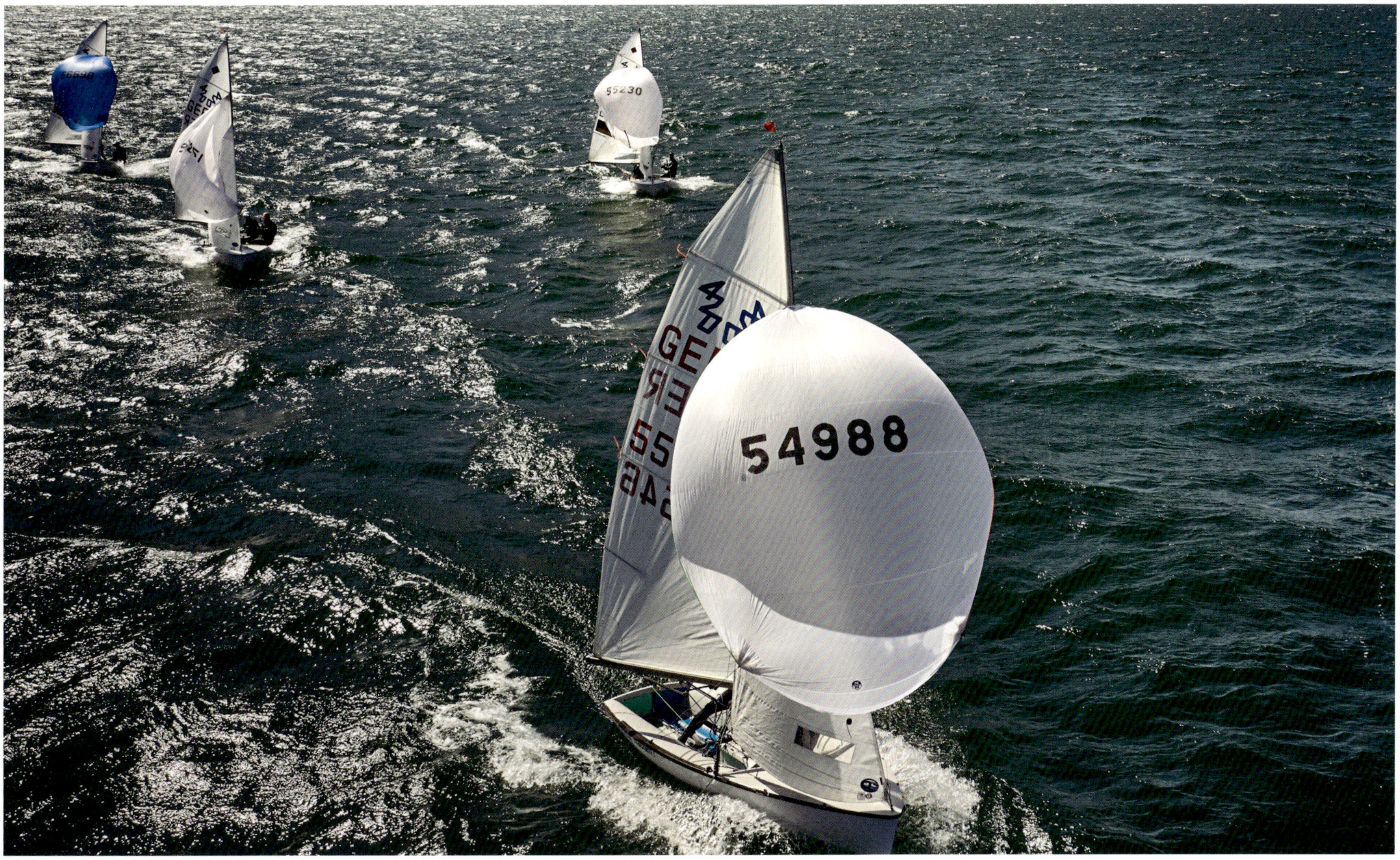

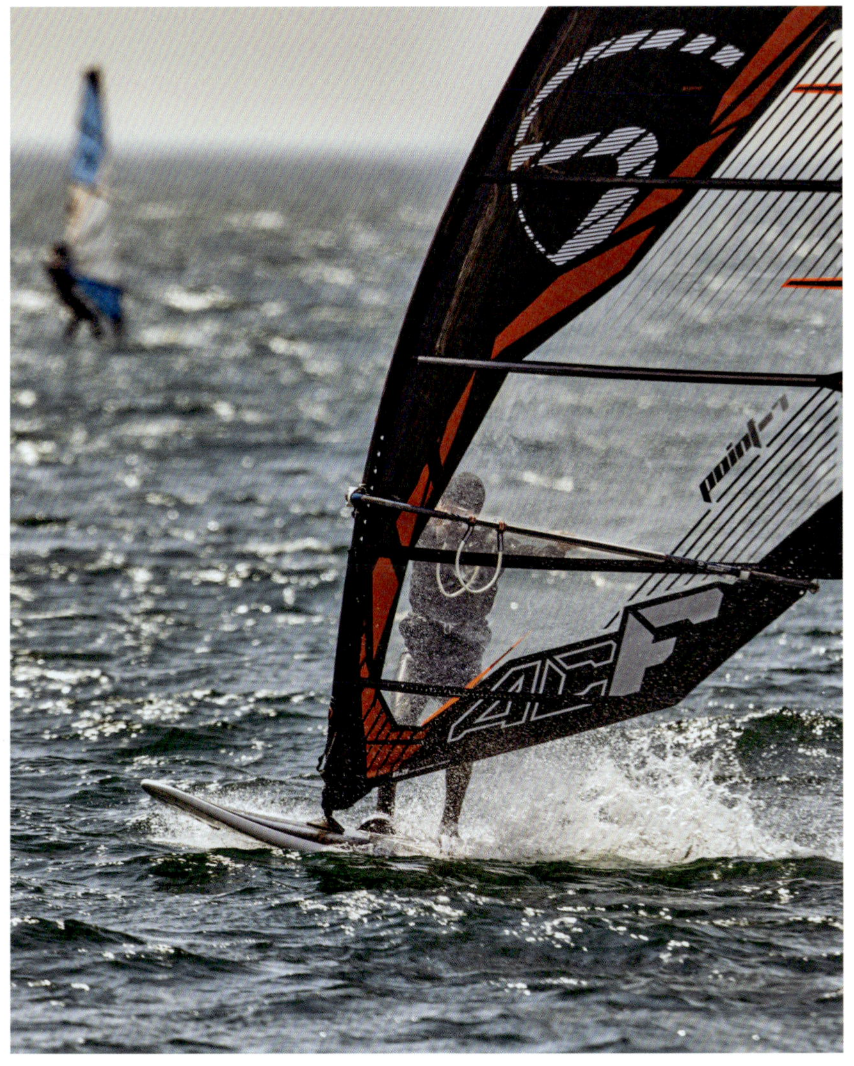

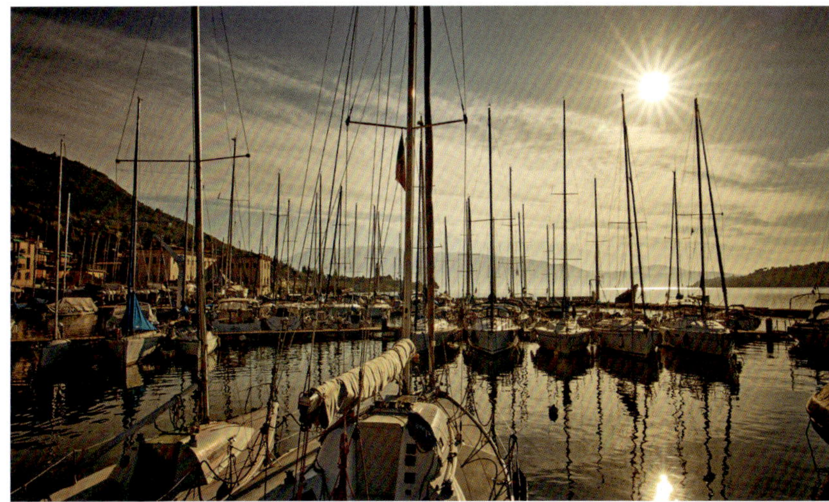

TRAININGSLAGER UND CHILL-OUT-AREA
Nachwuchstalente nutzen ebenso wie Vollprofis die idealen Windbedingungen des Sees, um effektiv zu trainieren. Nächste Doppelseite: Zum Lake Garda Meeting Optimist kommen jedes Jahr über 1.000 Jungsegler.

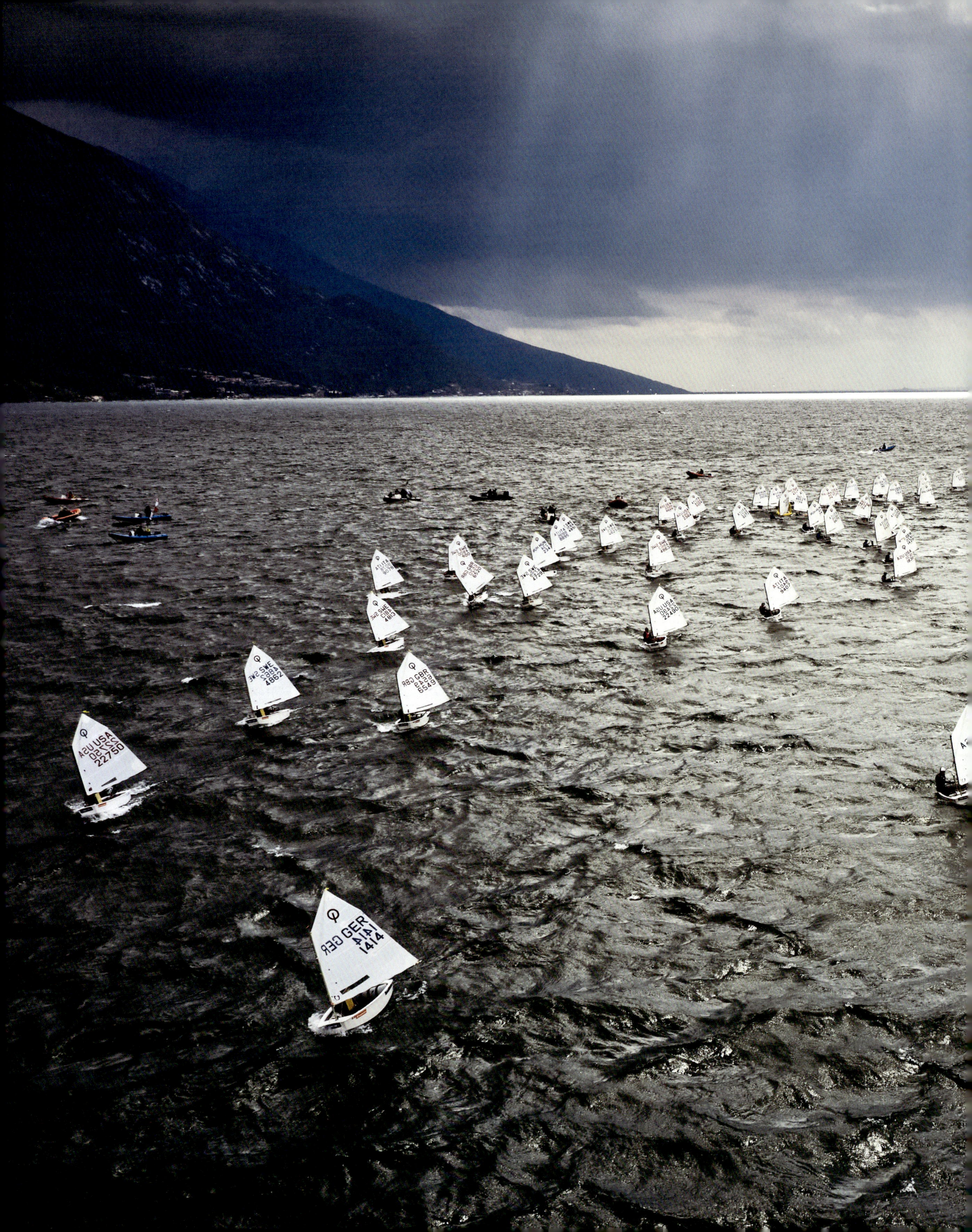
GER
1414
USA
22750
SWE
4862
GBR
6549

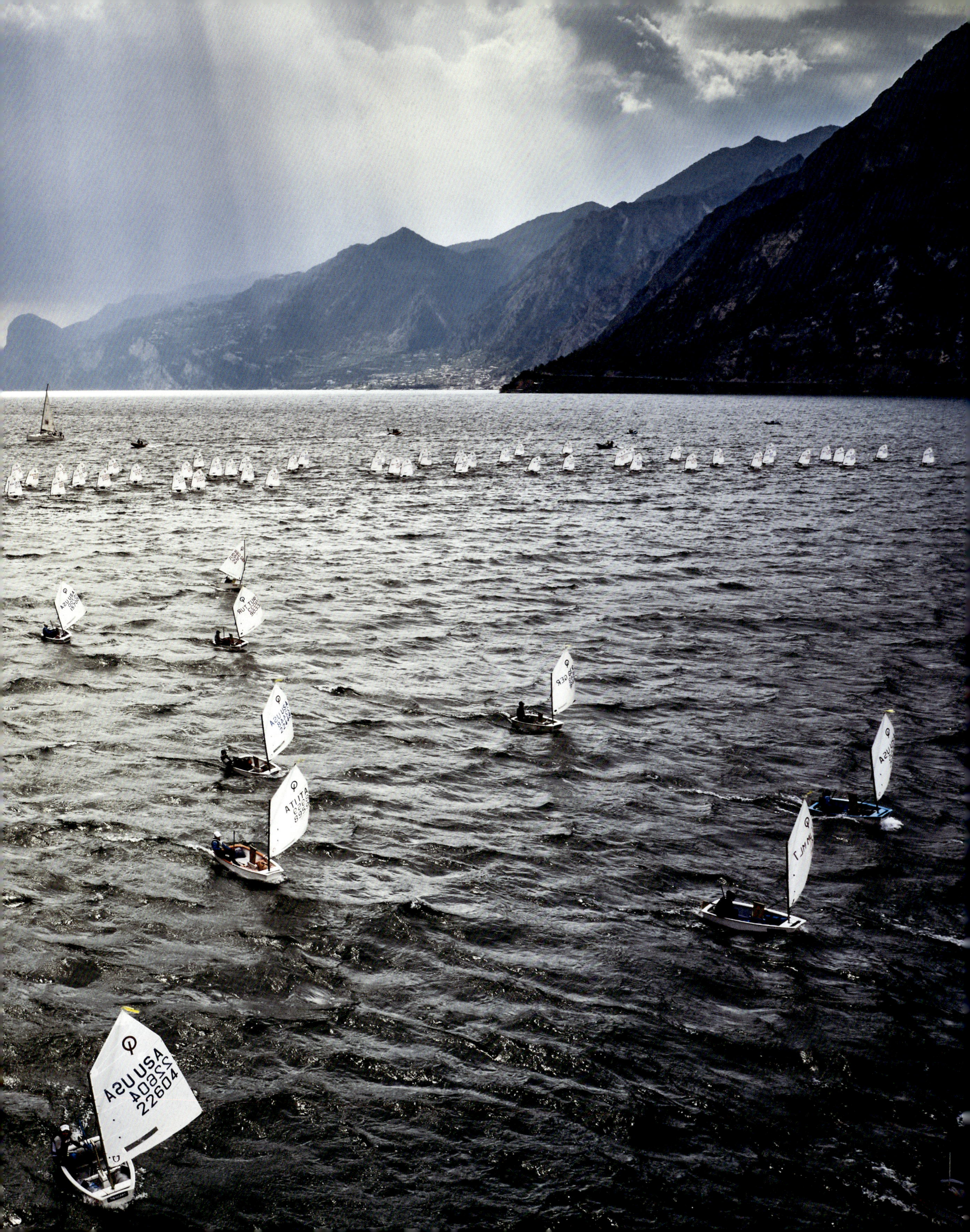
USA
22604

FOILEN

NICHT EINMAL FLIEGEN IST SCHÖNER

Foilende Wasserfahrzeuge liegen voll im Trend. So gut wie alles hebt sich heutzutage aus dem Wasser: wendige Jollen, kleine und große Katamarane, Kiel- und Motorboote, Kajaks sowie Boards aller Art. Ob Wellenreiter in Hawaii oder America's Cupper in Auckland – das Prinzip ist immer dasselbe. Das namengebende Foil ist ein Tragflügel unter dem Boot, um den das Wasser bei Vorausfahrt strömen muss. Weil er eine gewölbte Form hat, ist diese Strömung an der Oberseite schneller als an der Unterseite, und es entsteht – wie bei einem Flugzeug in der Luft – ein Sog nach oben, der das Boot bei entsprechender Geschwindigkeit aus dem Wasser hebt. Einmal in der Luft, muss es viel weniger Wasser verdrängen und wird deutlich schneller als bei herkömmlicher Fortbewegung im eigentlich angestammten Element.

Was in der Theorie einleuchtend und simpel klingt, hält in der Praxis einige Tücken bereit. So müssen sich die Tragflügel in ihrer Ausrichtung blitzschnell den Veränderungen an der Wasseroberfläche anpassen. Diese Aufgabe kann – je nach Boot – die Steuerfrau bzw. der Steuermann oder ein eigener Foil-Trimmer übernehmen. Modelle, die sich an ein breiteres Publikum wenden, verfügen inzwischen über eine selbstregulierende Tragflächenjustierung.

Der Deutsche Heinz Stickl, der am Gardasee seit 1976 ein Wassersportcamp betreibt, hat diesen Hype früh erkannt, sich ihm kompromisslos verschrieben und als einer der Ersten in Europa spezielle Foil-Kurse angeboten. In seiner Station südlich von Malcesine können sich Flug-Aspiranten an unterschiedlichen Sportgeräten versuchen. Für Segler steht die Waszp bereit, eine Art vereinfachte Version der Moth, die verstellbare Ausreitflächen hat und deren Ruder und Schwert sich aufholen lassen, sowie die deutlich gutmütigere Skeeta, die sich auch im herkömmlichen »Nicht-Fliegen-Modus« segeln lässt, und der Katamaran Ifly15. Brett-Liebhaber haben die Wahl zwischen Surf-, Kite- und Wingboard. Schüler können zwei Stunden lang schnuppern oder gleich eine ganze Woche buchen, in jedem Fall bekommen sie einen kundigen Coach zur Seite und die nötige Ausrüstung zur Verfügung gestellt.

Und warum boomt diese Form des Wassersports so? Heinz Stickl, der auf einen Europameistertitel im Segeln und einen Weltmeistertitel im Windsurfen verweisen kann, glaubt, den Grund zu kennen: »Man hat auch bei relativ wenig Wind sehr viel Spaß und erreicht hohe Geschwindigkeiten, das ist ein großer Unterschied zu herkömmlichen Booten und Boards.«

Ganz so leicht, wie es manchmal suggeriert wird, ist das Foilen aber nicht. »Man muss schon entsprechende Vorkenntnisse und vor allem eine gute körperliche Verfassung mitbringen«, betont Stickl, »auch wenn man irgendwann mal in einem Olympiakader gesegelt ist, bedeutet das nicht, dass man 20 Jahre später die nötigen konditionellen Voraussetzungen hat, um so ein Gerät zu bedienen.« Da habe es, so Stickl, schon bei so manchem bittere Enttäuschung gegeben …

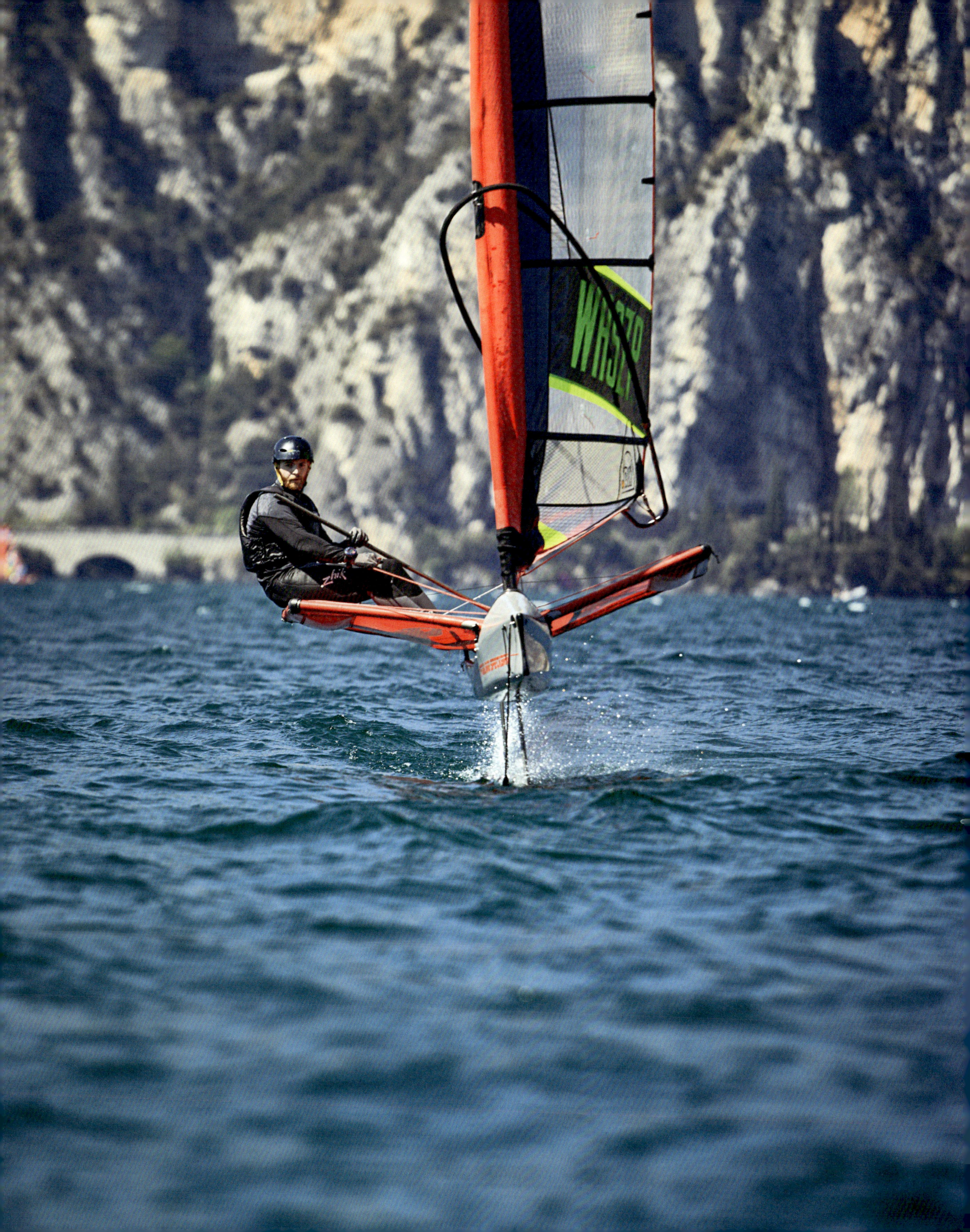

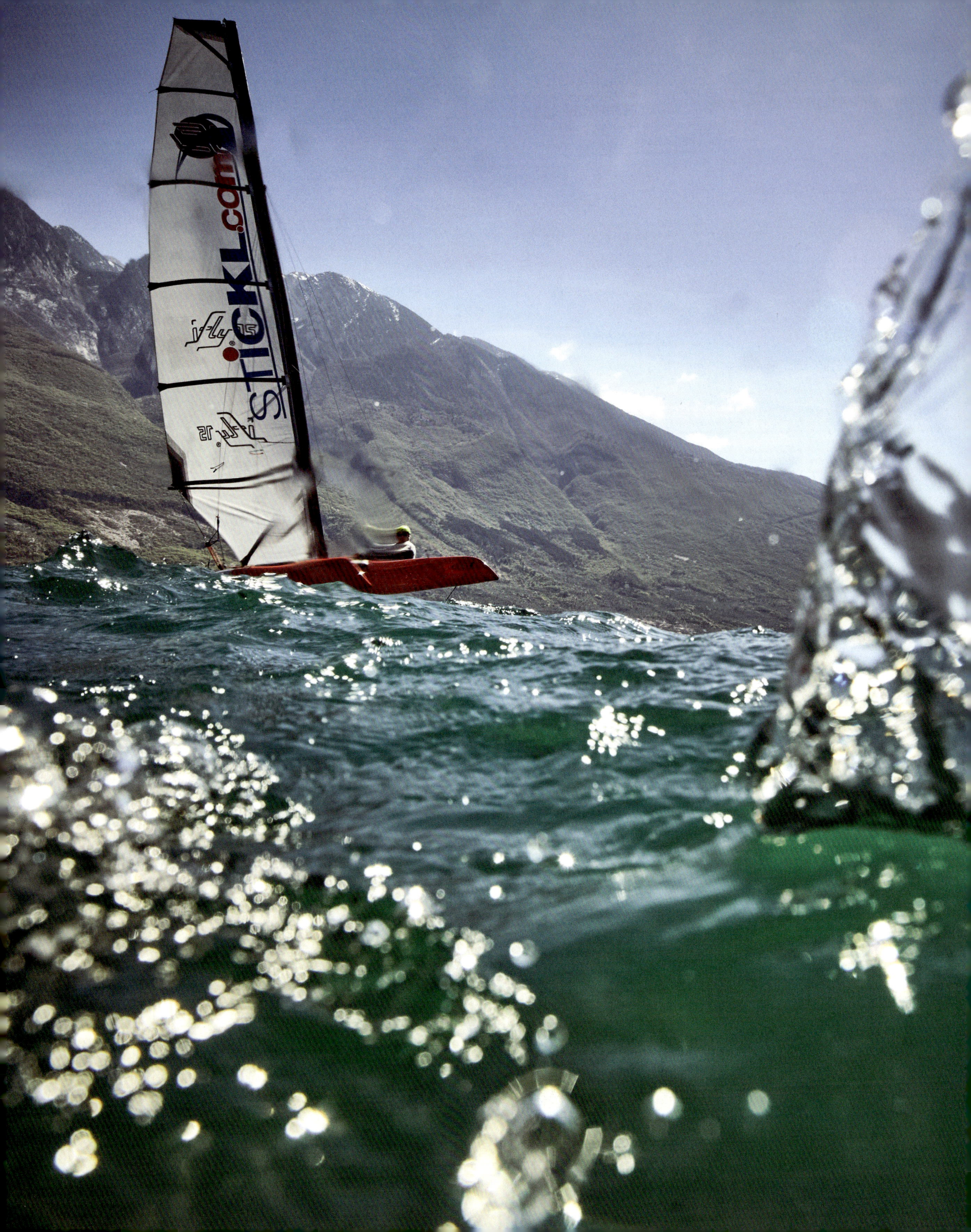
STiCKL.com

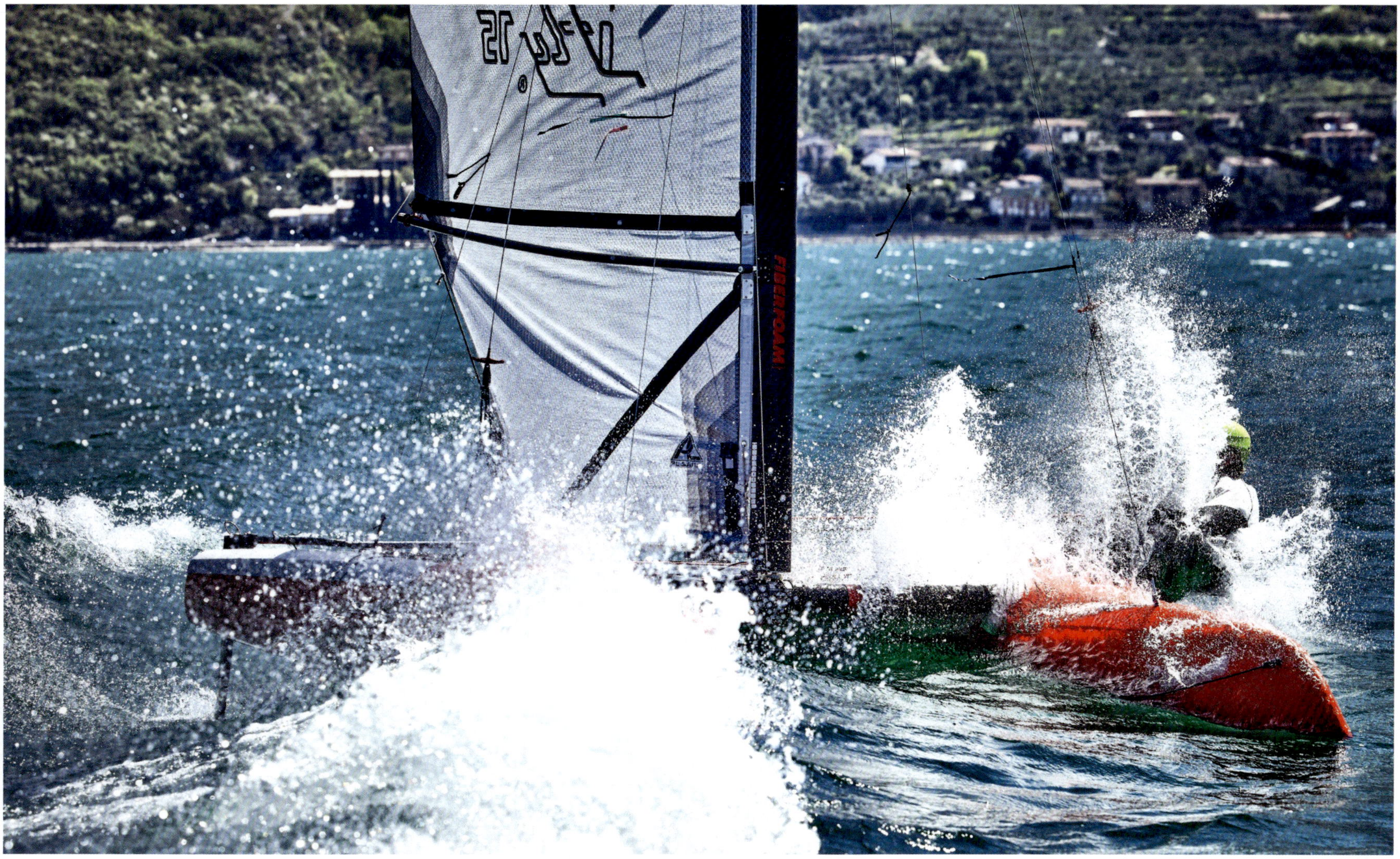

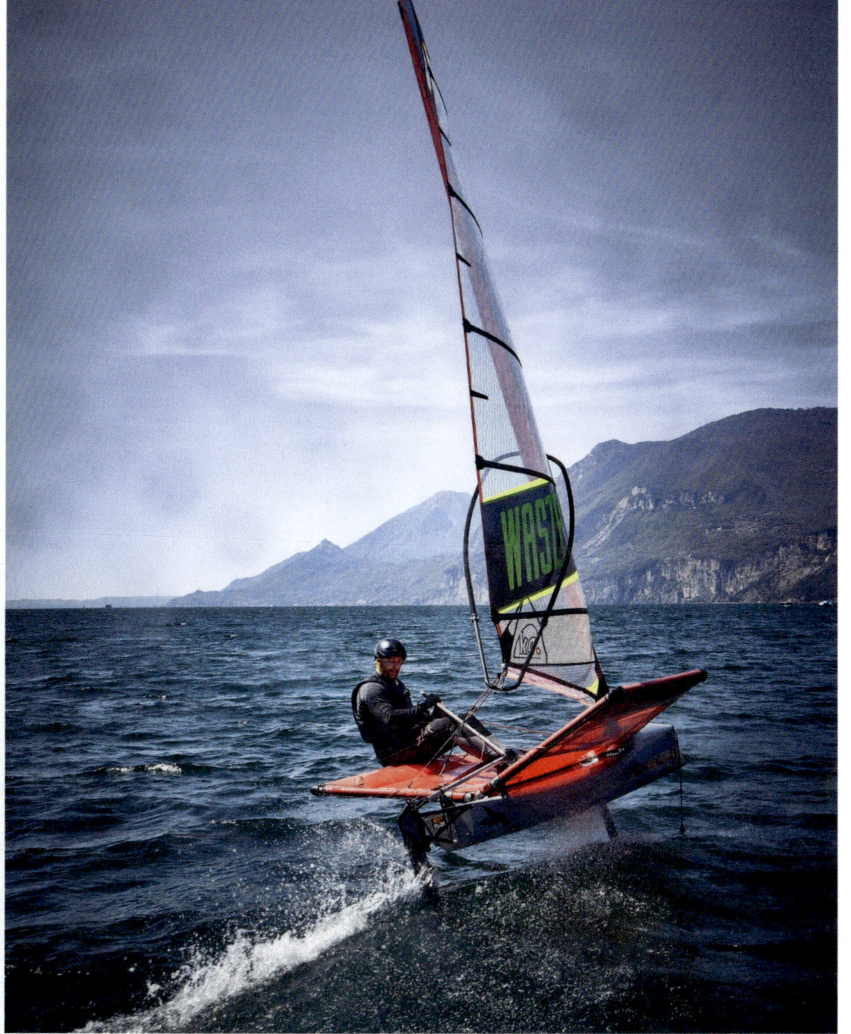

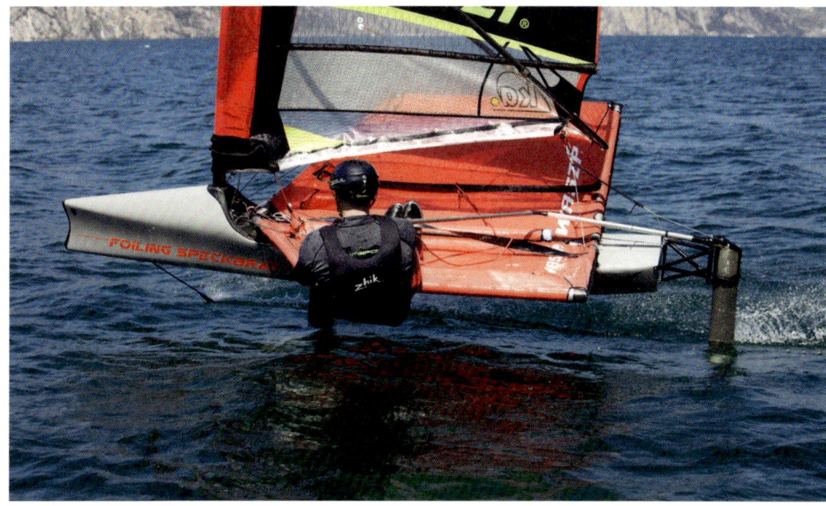

DIE GERÄTE FÜR ADRENALIN JUNKIES

Kats, Hydro-Foils, Kites – auf dem Gardasee bekommen die Hightech-Flitzer den Kraftstoff, den sie brauchen: Der Wind ist meist vorhersagbar und beständig. So ermöglichen die modernen Foils Speed und machen viel Spaß. Perfekt, um aus Fingerspitzengefühl ein Lebensgefühl zu machen – sofern man ein bisschen akrobatisches Potenzial mitbringt.

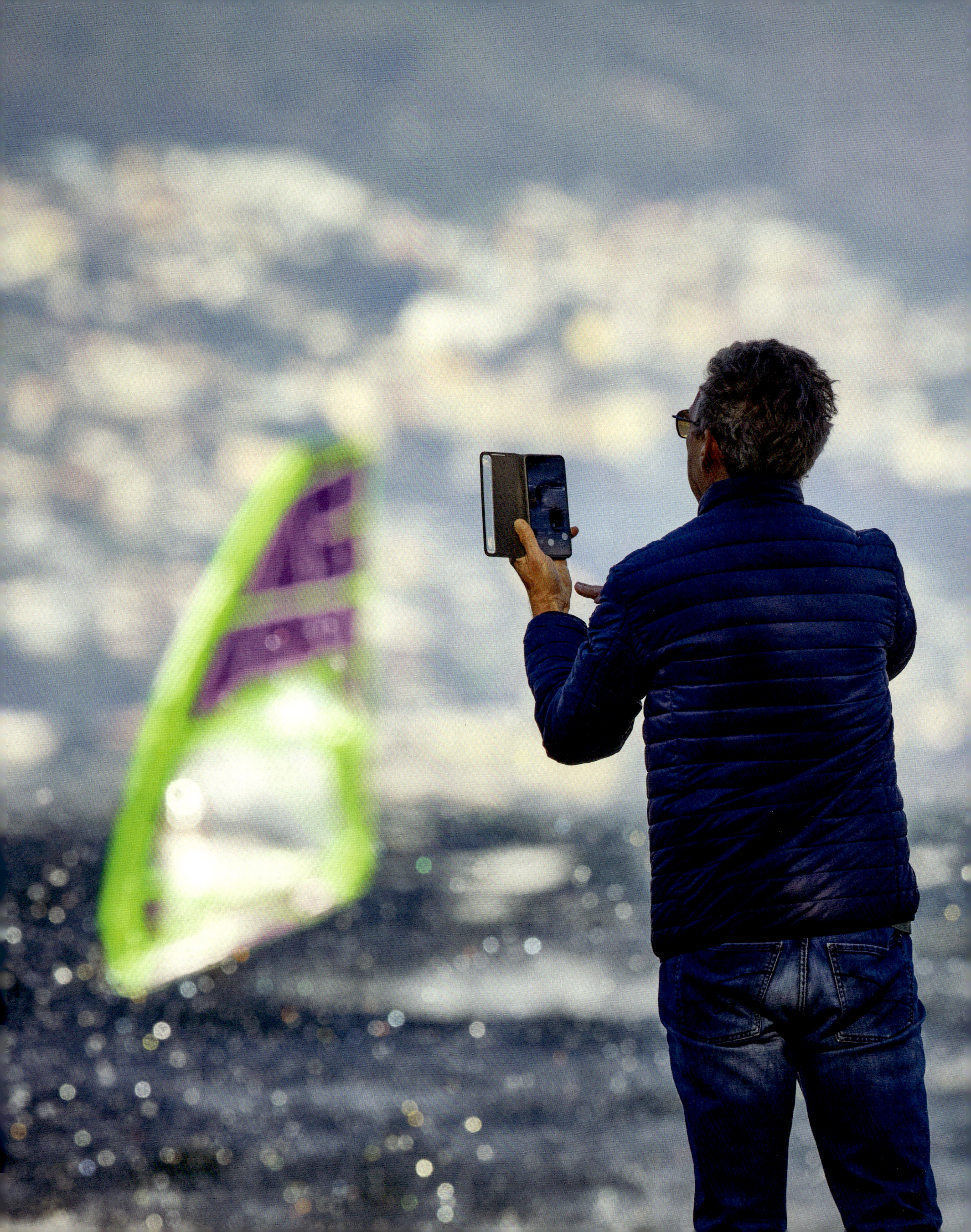

LAGO MAGGIORE
VON DER SONNE VERWÖHNT

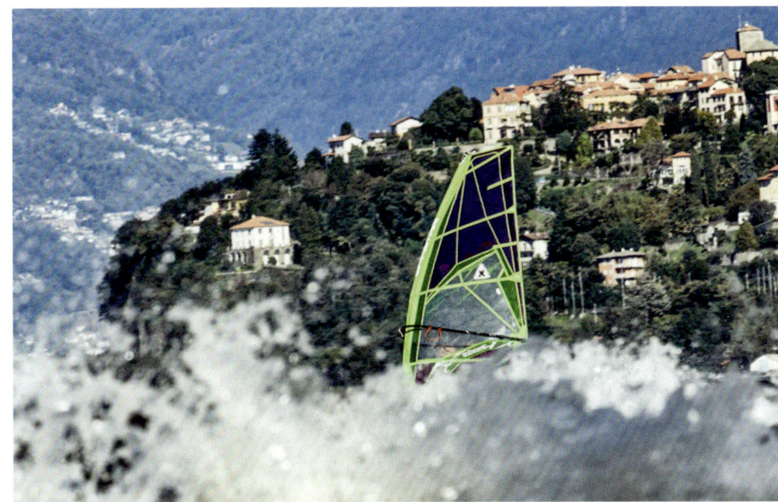

Man fühlt sich von zwei Seiten umworben: Hier buhlt der korrekte Schweizer um die Gunst, ein wenig umständlich in seinem Gehabe, bestens betucht, ordentlich und auf Sauberkeit bedacht, dort flirtet augenzwinkernd der Italiener, mildert etwaige Unzulänglichkeiten mit Charme und Pfiff und macht einem das mit Lässigkeit leicht.

Wer sich für den italienischen und damit südlichen Teil des Lago Maggiore entscheidet, wählt nicht nur im übertragenen, sondern auch buchstäblichen Sinn die Leichtigkeit des Seins. Während der See im Norden von den hohen Bergen der Tessiner und Walliser Alpen umgeben ist, flachen die südlichen Ufer zur Lombardischen Tiefebene hin ab. Dementsprechend sind die typischen thermischen Winde hier weit schwächer. Das kann man bedauern oder sich darüber freuen, praktische Folge ist, dass die Motorbootfahrer den Seglern in diesem Gebiet zahlenmäßig klar überlegen sind. Aber egal, ob man sich mit der Kraft des Windes bewegt oder für das Fortkommen einen Gashebel betätigen muss, es lohnt sich allemal, am Ufer des Lago Maggiore entlangzuschippern. Denn was man an seinen Gestaden zu sehen bekommt, ist tatsächlich programmfüllend. Herrliche Jugenstilvillen, jahrhundertealte Parks, schlossartige Anwesen, Burgen und Einsiedlereien zeugen davon, dass der See aufgrund seines milden Klimas und der geografischen Lage seit jeher als Freizeitoase genutzt wurde. Heute gilt es nicht nur unter den Reichen und Schönen Mailands als schick, hier ein Refugium sein Eigen zu nennen, an den Ufern haben sich Promis aus aller Herren Länder angesiedelt. So hangelt sich der Wasserwanderer von einem architektonischen Kleinod zum nächsten, schaut und staunt.

Einen Zwischenstopp kann man in Belgirate machen, einem ausnehmend hübschen Städtchen voll südländischem Flair, mit schmalen Gassen, Loggiahäusern sowie verwunschenen Lauben- und Bogengängen, das eine herrliche Aussicht auf den See und die umliegenden Berge bietet. Eine Anlegemöglichkeit findet sich vor dem Hotel Milano. Es handelt sich dabei, wie hier fast überall, um einen Schwimmsteg, denn der Lago Maggiore ist ein ausgesprochen zuflussreicher See, dessen Wasserstand stark schwankt. Über 15 Flüsse und Bäche münden in sein Becken, und es kommt immer wieder zu Hochwasser, wobei der Pegel innerhalb weniger Stunden um zwei oder mehr Meter steigen kann. Das oben erwähnte Hotel Milano ist schon ein wenig in die Jahre gekommen, der Cappuccino auf der Terrasse mit Blick aufs Wasser trinkt sich aber nach wie vor fein.

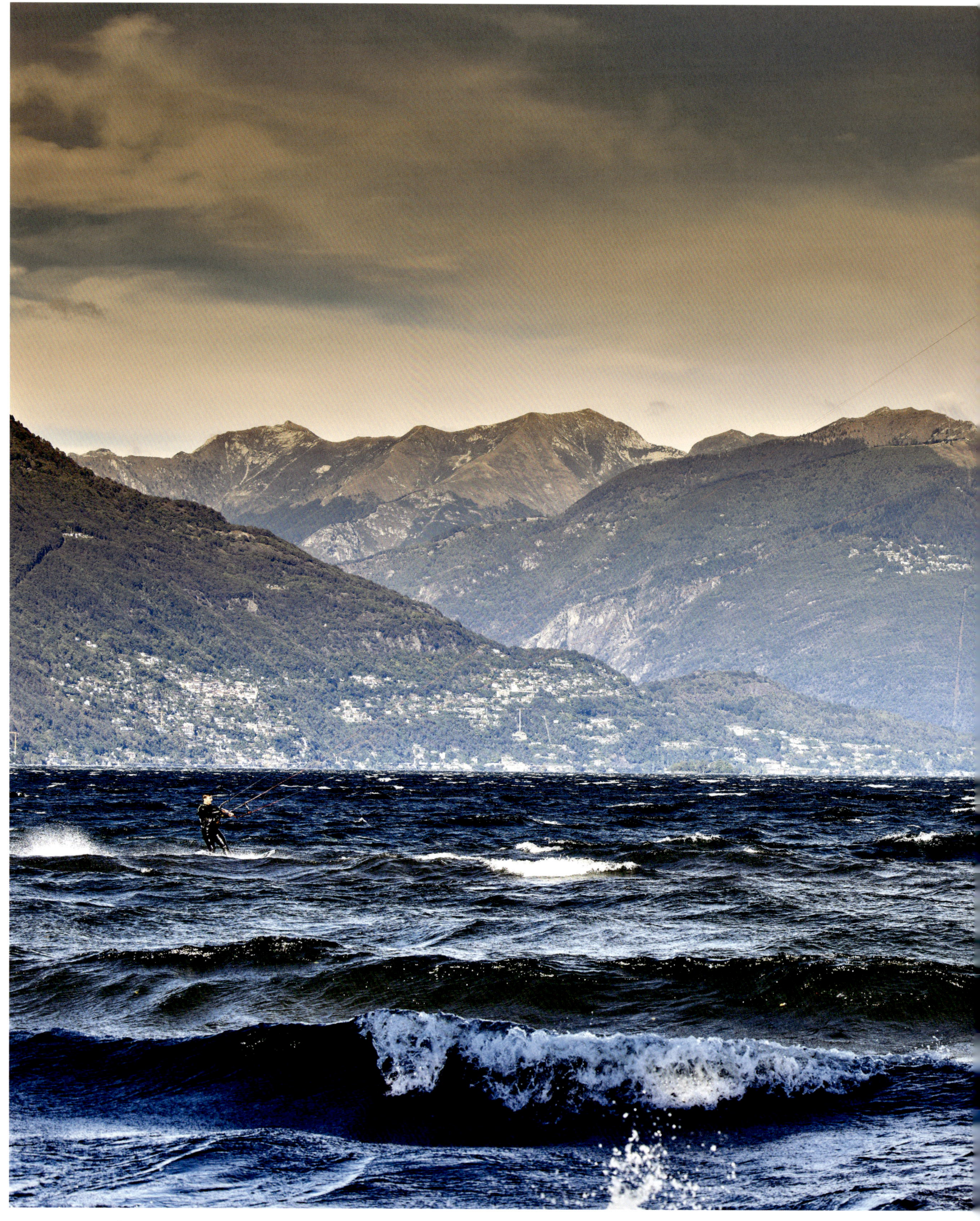

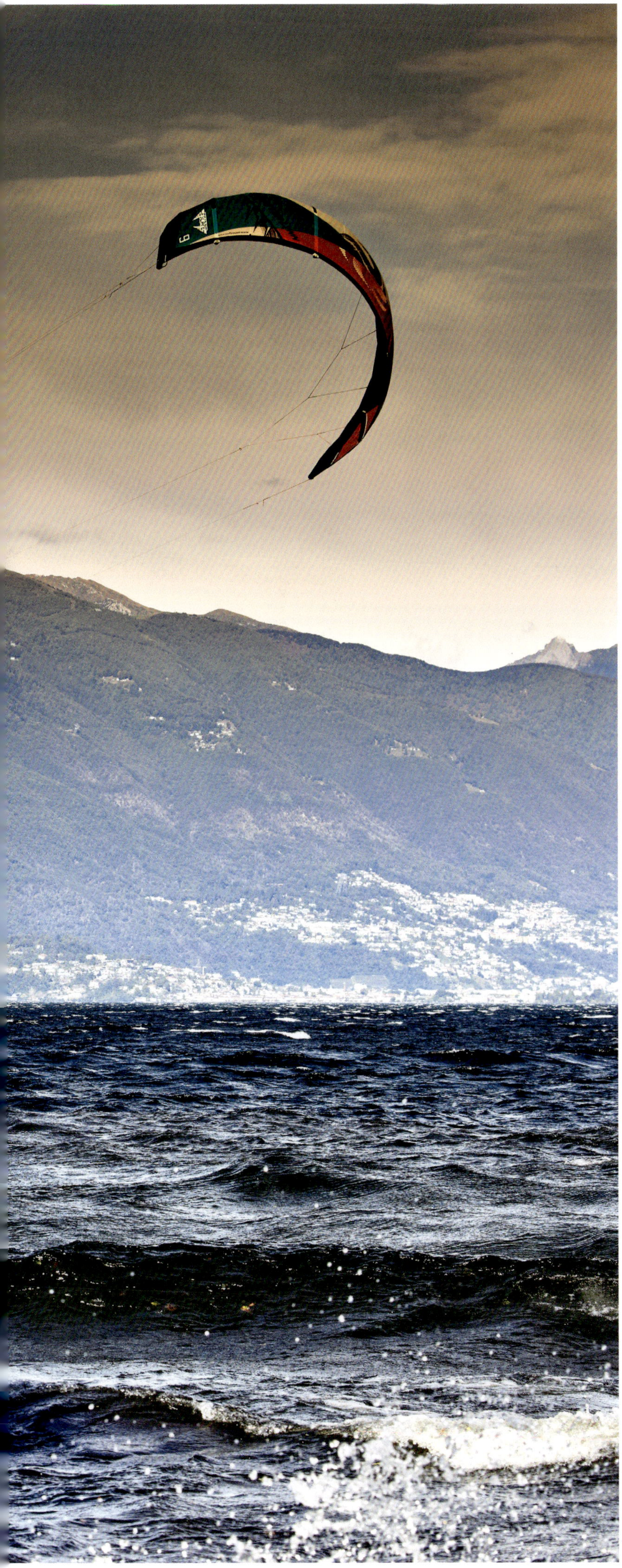

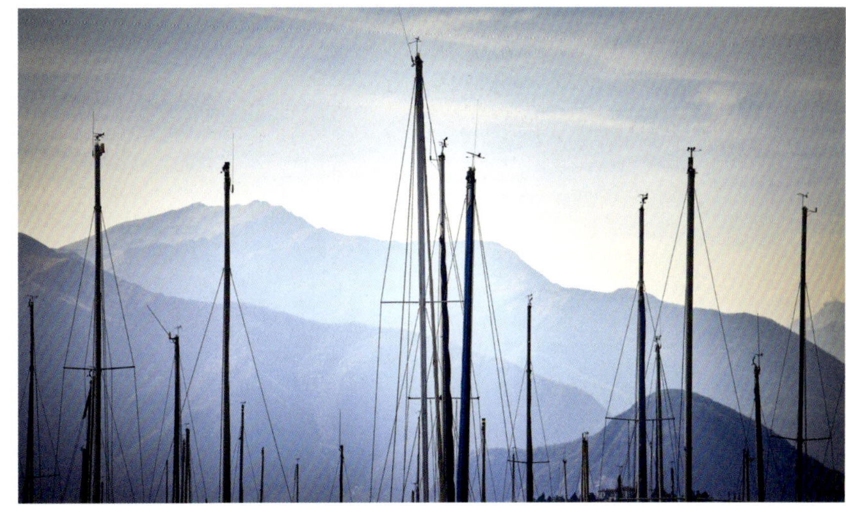

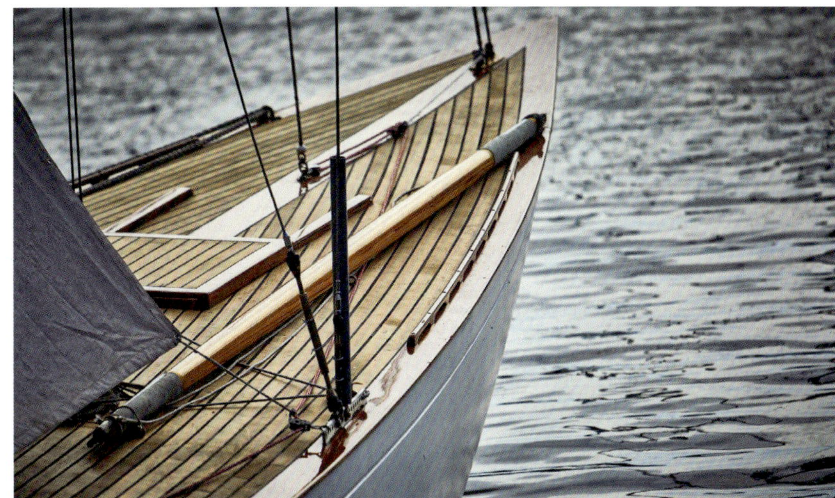

Lediglich umrunden lassen sich per Boot die fünf Borromäischen Inseln im Golf von Verbania, denn hier stehen dem privaten Skipper keinerlei Anlegeplätze zur Verfügung. Als Alternativlösung kann man seinen schwimmenden Untersatz aber in Stresa, am südlichen Ausläufer des Borromäischen Golfes, festmachen, per Fähre zu den Inseln übersetzen und dort wahlweise einen botanischen Garten, eines der zahlreichen Fischlokale oder das Barockschloss samt Kunstschätzen auf der Isola Bella besuchen. Letztere steht nach wie vor im Besitz der Borromeos, die zu den reichsten Familien Italiens gehören. Der aktuelle Chef des Clans, Prinz Vitaliano Borromeo, der in Mailand lebt und arbeitet, verbringt traditionell den gesamten September auf der Isola Bella; ist er vor Ort, pflegen seine Bediensteten vor dem Palazzo die Flaggen zu hissen. So wissen das Volk und die Touristen Bescheid.

KITEN MIT KULISSE
Atemberaubendes Panorama in jeder Richtung lässt das Herz nicht nur aufgrund der sportlichen Betätigung schneller klopfen.

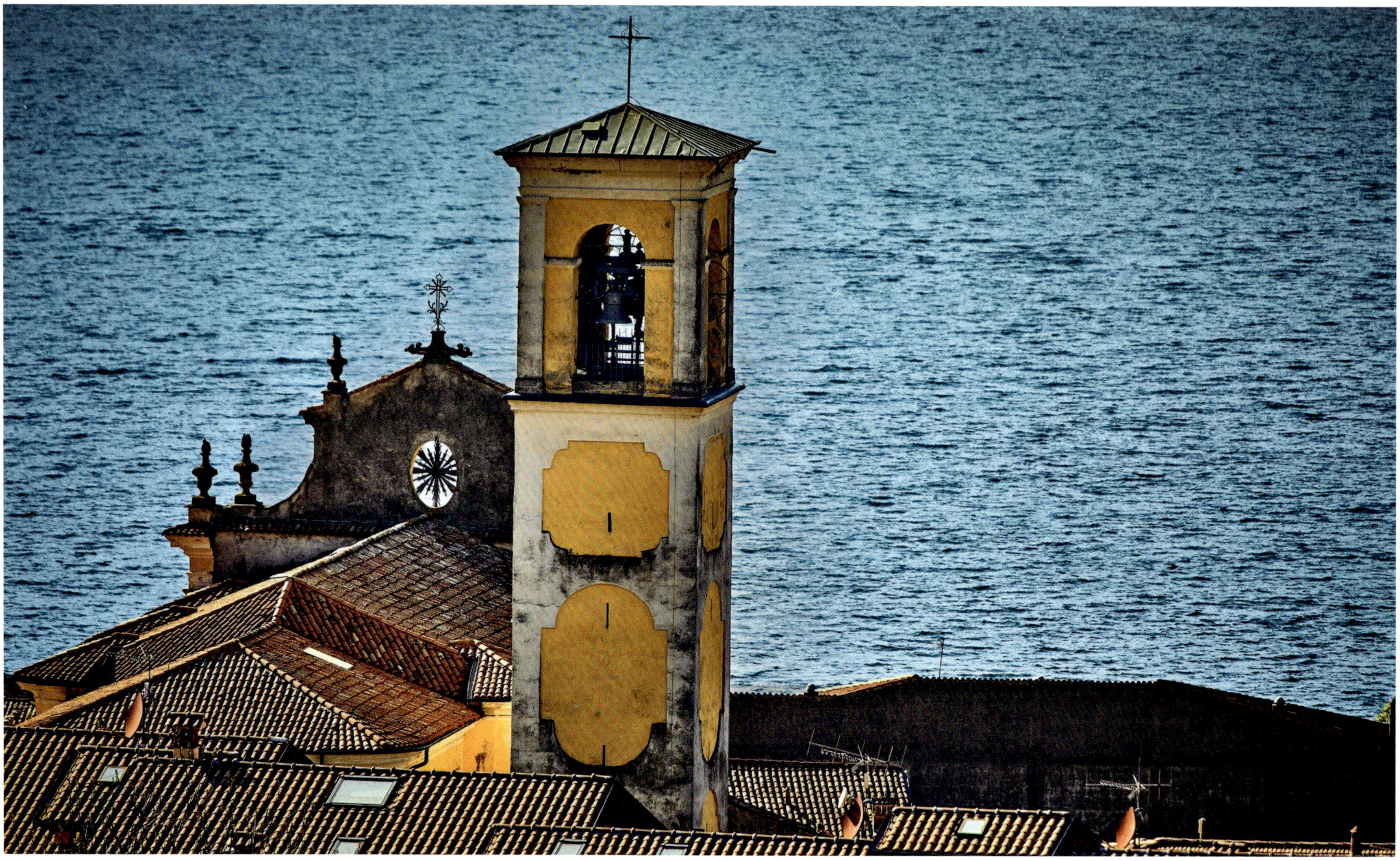

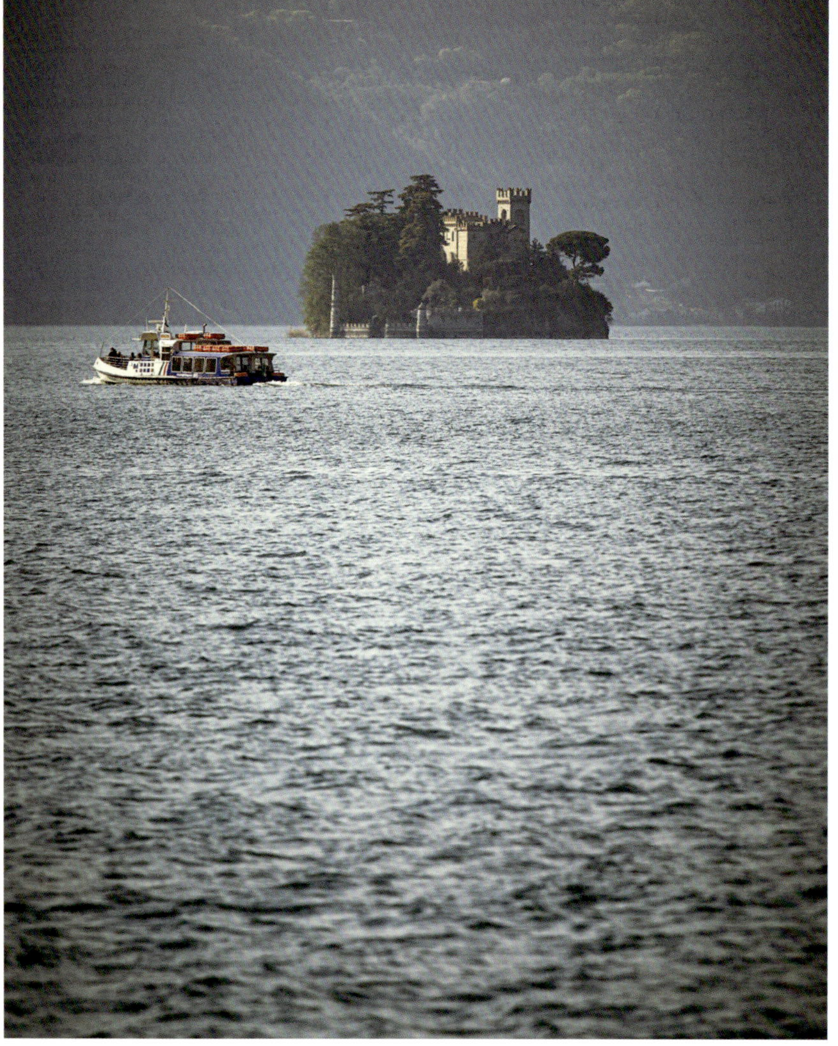

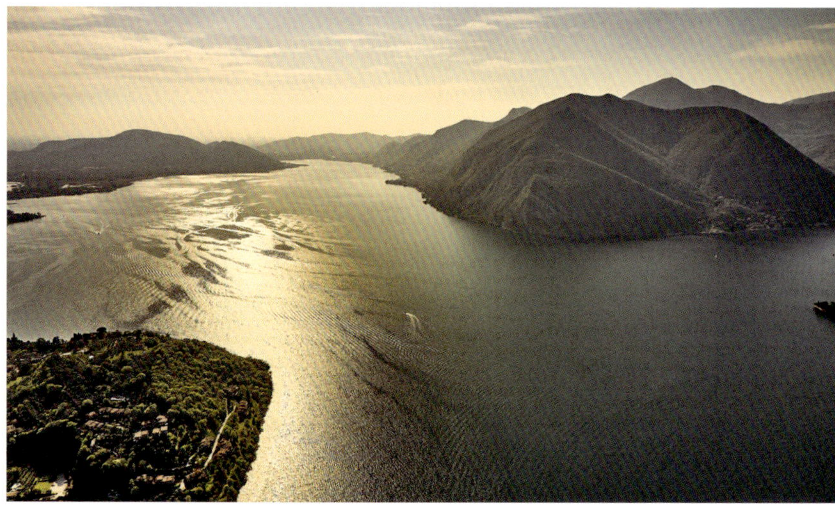

IN DER RUHE LIEGT DIE KRAFT

Romantische Dörfer, kleine Inseln und steile Küsten machen diesen See zum Reservat für Ruhesuchende jenseits von Jetset und Schlagerpartys. Nächste Doppelseite: Windsurfen auf dem Lago di Como.

LAGO D'ISEO
VIVA LA RIVA

So beginnen Märchen: Es war einmal ein junger Zimmermann. Er hieß Pietro Riva, reparierte an den Gestaden des Comer Sees ein schwer lädiertes Boot und wurde dabei von einem Fischer beobachtet. Dieser war so beeindruckt von seinem handwerklichen Geschick, dass er ihm riet, an den Lago d'Iseo zu fahren. Dort habe ein Hochwasser mehrere Boote beschädigt und man würde einen wie ihn gut brauchen können. Man schrieb das Jahr 1842, der junge Mann folgte dem Rat und erreichte nach einer anstrengenden Tagesreise das 70 Kilometer entfernte Sarnico, am südlichen Ende des kleinen Sees gelegen. Tatsächlich wurden ihm rasch diverse Aufträge überantwortet, die er in einer schlichten Holzhütte abarbeitete, und es dauerte nicht lange, bis die ersten Fischer bei ihm auch Neubauten orderten. Eine Werft war geboren, die es vier Generationen später zu Legendenstatus bringen sollte. Pietros Urenkel Carlo Riva entwarf und baute ab den 1950er-Jahren offene Motorboote, die zum beliebten Spielzeug der internationalen Jetset-Szene aufstiegen. Berühmtestes Modell war das acht Meter lange Riva Aquarama, das mit der typischen Beplankung aus fugenlosem, glänzendem Mahagoni und der türkis-weißen Bepolsterung gleichzeitig elegant und unfassbar cool wirkte. Alle wollten es haben, doch nur Auserwählte bekamen tatsächlich eines.

Mit dem Aufkommen von GfK als Bootsbaumaterial war das Ende der Holzboot-Ära vorprogrammiert, dennoch verließ erst 1996 das letzte Aquarama die Produktionsstätte in Sarnico. Insgesamt wurden etwa 4.000 klassische Riva-Boote gebaut, jene, die noch existieren – und das ist geschätzt die Hälfte – sind begehrte Oldtimer-Stücke, die nicht selten zu Fantasiepreisen gehandelt werden. In Familienbesitz ist Riva längst nicht mehr; 1969 wurde das Unternehmen an einen US-Konzern verkauft, seit 2000 gehört es zur italienischen Ferretti-Gruppe. In Sarnico gibt es aber nach wie vor eine Produktionsstätte sowie ein hochklassiges Zentrum für Reparaturen und Wartungsarbeiten für Riva-Holzboote, das von Carlo Rivas Neffen geführt wird.

Mit dem Jetset-Leben hat der Lago d'Iseo selbst nichts am Hut, im Gegenteil. Er wird vor allem von Einheimischen frequentiert und gilt als Geheimtipp unter Urlaubern wie Wassersportlern, wobei Letztere die felsige, windigere Nordküste bevorzugen. Im Licht der internationalen Aufmerksamkeit stand der 65 Quadratkilometer große See zuletzt im Sommer 2016: Da eröffnete der berühmte Verpackungskünstler Christo seine Installation *The Floating Piers*. Er hatte vom Örtchen Sulzano aus breite, schwimmende Stege errichten lassen, die zu zwei Inseln führten und mit fließendem, gefälteltem Stoff in leuchtendem Gelb bespannt waren. Auf diesen insgesamt 16 Kilometer langen, schwankenden Pfaden konnten die Besucher wandeln; angeblich stellte sich dabei das Gefühl ein, als ob man über das Wasser gehen würde. Ob das eine zutreffende Beschreibung ist, sei dahingestellt, als gesichert gilt die Zahl von 1,3 Millionen. So viele Menschen kamen in den insgesamt 16 Tagen, an denen das Kunstprojekt zugänglich war.

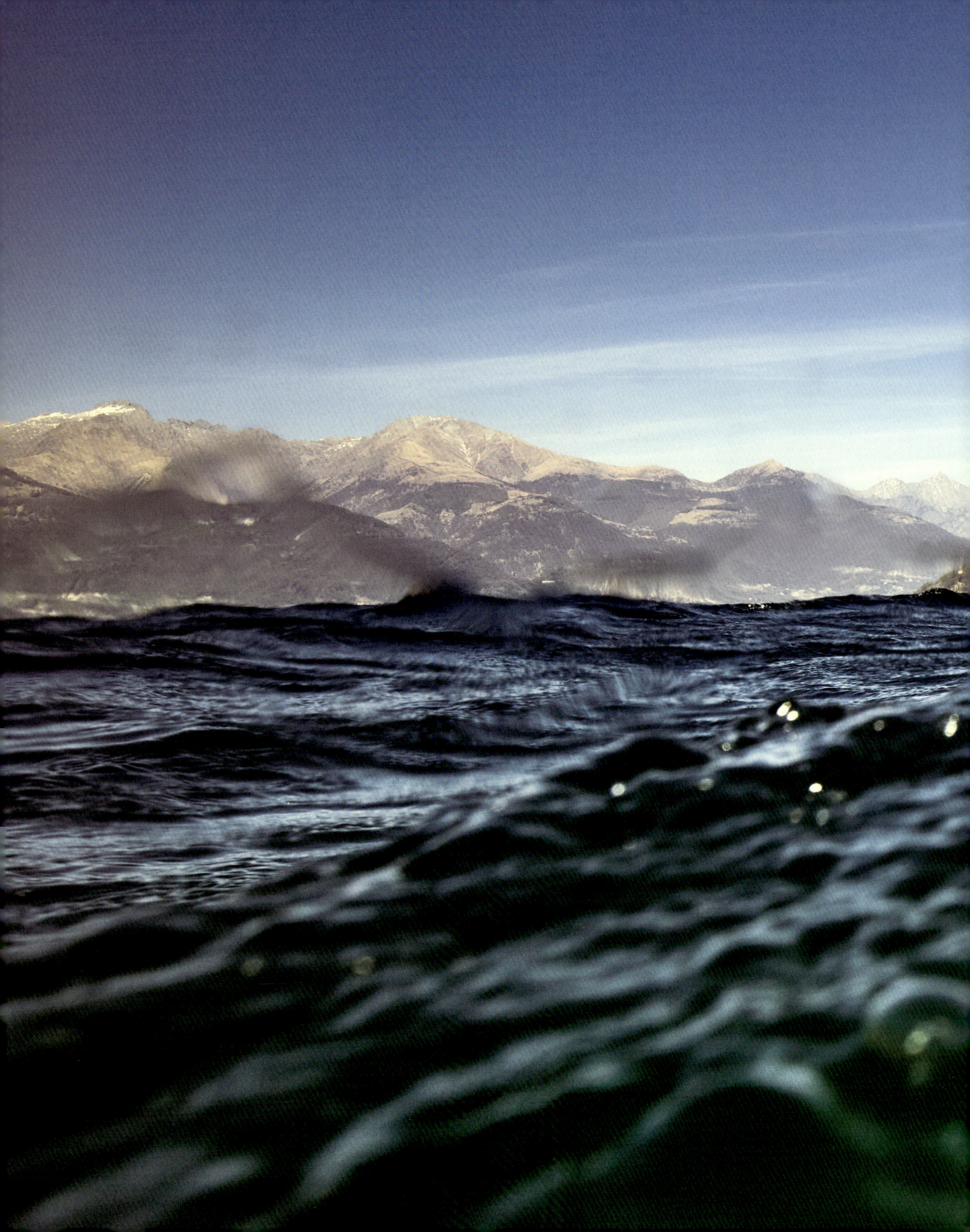

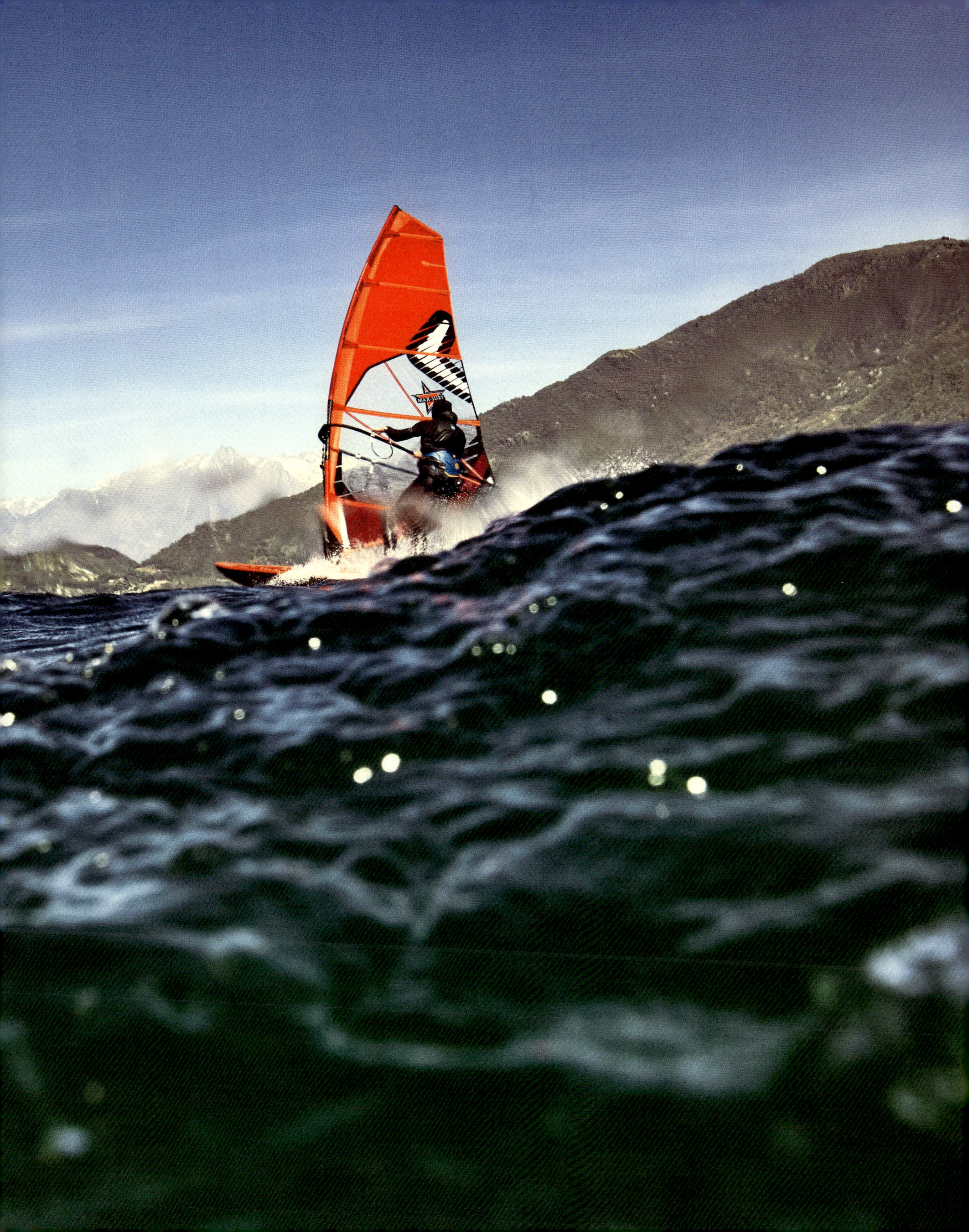

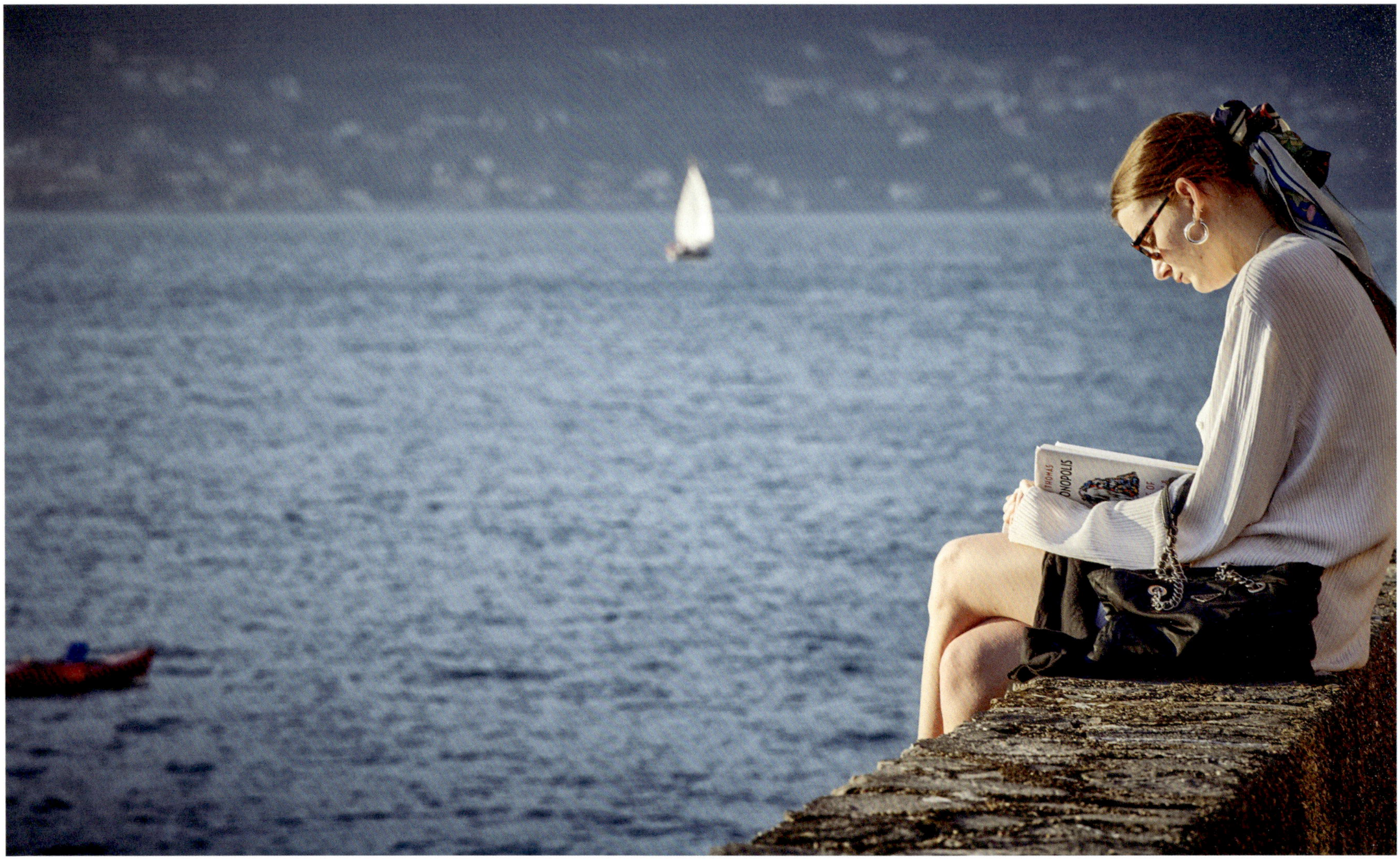

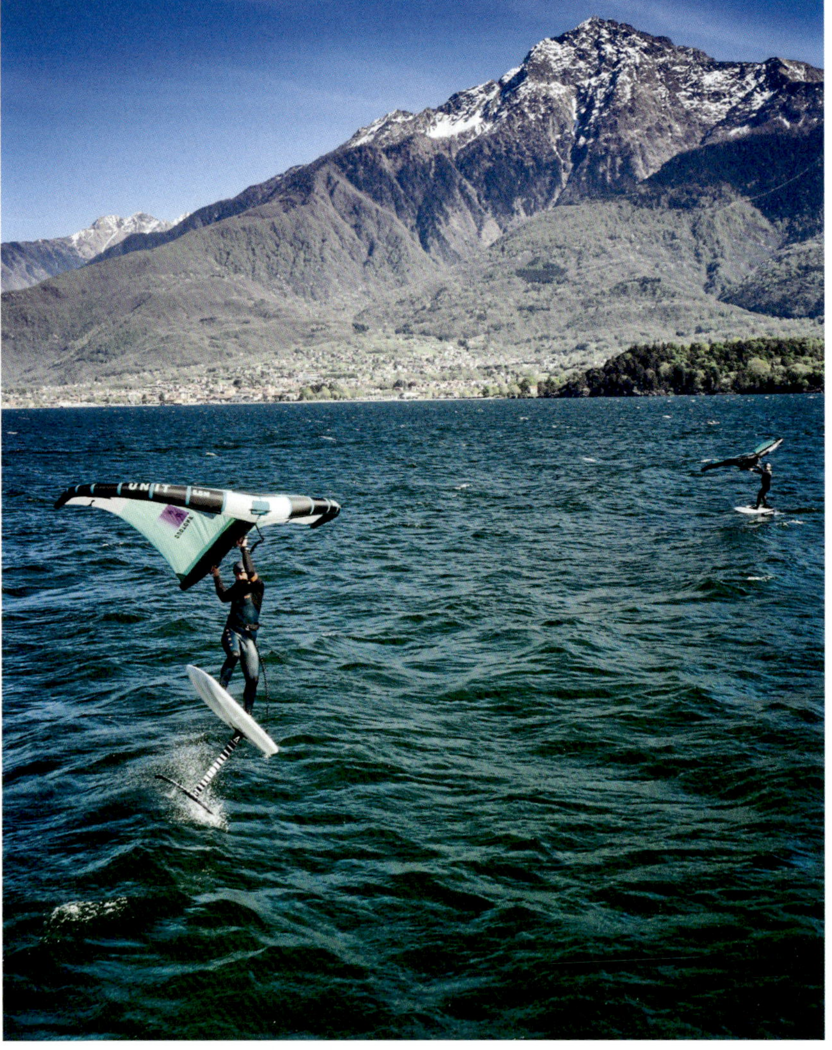

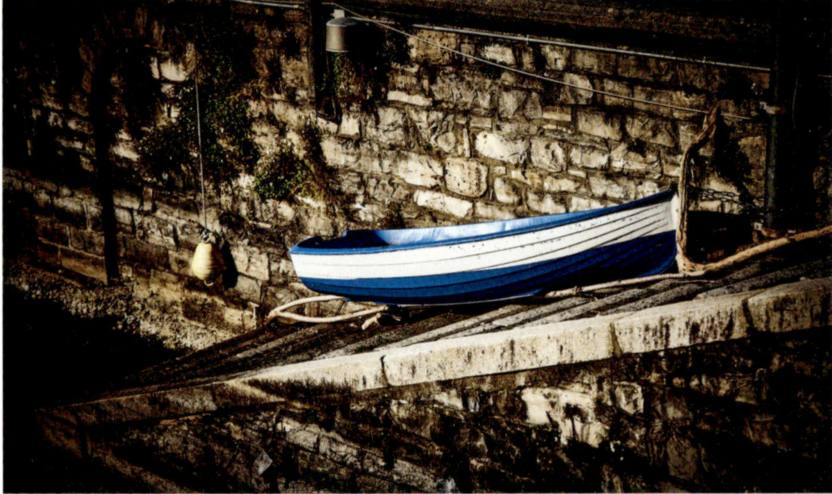

EIN SEE FÜR VIELE BEDÜRFNISSE
Action beim Wingsurfen, Ausspannen am Hafen oder Lernen fürs Leben: Der Lago di Como kann viele individuelle Wünsche erfüllen. Wer sich noch nicht allein aufs Wasser traut, bekommt in Wassersportkursen fundiertes Wissen und Praxis vermittelt.

LAGO DI COMO
ACTION, ABENTEUER UND GELASSENHEIT

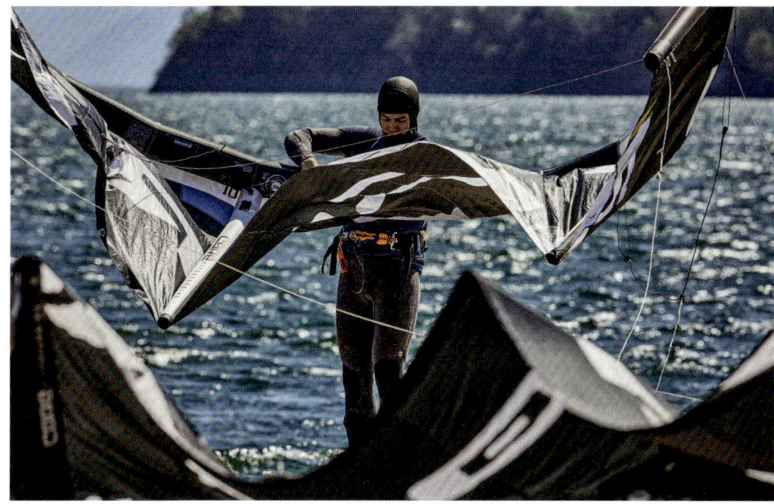

Am späten Vormittag legt sie los und macht aus dem drittgrößten See Italiens, der wie ein großes, auf dem Kopf stehendes Y in die Lombardei gestempelt ist, ein wunderbares Spielfeld für alle besegelten Wasserfahrzeuge: die Breva, jene Thermik aus Süd, die den Fuß des Y beherrscht und zwischen Juni und September bis 6 Beaufort auffrischen kann. Ihre Gegenspieler aus Norden werden je nach Ursprung Tivano, Ventone oder Garzeno genannt – viele Namen, viel Wind, viel Spaß. Kein Wunder, dass hier zahlreiche Regatten stattfinden.

Die Gaben des Aeolus lassen sich aber auch für das Wasserwandern bestens nutzen, denn an den Ufern gibt es jede Menge zu entdecken. Die bunten Häuser verwinkelter Ortschaften drängen sich unter die steilen Berghänge der Alpen und vor das tiefe Blau, Solitären gleich leuchten dazwischen prunkvolle Villen, die man vom Wasser aus bewundern kann. Sie sind Meisterwerke der Architektur und meist von kunstvoll angelegten Gärten umgeben. Manche wurden im Jugendstil erbaut, andere vereinen unterschiedliche Richtungen, alle erzählen von Glanz und Glorie. Oder von Hollywood: So mutierte die Villa del Balbianello, am linken Arm des Y auf der Halbinsel Lavedo gelegen, vom Franziskanerkloster zur Kulisse für Blockbuster wie *Star Wars* oder *Casino Royal*. Hollywood ist auch das Stichwort für den wahrscheinlich berühmtesten Zweitwohnbesitzer am Comer See, den Schauspieler George Clooney. Er erwarb im verschlafenen Dorf Laglio die Villa Oleandra, verbringt hier regelmäßig Zeit mit seiner Familie und verschaffte damit der Region mehr internationale Aufmerksamkeit, als es jede noch so teure Werbekampagne vermocht hätte …

Ein lohnenswertes Ziel für jene, die das Sightseeing per Boot erledigen, ist die Halbinsel Olgiasca, die im oberen Drittel des Lago di Como einen Haken aus dessen Ostufer schlägt. An der Spitze ist eine Abtei aus dem 12. Jahrhundert situiert, die nach wie von Zisterziensermönchen bewohnt wird. Wer per Boot anreist, kann neben dem Fähranleger festmachen, die Anlage besichtigen und Naturprodukte wie Salben, Honig oder Schnaps erwerben, die von den fleißigen Mönchen selbst hergestellt werden. Preisgünstig sind sie eher nicht, aber im Gegensatz zu den Villen und Palästen zumindest für jedermann erschwinglich.

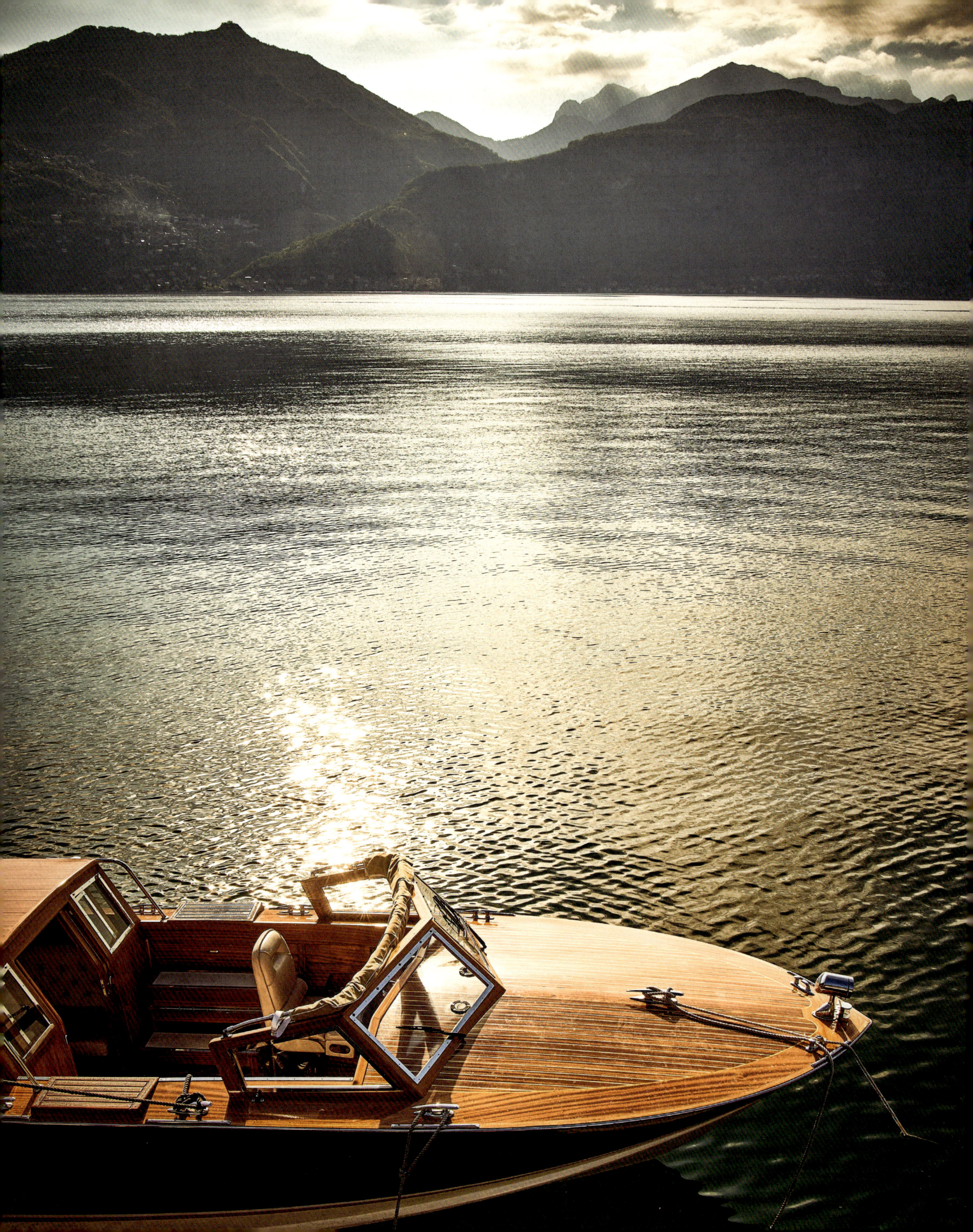

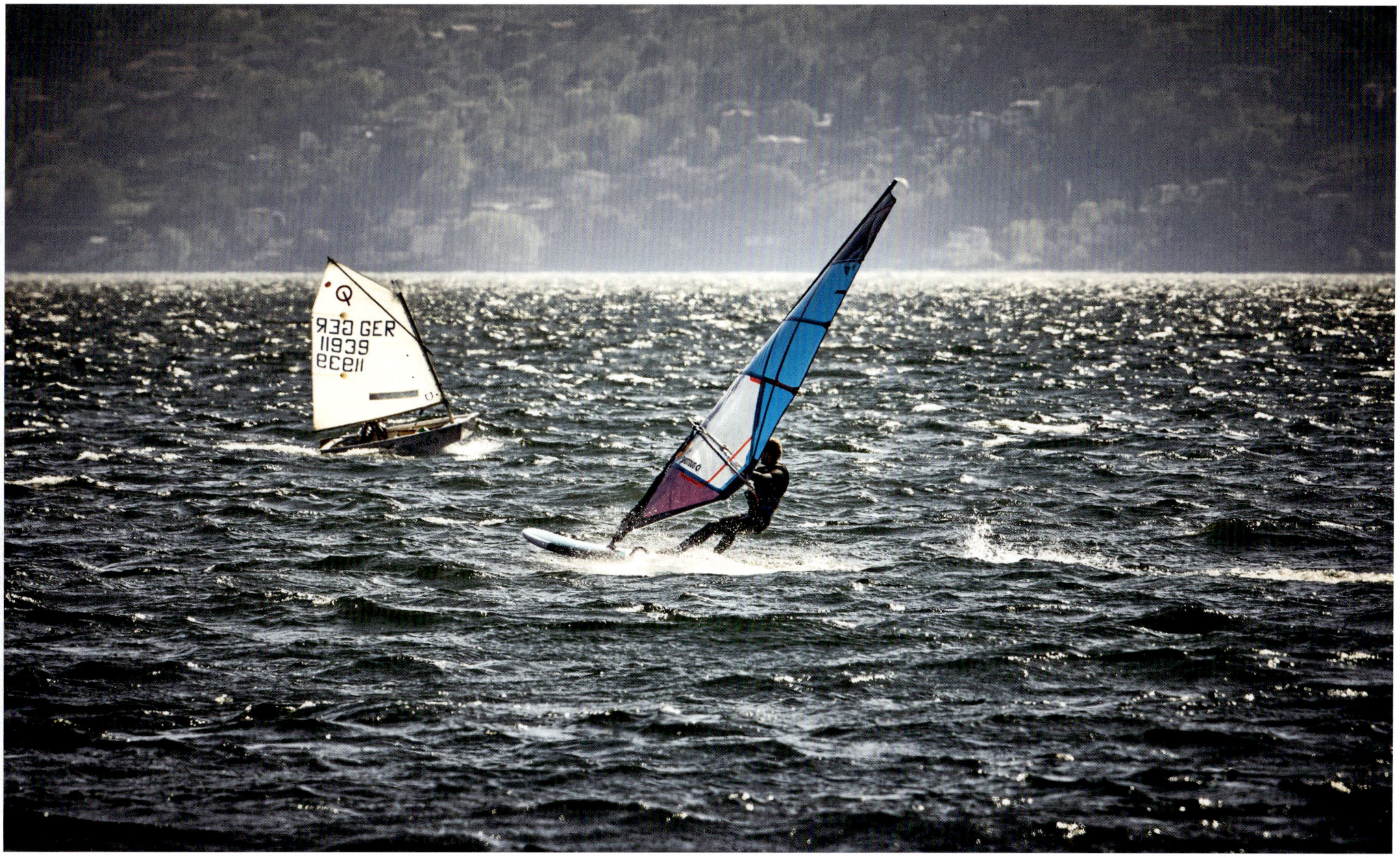

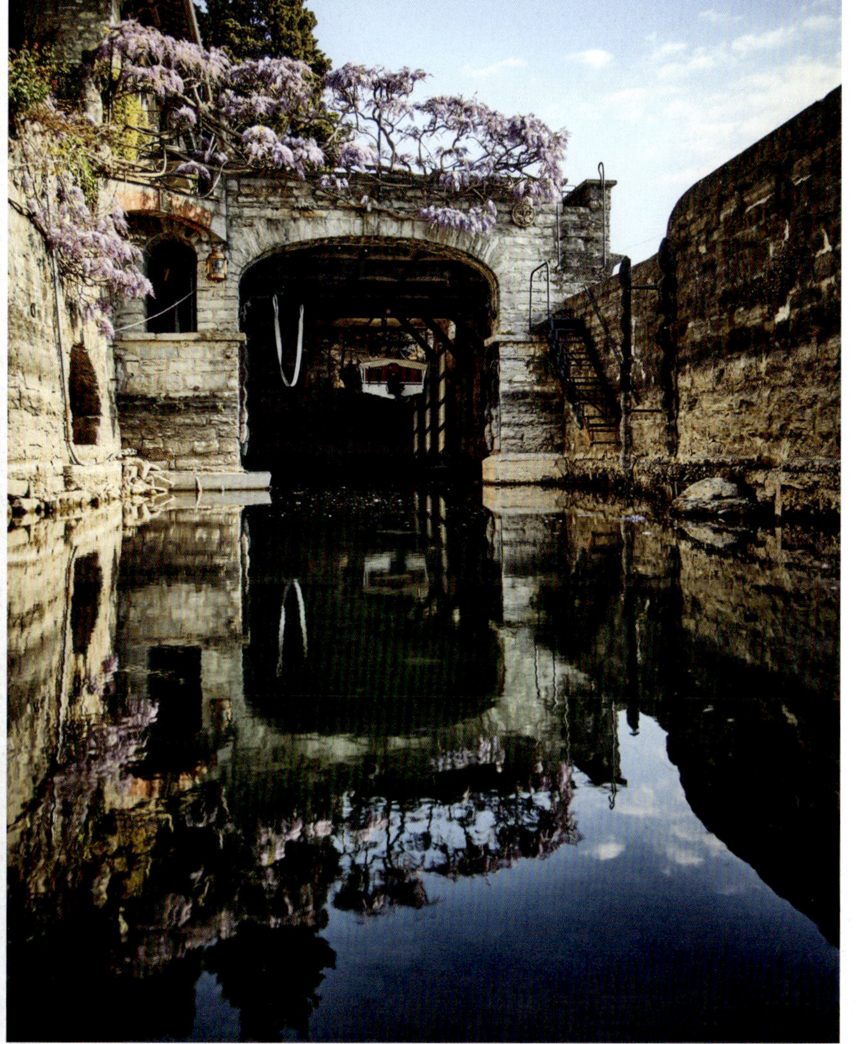

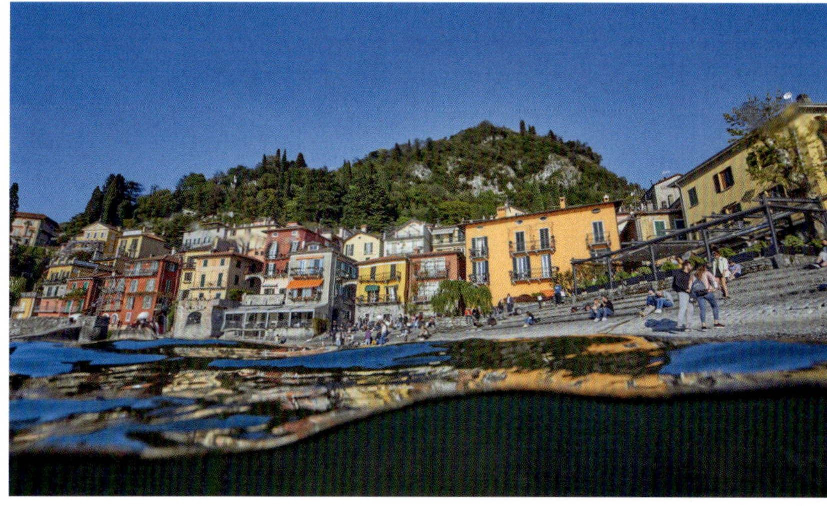

EIN SEE FÜR JEDES ALTER
Hier verschwimmen Generationsschranken; das Opti-Kid zählt genauso viel wie der Surf-Opa. Und im Oldtimer-Taxiboot geht's abends rüber auf die Ostseite in das wellenumspülte Örtchen Varenna.

Bibliografische Information der Deutschen Nationalbibliothek
Die Deutsche Nationalbibliothek verzeichnet diese Publikation in der Deutschen Nationalbibliografie; detaillierte bibliografische Daten sind im Internet über http://dnb.dnb.de abrufbar.

1. Auflage
ISBN 978-3-667-12514-9

Lektorat: Birgit Radebold
Fotos: Nico Krauss
Texte: Judith Duller-Mayrhofer
Karte: Inch3, Bielefeld
Einbandgestaltung und Layout:
Felix Kempf, www.fx68.de
Druck: Grafisches Centrum Cuno, Calbe
Printed in Germany 2022

Delius Klasing Verlag
Siekerwall 21, D-33602 Bielefeld
Tel.: 0521/559-0, Fax: 0521/559-115
E-Mail: info@delius-klasing.de
www.delius-klasing.de

Ein See ist kein See, das Faszinosum der Gewässer in den Alpen liegt in ihrer Vielseitigkeit und ihrem unterschiedlichen Charme. Ähnlich verhält es sich auch, wenn ein Buch von der ersten Idee zur Fertigung reift. Ein Autor allein kann ebenso wenig ausrichten, wie ein Fotograf ohne Texter oder ein Gestalter ohne Input. Daher: Danke dem tollen Team:

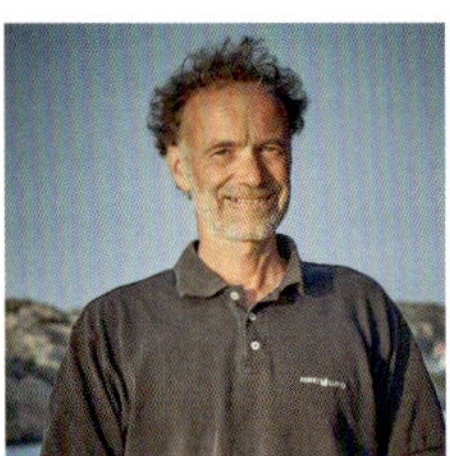

Nico Krauss – *Fotograf*
Nimmermüde, immer auf der Suche nach dem noch besseren Bild, egal ob von Land aus, auf Wasserspiegelniveau oder mit dem Joystick die Drohne lenkend. Nordlicht durch und durch, war und ist er begeistert von der Vielfalt der Alpenseen, die er für dieses Projekt ausgiebig bereist hat.

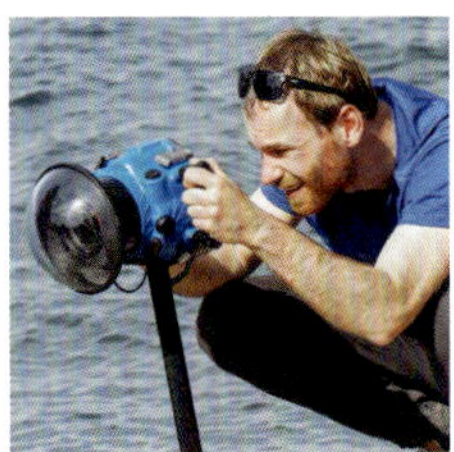

Torge Fahl – *Assistent*
Ohne ihn läuft gar nichts, schon gar kein eng getaktetes Shooting, bei dem die Objektive, Unterwassergehäuse und Dronenakkus schneller gewechselt werden müssen, als die Wingsurfer auf ihren Foils vorüberziehen.

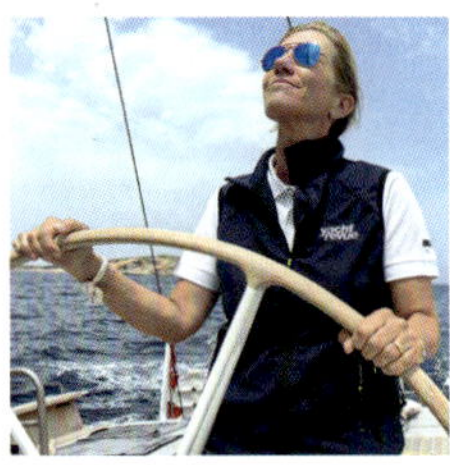

Judith Duller-Mayrhofer – *Autorin*
Österreicherin, Redakteurin und Textchefin beim nautischen Fachmagazin *Yachtrevue*. Wurde für ihre Beiträge mit dem Österreichischen Zeitschriften-Preis ausgezeichnet. Zudem hat sie sich mit profund recherchierten Sachbüchern, in denen stets das Wasser eine Hauptrolle spielt, im deutschsprachigen Raum einen Namen gemacht. Sie lebt in Wien, segelt, surft und foilt am Neusiedler See.

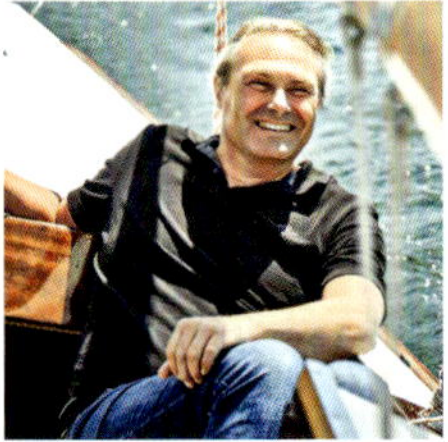

Felix Kempf – *Designer*
Sein Herz schlägt für schön gemachte Bücher und Magazine, für schön restaurierte Segelschiffe und für seine schöne bayerische Heimat, die er mit diesem Buch würdigen wollte. Behält die Übersicht auch bei Tausenden von Fotos und weiß sie meisterlich in Szene zu setzen. Wohnt, lebt und segelt (einen wunderschönen Klassiker) am Starnberger See.

ALPENSEEN

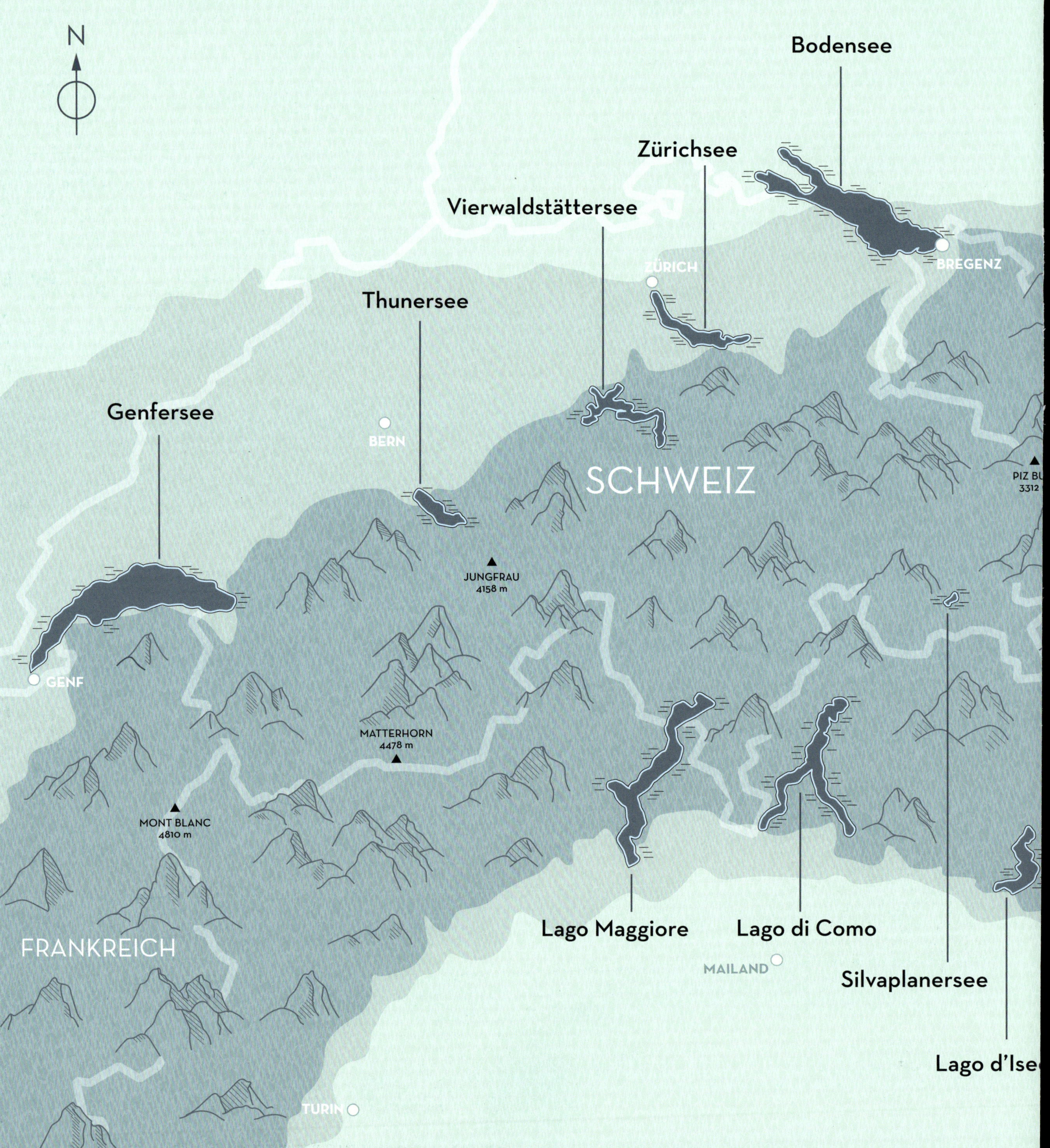
DEUTSCHLAND
N
Bodensee
Zürichsee
Vierwaldstättersee
BREGENZ
ZÜRICH
Thunersee
Genfersee
BERN
SCHWEIZ
JUNGFRAU
4158 m
GENF
MATTERHORN
4478 m
MONT BLANC
4810 m
Lago Maggiore
Lago di Como
MAILAND
Silvaplanersee
FRANKREICH
TURIN